SEBASTIAN DEICHMANN

*Grenzenlos Lernen*

SEBASTIAN DEICHMANN

# Grenzenlos lernen

Ein neues Verständnis von Bildung –
*Erfahrungen der Demokratischen Schule Infinita*

*Bibliografische Information der Deutschen Nationalbibliothek: Die Deutsche Nationalbibliothek verzeichnet diese Publikation in der Deutschen Nationalbibliografie; detaillierte bibliografische Daten sind im Internet über dnb.dnb.de abrufbar.*

© 2024 Sebastian Deichmann
*Verlag: BoD · Books on Demand GmbH,*
*In de Tarpen 42, 22848 Norderstedt*
*Druck: Libri Plureos GmbH, Friedensallee 273,*
*22763 Hamburg*
*ISBN: 978-3-7597-7487-3*

*Ich widme dieses Buch den Kindern der Infinita. Ihr macht mit so viel Begeisterung die Tage an der Infinita bunt, aufregend und fröhlich. Ich lerne jeden Tag erneut von Euch, was es heißt, das Leben im Moment zu leben.*

# Inhalt

# Vorwort

Vor fünfzehn Jahren machte ich mich mit einer kleinen Gruppe von begeisterten Menschen auf den Weg, eine Demokratische Schule im Norden Deutschlands zu gründen. Gemeinsam mit vielen Wegbegleiter*innen durfte ich die *Demokratische Schule Infinita* in ihrer Entstehung und ihrem Wachsen erleben und seit ihrer Gründung als Schulleiter dort arbeiten.

Schon während meines Lehramtsstudiums in Hamburg sah ich eine große Kluft zwischen aktuellen Lerntheorien und der Praxis in der Schule. Eher zufällig stieß ich irgendwann darauf, dass es in Deutschland freie Alternativschulen gibt. In meinem Studium fanden sie keine Erwähnung. Nachdem ich einige von ihnen kennengelernt hatte, war für mich klar, dass diese sowohl meinem Verständnis von Pädagogik als auch meinen Werten eines menschlichen Umgangs miteinander entsprachen.

Heute ist die Infinita zehn Jahre alt. Zehn Jahre, in denen wir das Privileg hatten, Kinder und Jugendliche auf ihrem Weg zu selbstbewussten jungen Erwachsenen zu begleiten. Zehn Jahre, in denen ich an ihrer Freude, ihrer Aufregung, ihrer Neugier, ihrer überschäumenden Energie, ihrer Lebendigkeit und manchmal auch ihrem Unmut teilhaben durfte.

Es war eine aufregende Reise, ein wildes Abenteuer, viel Arbeit und zutiefst erfüllend. Es war ein Geschenk, gemeinsam etwas so Großes zu schaffen und dabei Teil einer so authentischen und lebensbejahenden Gemeinschaft von Menschen zu sein. Es ist diese Gemeinschaft, die gemeint ist, wenn im Folgenden von »wir« oder »uns« gesprochen wird: Das demokratische Team der Infinita, als Teil von etwas Größerem, zu dem unser Trägerverein, natürlich die Kinder und an vielen Stellen auch die Eltern zählen.

Diese Gemeinschaft hat in den letzten Jahren etwas geschaffen, das auf dieser Welt noch selten ist: Einen Ort, an dem junge Menschen ihre eigene Lern- und Lebensumgebung gestalten, an dem demokratische Strukturen entstehen und sich entwickeln können, einen Ort, an dem Menschen frei über ihr Leben und ihr Lernen bestimmen und schon früh eine große Verantwortung zugestanden bekommen. Auf vielerlei Weise ist die Infinita wie ein Traum, den viele von uns in ihrer Kindheit geträumt haben. Ein Traum, den der »vernünftige« erwachsene Geist abzutun geneigt ist, als etwas, das nicht »funktionieren« kann.

Die Infinita bietet die Möglichkeit zu untersuchen, ob und wie ein Aufwachsen in einer Gemeinschaft freier Individuen funktioniert. Sie zeigt, wie eine solche Gemeinschaft aufgebaut sein kann und welche Auswirkungen ein solches Aufwachsen für die Schüler*innen hat. Sie bietet die Möglichkeit, aktuelle psychologische und lerntheoretische Theorien in der Praxis zu überprüfen.

Dieses Buch soll einen Einblick in die Infinita geben. Es soll ganz konkret zeigen, wie eine Demokratische Schule funktioniert, aber auch abstrakte Konzepte durch Beispiele lebendig werden lassen. Es soll neue Perspektiven in der Diskussion über die Umgestaltung von Bildung eröffnen und Mut machen, Schule ganz neu zu denken.

Wer eintauchen und ein eigenes Gespür für Demokratische Schulen bekommen möchte, wer neugierig ist, die Hintergründe des Konzeptes »Demokratische Bildung« tiefer zu durchdringen und wem es ein Anliegen ist, die eigenen Vorstellungen von dem, was im Bildungsbereich richtig, wichtig und möglich ist, zu bereichern, sei hiermit herzlich auf eine Reise in die Welt Demokratischer Schulen eingeladen.

Es ist nicht meine Absicht, Demokratische Bildung[1] als die einzig mögliche und perfekte Alternative darzustellen. Die Infinita zeigt eine grundsätzlich andere Möglichkeit von Schule auf und kann Inspirationen bieten. Sie ist nicht perfekt und es ist uns ein großes Anliegen, sie als einen Prozess zu betrachten – etwas, das sich ständig weiterentwickeln und den Bedürfnissen der Gemeinschaft anpassen wird. Dieses Buch ist eine Momentaufnahme und ein Blick auf unsere Erfahrung nach zehn Jahren.

Wir haben die Schule gegründet, weil wir es für notwendig hielten und weil wir der Meinung waren, dass Schule heutzutage nicht im besten Interesse der jungen Menschen organisiert ist und sich oft sogar schädlich auswirkt. Es geht in keiner Weise darum, den guten Willen von Schulrät*innen, Bildungsministerien oder Lehrer*innen in Frage zu stellen. Gleichzeitig halte ich es für hilfreich und notwendig aufzuzeigen, warum wir verschiedene Dinge anders machen und welche Schwierigkeiten durch alte Wege im Umgang mit Kindern und Jugendlichen entstehen. Nur so wird deutlich, warum es für uns so bedeutsam ist, einen anderen Weg zu wählen.

---

1  Der Begriff »Demokratische Bildung« wurde von der Internationalen Konferenz für Demokratische Bildung (IDEC) geprägt und beschreibt eine Perspektive auf Bildung analog zu den Prinzipien Demokratischer Schulen. »Demokratische Schule« wiederum beschreibt ein pädagogisches Konzept, nicht einfach eine Schule, die auf irgendeine Art demokratisch ist (s.u.).

Ich möchte auch nicht die *Arbeit* von Lehrer*innen im Regelschulsystem herabsetzen und ich entschuldige mich, sollte dieser Eindruck entstehen. Ich empfinde den tiefsten Respekt vor allen Menschen, die ihr Bestes für die jungen Menschen in den staatlichen Schulen tun, für Veränderungen kämpfen und oft bis zur Erschöpfung arbeiten. Die Kritik gilt einzig und allein dem historisch gewachsenen System, über dessen Grenzen zu denken uns als Gesellschaft so schwerfällt. Es wäre unehrlich, über die Defizite zu schweigen. Nur durch die Benennung dieser lässt sich die Tragweite unserer pädagogischen Entscheidungen nachvollziehen. Schließlich sind es die Schwierigkeiten, die wir im Regelschulsystem gesehen haben, derentwegen wir uns auf den Weg gemacht haben, etwas anderes zu erschaffen.

Im Laufe des Buches werden unsere Strukturen dargestellt, oft durch Beispiele lebendig und verständlich gemacht. Zudem werden die Vorteile und Herausforderungen aufgezeigt. Schließlich soll es auch darum gehen, das Konzept und unser Handeln psychologisch und pädagogisch zu begründen und immer wieder mit dem aktuellen Stand der Wissenschaft abzugleichen.

Bevor wir beginnen, noch ein paar Worte zu den Schreibweisen, für die ich mich entschieden habe. In meiner Zeit an der Infinita durfte ich viel von Schüler*innen lernen. Ein Gespräch mit Schüler*innen über zeitgemäße Arten des Genderns hat mich gelehrt, dass der * den alten Formen überlegen ist, da er Menschen mit einschließt, die sich nicht klar einem Geschlecht zuordnen. Ich könnte an dieser Stelle einfach erwähnen, dass immer alle Geschlechter gemeint sind, um die Lesbarkeit zu verbessern. Wir wissen jedoch, dass dies beim Lesen nur begrenzt wahrgenommen wird. Studien zeigen beispielsweise, dass weibliche Vorbilder viel seltener genannt werden, wenn nur angemerkt wird, dass alle Geschlechter mitgedacht werden sollen. Es würde ein völlig falsches Bild im Kopf entstehen lassen und wäre ein großer Verlust für die Leser*innen, wenn Frauen und Mädchen an der Infinita nicht mitgedacht würden. Sollte diese Entscheidung zu Beginn zum Stocken im Lesefluss führen, mag dies eine Erinnerung daran sein, dass im Austausch dafür ein akkurates Bild im Kopf entstehen darf. Auf Dauer sollte ein Gewöhnungseffekt einsetzen.

Ich hoffe, die folgenden Seiten werden eine spannende Reise sein in eine Welt von Freiheit, Abenteuer, neuen Ideen und alten Träumen.

# Danksagung

Ich empfinde tiefe Dankbarkeit für die vielen Menschen auf der ganzen Welt, denen zu begegnen ich das Privileg hatte, mit denen ich diskutieren, philosophieren und feiern durfte, meine Ideen entwickeln, schärfen und sie immer wieder in Frage stellen konnte.

Zu Beginn möchte ich allen Leser*innen danken. Für das Interesse an einem Thema, das mir so sehr am Herzen liegt. Für die Offenheit, andere Wege in der Bildung zu erforschen und das selbst Erlebte in Frage zu stellen. Für die Bereitschaft, mit mir in die bunte Welt der Infinita einzutauchen.

Dann gilt mein Dank und meine Wertschätzung dem Gründungsteam der Infinita: Robert, Ben, Uta, Gesine, Boris, Uli und Sönke. Euer Durchhaltevermögen, die gegenseitige Wertschätzung und der Spaß bei unserer fünfjährigen Achterbahnfahrt haben die Schule möglich gemacht. Es war eine intensive Zeit, die ich nicht missen wollte, selbst wenn wir es nicht geschafft hätten.

Ich möchte meine Dankbarkeit ausdrücken für alle Menschen, die der Infinita ihre Zeit geschenkt haben und sie immer als Projekt und nicht nur als Arbeitsplatz gesehen haben:

An das aktuelle Team der Infinita mit großem Respekt und einem warmen Gefühl im Herzen. Natalie, Uli, Martin, Frances, Julie, Pia, Jan, Immo, Imke, Florentine, Neven, Anja und Tina – die Zusammenarbeit mit Euch ist so erfüllend, wertschätzend und spannend. Danke dafür, wie Ihr mit Herz und Verstand für die Kinder da seid, es ist ein Privileg und eine Freude, mit Euch zusammenarbeiten zu dürfen.

An die ehemaligen Mitarbeiter*innen, die die Schule ein Stück begleitet, mitgestaltet und mitgeplant haben. Insbesondere Jonathan, Christiane, Nikolai und Laura – Ihr habt der Schule Euren Stempel aufgedrückt und wart immer bereit, mit den neuen Aufgaben zu wachsen. Ich weiß, dass sie auch immer einen Platz in Eurem Herzen behalten wird.

An unsere ehemaligen und aktuellen Aushilfen und Bundesfreiwilligendienstler*innen für ihre Zeit an der Schule, während der sie immer ein Teil der Gemeinschaft geworden sind, gelernt, getröstet und gestaltet haben.

Ich empfinde tiefe Dankbarkeit für alle Demokratischen Schulen, die sich vor uns auf den Weg gemacht haben und von denen wir lernen durften und dürfen. Besonders wichtig waren für mich die Windsor House School in Vancouver, die Village Free School in Portland, die Kapriole in Freiburg, die Freie Schule Leipzig und die Netzwerkschule. Auch wenn einige davon nicht mehr existieren, so leben ihr Geist und viele Ideen, die ich von dort mitgenommen habe, in der Infinita weiter.

Ich möchte meinen Dank und Respekt allen ausdrücken, die die Ideen
Demokratischer Bildung voranbringen:

Den vielen Schulgründungsinitiativen, die tapfer allen bürokratischen und
finanziellen Hürden trotzen. Haltet durch – es ist es wert und Euer Beitrag
zur Schullandschaft wird dringend gebraucht! Ich hoffe, dieses Buch kann
Euch den Weg erleichtern.

Sabine und Sören vom Tologoverlag. Mit der *Unerzogen* und vielen tollen
Büchern habt Ihr ein Vakuum gefüllt und vielen Menschen geholfen, neue
Wege zu gehen. Möge jemand die Fackel von Euch übernehmen.

Dem BFAS (Bundesverband Freier Alternativschulen). Ohne Euch wäre die
Gründung neuer Schulen um so vieles schwerer.

Allen ehrenamtlich in der EUDEC aktiven Menschen. Ohne unseren
Dachverband wären wir alle Einzelkämpfer*innen und könnten uns nicht
unterstützen, voneinander lernen und wachsen.

Den für uns verantwortlichen Menschen im Ministerium in Kiel, die die
Eröffnung der Infinita möglich gemacht haben und bereit waren, mit uns
im Gespräch zu sein und Wege zu finden, auch wenn das Konzept nicht
unbedingt ihren Vorstellungen von Schule entsprach. Insbesondere möchte
ich mich bei Herrn Struve bedanken. Sie haben uns als Schulrat in den
ersten Jahren begleitet und immer ein offenes Ohr und bestärkende Worte
für uns übrig gehabt. Danke für die Wertschätzung unserer Arbeit.

Den Eltern der Infinita gilt mein Respekt und ich möchte mich für Euer
Vertrauen in uns bedanken, für Eure tatkräftige Unterstützung und für die
konstruktive Zusammenarbeit. Ich möchte Euch auch dafür danken, dass

Ihr Euren Kindern mutig einen Weg eröffnet, den noch wenige gehen. Es tut gut, Euch hinter uns zu wissen und gemeinsam mit Euch an der Seite Eurer Kinder zu stehen.

Dann möchte ich aus tiefstem Herzen den Menschen danken, die mich beim Schreiben dieses Buches unterstützt haben:

Den Menschen, die mit ihrer Spende das Buch erst möglich gemacht haben. Zu wissen, wie viele Menschen ich hinter mir habe, hat mir das Gefühl gegeben, dass das Buch ein Gemeinschaftsprojekt ist und mir die Bedeutung klarer gemacht. Es hat mich dazu angespornt, das Buch noch viel gewissenhafter zu schreiben. Danke für Eure Geduld.

Den Testleser*innen Robert, Eva, Martin, Uli, Stine und Uta. Eure Kommentare zu lesen und einzuarbeiten war wie ein Gespräch und eine große Bereicherung. Besonders danken möchte ich Robert: Deine ausführlichen und durchdachten Kommentare zeigten mir, wie viel Zeit Du in die Bearbeitung gesteckt hast. Es ist gut, Dich als Freund zu haben.

Meiner Lektorin Naemi und den Korrektorinnen Anne, Babo und Florentine. Ihr habt die Dinge gesehen, die ich nicht mehr sehen konnte und das Buch zu einem angenehmeren Leseerlebnis werden lassen.

Ein riesiges Dankeschön an meine Mitautor*innen Stine, Siri, Charlotta, Luzi, Phillip und Jonna. Durch Euch die Schüler*innenperspektive in das Buch bringen zu können, macht es so viel erlebbarer und authentischer. Beim Lesen Eurer Beiträge sind einige Tränen geflossen.

Danke an Carola Benzinger, die mit ihrer Mut-Mach-Werkstatt vielen Eltern dabei hilft, ihre Kinder auf Augenhöhe zu unterstützen. Danke auch für

Deine Unterstützung unseres Teams und die Einführung in die Gewaltfreie Kommunikation, die unsere Schule zu einem schöneren Ort macht.

Die Schule und dieses Buch wären nicht, was sie sind, ohne die Menschen auf der ganzen Welt, mit denen ich mich intensiv über Demokratische Bildung austauschen konnte und von denen ich viel gelernt habe. Allen voran Sarah, Meghan und Helen aus Vancouver sowie Michael Sappir aus Israel. Die Gespräche mit Euch waren große Inspirationen und haben die Flamme meiner Begeisterung genährt. Und sie brennt noch immer.

Viele Autor*innen haben mein Bild von Demokratischer Bildung geprägt und ich baue auf einem reichen Fundus auf. Besonders die Untersuchungen der Sudbury Valley von Mimsy Sadowsky und Dan Greenberg sind eine enorme Unterstützung, um unsere Arbeit wissenschaftlich zu untermauern. »Endlich Frei« habe ich an einem Stück verschlungen und es war eine Inspiration für dieses Buch. Chris Mercoglianos Bücher waren erfrischend und spannend, Robert Millers Werk »Free Schools – Free People« beleuchtete die Geschichte Demokratischer Bildung für mich und Gespräche mit und die Bücher von Matt Herrn halfen mir, meine politische Sozialisation mit dem neu entdeckten Interesse für Demokratische Bildung zusammenzubringen.

Neben der Auseinandersetzung mit Demokratischer Bildung hat meine eigene Reise nach innen mir erst gezeigt, wie unschätzbar bedeutsam die Entwicklung in der Jugend wirklich ist. Ich bin dankbar für alle Menschen, die mich auf dieser Reise begleitet haben, mit denen ich mich verwundbar zeigen konnte und erfahren, wie wertvoll tiefe authentische Beziehungen sind.

Besonderer Dank gilt hier meinen Freunden Boris, Ben und Nikolai. Danke für die vielen spannenden Gespräche, Euren Willen zu wachsen, Eure Neugier und die verrückten und berührenden gemeinsamen Erfahrungen.

Ich bin meiner Familie dankbar, mit der ich mich immer sicher gefühlt habe und die mich von klein auf unterstützt hat. Besonders möchte ich meinen Eltern Heidi und Erhard danken. Die Freiheit und das Vertrauen, die Ihr mir als Kind schon geschenkt habt, hat mich Vertrauen in mich selbst gelehrt und mir die Stärke gegeben, ein Projekt wie die Infinita anzufangen. Danke für Eure Unterstützung, mit dem Wissen, Euch im Rücken zu haben, konnte ich vertrauensvoll in die Welt gehen.

Danke an Markus Klepper, für das Wachrütteln und das Aufzeigen vieler spannender Entwicklungsmöglichkeiten, die dieses Leben bietet.

Auch in diesem Bereich gibt es viele Autorinnen, deren Werke mir geholfen haben, die menschliche Psyche tiefer zu durchdringen. Dazu zählen Erich Fromm, Eckhart Tolle, Ed Deci und Richard Ryan.

Von ganzem Herzen möchte ich meiner Frau Julie danken. Du warst und bist in so vielen Bereichen eine Inspiration. Unsere gemeinsame Reise im Innen und Außen hat mich immer wieder zum Wachsen gebracht und ich bin Dir dankbar für Deinen Willen, mit mir zu wachsen.

Deine Unterstützung hat es mir ermöglicht, mit diesem Buch einen eigenen Weg zu gehen, als es so aussah, als könnte es nicht veröffentlicht werden.

Ich habe tiefsten Respekt vor dem, was Du in die Infinita bringst. Insbesondere unser Mentorenkonzept wäre nicht das, was es ist. Deine Perspektiven in zahllosen Diskussionen haben uns immer wieder dabei geholfen, die Kinder bestmöglich zu unterstützen.

Danke für Dich, ich liebe Dich.

# Eine Demokratische Schule entsteht

*»Für mich war es sehr besonders, in den ersten Infinita-Jahren dabei zu sein und gemeinsam mit anderen Kindern und Erwachsenen die Infinita und ihre Strukturen zu gestalten.«*

ELLIE (19)

# Die Infinita: *Das Abenteuer beginnt*

Am zwölften August 2013 stehen 23 Schüler*innen, die meisten zwischen sechs und acht Jahren alt, erwartungsvoll mit ihren Eltern und großen Schultüten vor einer Altenpflegeschule in dem kleinen Städtchen Bargteheide. Ein kleines Team von Pädagog*innen, ausgestattet mit einer großen Portion Begeisterung und Idealismus, hatte dort für ein halbes Jahr einen kleinen Raum mieten können. Fünf Jahre hatte der Gründungsprozess gedauert, die Suche nach passenden Räumlichkeiten allein drei. Weit über hundert potentielle Gebäudeoptionen wurden in dieser Zeit begutachtet und wieder verworfen. Es waren fünf Jahre mit wöchentlichen Treffen in verschiedenen Küchen und Wohnzimmern und zahlreichen Infoveranstaltungen. Es war eine Zeit voller Besuche anderer Demokratischer Schulen und Konferenzen zu Demokratischer Bildung, der Suche nach mehr als hundert Menschen, die für den Kredit bürgen würden, der die ersten zwei Schuljahre finanzieren sollte, und nicht zuletzt einem ausführlichen Briefwechsel mit dem Bildungsministerium sowie einigen Gesprächsterminen. In Kiel war man zunächst von der Idee einer Demokratischen Schule nicht sehr angetan, handelte es sich doch um ein bis dato in Schleswig-Holstein völlig unbekanntes Schulkonzept. »Das ist doch gar keine Schule, die Sie da gründen wollen«, war eine erste Reaktion. Doch die Verantwortlichen begutachteten unser Konzept, hatten Fragen, stellten Anforderungen und setzten sich zwei Jahre später in einem recht konstruktiven Gespräch mit uns zusammen. Sie waren anscheinend ausreichend überzeugt, dass wir das Ganze pädagogisch durchdacht hatten und dass wir wussten, wovon wir sprachen. Vielleicht waren sie auch von unserem Durchhaltevermögen beeindruckt.

Schließlich bekamen wir einen Schulrat zur Seite gestellt, der reformpädagogischen Ideen gegenüber offen war. Er war uns in den ersten zwei Jahren eine gute Stütze.

Es war ein turbulenter Weg von dieser Eröffnung bis zu der Demokratischen Schule, die die Infinita heute ist – mit den knapp einhundert Schüler*innen von sechs bis sechzehn Jahren und einem eigenen Gebäude in dem kleinen Ort Steinhorst zwischen Hamburg und Lübeck. Es lagen noch zwei Umzüge auf dem Weg, den die meisten Eltern der ersten Stunde teilweise sehr aufopferungsvoll mit uns durchmachten. Es war auch ein Abenteuer. Auch wenn eine nun größere und besser etablierte Schule mit mehr Räumlichkeiten den Schüler*innen inzwischen viele Vorteile bietet – Teil dieser Anfangsphase gewesen zu sein und die Infinita von Beginn an mitgestaltet zu haben, war für die beteiligten Schüler*innen und auch für das Team ein ganz besonderes Erlebnis mit ganz eigenen Lernmöglichkeiten.

Dieses Buch wurde zum Zeitpunkt des zehnjährigen Bestehens der Infinita geschrieben. Wir haben viel auf dem Weg gelernt und heute kommen uns Menschen aus dem ganzen Bundesgebiet (und manchmal sogar aus dem Ausland) besuchen, um eine Demokratische Schule zu erleben. So können wir heute selbst Inspirationen und praktische Tipps an Gründungsinitiativen weitergeben, wie wir sie selbst in unserer Gründungsphase von anderen Schulen bekommen haben. Aber wir sind eine kleine Schule und die Besuchsmöglichkeiten sind begrenzt. Zudem ist es nur sehr eingeschränkt möglich, an einem einzigen Besuchstag die Infinita wirklich zu verstehen. Dieses Buch soll dabei helfen, mehr Menschen einen tieferen Einblick zu ermöglichen und unsere Erfahrungen allen Menschen zugänglich zu machen, die sich vielleicht fragen, ob man Bildung nicht ganz anders organisieren könnte und sollte, als wir es selbst erlebt haben.

Aber was ist überhaupt eine Demokratische Schule? Sehen wir uns erst einmal ganz allgemein an, wie die Infinita funktioniert und welche Ideen dahinterstecken.

## Die Infinita: *Ein erster Besuch*

Bei einem Besuch der Infinita kommt vielen die Villa Kunterbunt in den Sinn. Ohne Pferd und Affen, dafür aber mit viel mehr Kindern. Alle diese jungen Menschen gehen selbst gewählten Beschäftigungen nach. Entsprechend wirkt es bunt und turbulent. Betreten wir das Schulgelände, könnten wir in dieses bunte Treiben eintauchen:

*Unter der riesigen Blutbuche im Garten laufen Kinder jeglichen Alters fröhlich hintereinander her und spielen miteinander. In einem kleinen Amphitheater im Garten unterhalten sich Jugendliche angeregt, während drei Mädchen auf einer Tischtennisplatte sitzen und lesen.*

*Begeben wir uns in die alte weiß-blaue Villa, wuseln die jüngeren Kinder aufgeregt an uns vorbei, ihre Begeisterung zu groß und die Zeit viel zu kostbar, um sie mit langsamem Gehen zu verschwenden.*

*In verschiedenen Räumen finden Kurse in klassischen Schulfächern statt, während andere Räume für Kurse wie »Zeit und Raum« oder den »Delphinkurs« genutzt werden. An einigen Orten sieht man Kinder und Erwachsene in angeregten Diskussionen und bei Abstimmungen, während andere Schüler\*innen eine Bewerberin für eine Anstellung als Lehrerin nach ihren Leidenschaften befragen. In einem Raum arbeiten Jugendliche an Laptops und überall findet man Kinder ins Spiel vertieft. Im größten Raum, dem »Saal«, halten zwei Siebenjährige eine Präsentation über die Geschichte* *des Fahrrads. Drinnen und draußen werden kreative Projekte angefertigt und im ganzen Gebäude unterhalten sich große und kleine Menschen.*[2]

# Die Infinita: *Unser Schulkonzept*

Auf den ersten Blick mag die Schule chaotisch oder unstrukturiert erscheinen. Tatsächlich gibt es an der Infinita jedoch weit über hundert Regeln, welche das Zusammenleben organisieren.

All diese Regeln werden von den Schüler*innen und den Mitgliedern des pädagogischen Teams – bei uns Lernbegleiter*innen genannt – in regelmäßigen demokratischen Versammlungen gemeinsam beschlossen. Jede Person hat, ungeachtet ihres Alters, dasselbe Recht, sich an Diskussionen und Abstimmungen zu beteiligen. Die festgelegten Regeln gelten für alle Menschen in der Schule gleichermaßen und können auch von allen auf dieselbe Weise durchgesetzt werden.

**Das Schulkonzept der Infinita auf einen Blick:**

Die Infinita ist eine offene Ganztagsschule mit knapp 100 Kindern von der ersten bis zur zehnten Klasse. Es gibt keine Aufteilung nach Alter. Kurse und Projekte stehen Schüler*innen jeden Alters offen.

Die Kernelemente des Konzeptes sind *Selbstbestimmung* und *Demokratie*:

Eine Schulversammlung, in der alle Schüler*innen und Mitarbeiter*innen gleichermaßen mitbestimmen dürfen, entscheidet über:

---

2   Beobachtungen aus den Beschreibungen der Schule in diesem Buch haben so oder so ähnlich tatsächlich stattgefunden, wenn auch nicht unbedingt an einem Tag.

- die Gestaltung der Schule,
- einen Teil des Budgets,
- die geltenden Regeln (für Erwachsene und Schüler*innen),
- die Erstellung von Kursen und Angeboten,
- die Planung von Ausflügen und Projekten.

Die Schüler*innen bestimmen frei über ihre Zeit und lernen selbstverantwortlich nach eigenen Interessen. Die wichtigsten Grundpfeiler des Konzeptes, die dies ermöglichen, sind:

- Der Stundenplan ist nicht verbindlich, sondern ein Angebot.
- Es gibt keine Tests, Noten oder andere Druckmittel. Lernen geschieht einzig und allein, um sich weiterzuentwickeln.
- Ein System konstruktiver Konfliktlösungen unterstützt die Kinder dabei, Verantwortung für ihre Handlungen in der Gemeinschaft zu übernehmen.
- Ein Mentorensystem hilft den Schüler*innen, mit der Freiheit und der Selbstverantwortung umzugehen.

Die Schule ist eine Gemeinschaft, die ihr Zusammenleben in einem demokratischen Prozess gemeinsam regelt. So tragen die Schüler*innen schon früh eine Mitverantwortung für die Gestaltung ihrer Umgebung – eine Verantwortung, aber auch eine fantastische Freiheit.

Diese Freiheit erstreckt sich nicht nur auf die Mitbestimmung über die Regeln und die Gestaltung der Schule: In der Infinita leben die Schüler*innen selbstbestimmt. Die jungen Menschen entscheiden jeden Tag frei, wie sie ihre Zeit in der Schule verbringen möchten. Es gibt zahlreiche Möglichkeiten und Ressourcen, sich in vielen Bereichen weiterzuentwickeln, und im Rahmen des demokratischen Systems können die jungen Menschen diese Möglichkeiten nach ihren Wünschen, Bedürfnissen und Leidenschaften mitgestalten.

Wie in anderen Schulen gibt es einen Stundenplan. Die Teilnahme an den Angeboten ist jedoch freiwillig und kann jederzeit neu entschieden werden. Das bedeutet auch, dass es keine Einteilung in Altersgruppen gibt. Die Kinder gehen in die Angebote, die sie interessieren, und umgeben sich mit den Menschen, die sie am liebsten um sich haben oder mit denen sie Interessen teilen, ungeachtet des Alters. Noten oder andere Formen unerwünschter Bewertung[3] existieren an der Infinita nicht. Lernen geschieht einzig aus Interesse und dem Wunsch, sich weiterzuentwickeln, nicht aus Angst vor schlechter oder auf der Jagd nach guter Bewertung.

Die Freiheit der Kinder erwächst aus einem der Schule zugrunde liegenden Menschenbild. Wir betrachten Menschen jeden Alters als gleichwürdig[4], mit demselben Recht auf Respekt und auf Bestimmung über das eigene Leben.

Beobachtet man Gespräche zwischen Schüler*innen und Erwachsenen an der Infinita, wird man dies gespiegelt sehen. Die Erwachsenen treten den Kindern und Jugendlichen auf Augenhöhe gegenüber. Niemand von uns wird gesiezt oder mit Nachnamen angesprochen. Begegnungen geschehen authentisch von Mensch zu Mensch. Gleichzeitig sind die Erwachsenen Mentor*innen. Wir sind eine Quelle von Wissen, bieten Unterstützung in vielen Bereichen und sind für die Sicherheit der Schüler*innen verantwortlich.

---

3   Es kommt durchaus vor, dass Kinder eine Bewertung möchten, um den eigenen Stand einschätzen zu können. In dem Fall bekommen sie das gewünschte Feedback.

4   Jesper Juul hat den Begriff der »Gleichwürdigkeit« entwickelt, welcher beschreibt, dass man Kinder zwar nicht völlig gleich behandeln kann, denn ihnen fehlen eine gewisse Erfahrung und manche Kompetenzen. Gleichzeitig rechtfertigt dies kein respektloses Verhalten, wie Anschreien oder Beschimpfen, das wir einem Erwachsenen gegenüber nicht an den Tag legen würden. Das Kind hat die gleiche Würde. (Vgl. Juul 2019.)

Die ältesten Schüler*innen sind in der zehnten Jahrgangsstufe (auch wenn es keine Klassen im herkömmlichen Sinne gibt) und können danach in eine staatliche Oberstufe wechseln und ein Abitur machen, oder sie beginnen direkt nach der Infinita eine Ausbildung.[5]

All dies wird man beobachten können, wenn man die Infinita betritt. Eine Schule, die sich von den meisten Schulen der Welt grundlegend unterscheidet.

Die Frage, die sich aufdrängt, ist: Warum das Ganze?

---

5  Wie genau der Übergang in eine Oberstufe aussieht und wie man zu einem staatlichen Abschluss kommt, wird im Kapitel »Vom Abschluss und Abschlüssen« genauer erklärt.

# Eine Demokratische Schule:
## *Wieso, weshalb, warum?*

*»Ich finde gut, dass wir selbst entscheiden können, was wir lernen
wollen und in welche Kurse wir gehen.«*

HENNI (9)

# Wieso Menschen zum Lernen und zum Glücklichsein Freiheit brauchen

Die kurze Antwort auf die Frage des »Warum?« lautet schlicht: Weil wir es für richtig halten!

Wir glauben, dass Menschen, unabhängig von ihrem Alter, ein Recht haben, mit Respekt behandelt zu werden und über ihr eigenes Leben zu bestimmen, soweit es ihnen möglich ist. Wir glauben, dass die Kindheit und Jugend eine besondere Zeit im menschlichen Leben ist und dass sie noch mehr als andere Lebensphasen so glücklich und unbeschwert wie möglich sein sollte.

Wir sind davon überzeugt, dass die primäre Rolle von Schule darin besteht, Menschen für ein erfülltes und glückliches Leben auszubilden – mit Zufriedenheit und der Fähigkeit, ihr Leben zu gestalten.

Man sollte annehmen, dass alle Schulen dieses Ziel verfolgen. Die Mehrheit der Lehrer*innen ist gewiss aufrichtig bemüht, den jungen Menschen in ihrer Obhut den Weg zu einem glücklichen Leben zu bereiten. Wenn wir uns aber ansehen, mit welcher Zielsetzung das heutige Schulsystem erdacht wurde, werden wir »Glück des Individuums« nicht auf der Liste finden. Das preußische Schulsystem diente in erster Linie dazu, die staatliche Kontrolle über die Bevölkerung zu festigen und die Erziehung der Schüler*innen auf die Bedürfnisse des Staates auszurichten. Die zentralen Ziele des Schulsystems waren daher die Schaffung von »gehorsamen Untertanen« sowie die Vermittlung von Wissen und Fähigkeiten, die für die Bedürfnisse der wachsenden preußischen Bürokratie und Industrie von Nutzen waren.[6] Instrumente wie Noten und Stundentaktung waren wichtige Werkzeuge,

---

6   Vgl. Klafki 1976 sowie Bade & Zimmer 1992.

um die Schüler*innen zu disziplinieren, zu kontrollieren und zu selektieren. Diese Elemente dienten dazu, eine bestimmte Gesellschaftsordnung und Staatsideologie zu fördern und zu verankern.

Da das preußische Schulsystem der direkte Vorläufer des heutigen deutschen Schulsystems ist und maßgeblich dessen Struktur und Lehrmethoden geprägt hat, entdeckt man in Schulen noch immer viele Relikte aus der Zeit Preußens, die niemals das Wohlbefinden einzelner Menschen zum Ziel hatten. So ist historisch ein Rahmen gewachsen, innerhalb dessen viele Lehrer*innen ihr Bestes tun und vergeblich bis zur Erschöpfung um das Wohlergehen ihrer Schüler*innen kämpfen. Wir sehen Reformbemühungen, die in den Grundlagen des Systems verhaftet bleiben und darum Pflaster auf Wunden kleben, die gar nicht erst zugefügt werden sollten. Junge Menschen von ihrem sechsten Lebensjahr an täglich zu zwingen, in Räumen zu sitzen, Unterordnung und Gehorsam als selbstverständlich anzunehmen, sie zu nötigen, sich mit Inhalten zu beschäftigen, an denen sie in den meisten Fällen kein Interesse haben, um sie dann in Konkurrenz zueinander zu setzen und ihre Leistungen in diesen aufgezwungenen Lerninhalten ohne ihr Einverständnis zu bewerten – all dies widerspricht dem, was wir heute darüber wissen, wie Lernen funktioniert.

In den letzten Jahrzehnten hat sich der *Konstruktivismus* als die vorherrschende Lerntheorie durchgesetzt. Er geht davon aus, dass Lernen ein aktiver, konstruktiver Prozess ist, bei dem Wissen und Verständnis auf der Grundlage der individuellen Erfahrungen und Vorstellungen aufgebaut werden. Die Lernenden können also nicht, wie früher angenommen, durch Lehrer*innen Wissen präsentiert bekommen und dieses dann einfach verinnerlichen. Stattdessen sehen wir Menschen heute als aktive Gestalter*innen ihres eigenen Lernprozesses statt als bloße Empfänger*innen von Input.

Der Konstruktivismus hat sich in verschiedenen Disziplinen wie Philosophie, Psychologie, Pädagogik und Sozialwissenschaften entwickelt. In der Forschung wurden menschliches Verhalten beobachtet und Theorien aufgestellt, welche dann in den letzten hundert Jahren in vielen Studien immer wieder bestätigt wurden. Das sollte eigentlich Grund genug sein, althergebrachte Methoden und Strukturen aus dieser Perspektive zu betrachten und zu verändern. In den letzten Jahrzehnten hat gleichzeitig unser neurologisches Wissen eine rasante Entwicklung erfahren. Wir haben also begonnen, unser Wissen über das Lernen nicht nur aus Beobachtungen abzuleiten, sondern auch zu erforschen, wie menschliche Gehirne funktionieren und zu fragen, wie Lernen eigentlich biologisch funktioniert. Interessanterweise kommen Hirnforscher*innen zu sehr ähnlichen Ergebnissen wie die Konstruktivisten:[7] Die Ergebnisse der Neurowissenschaft zeigen uns, dass Menschen aktiv an ihrem Lernprozess beteiligt sein müssen, dass es wichtig ist, die eigene Lernumgebung mitzugestalten, eigene Fragen zu stellen und eigene Probleme zu lösen.

Die Bedeutsamkeit von und das Interesse an Lerninhalten ist für effektives Lernen unabdingbar. Nur wenn uns Dinge wirklich interessieren und bestenfalls fesseln, ist Lernen effektiv und das Wissen wird dauerhaft gespeichert.

Daraus folgt notwendigerweise, dass Lernen etwas sehr Individuelles ist und dass die Rolle von Lehrer*innen darum eher sein müsste, bei einem persönlichen Lernprozess zu begleiten, statt festgelegtes Wissen zu vermitteln.[8]

---

7   Von von Glasersfeld (1997) und Zull (2002) stammen zwei Grundsatzwerke, die das Lernen aus biologischer und aus lerntheoretischer Sicht betrachten. Beide kommen zu demselben Ergebnis: Dass Lernen ein individueller Prozess ist, in dem die Lernenden ihrer Neugier folgen und eigene Ideen und Vorstellungen in den Lernprozess einbringen müssen.

8   Vgl. Bransford, Brown & Cocking 2000.

Eine weitere wichtige Erkenntnis der Hirnforschung ist, dass Emotionen beim Lernen eine wichtige Rolle spielen. So steht Stress nicht nur einem effektiven Abspeichern von Informationen im Weg, sondern das Lernen geschieht einfacher und effektiver, wenn es uns gut geht. Die Emotionen können sogar gemeinsam mit der Information gespeichert und bei ihrem Abrufen wieder hervorgerufen werden. Man spricht hierbei von »state-dependent memory«.

Das Ziel beim Lernen sollte sein, dass das Wissen im Hippocampus (Gehirnregion für Gedächtnis und Emotionen) gespeichert wird, denn dort gespeichertes Wissen steht langfristig und nachhaltig zur Verfügung. Etwas, das unter Stress oder Angst gelernt wird, wird dagegen im Mandelkern, der Amygdala, gespeichert. Es ist eine sinnvolle Einrichtung – etwas, das mit negativen Emotionen verbunden ist, könnte eine Gefahr darstellen. Das Speichern im Mandelkern führt dazu, dass die Erinnerung diese Emotionen mitliefert und den Menschen dadurch in einen Kampf-oder-Flucht-Modus versetzt, in dem Hormone wie Adrenalin, Noradrenalin und Cortisol ausgeschüttet werden, sodass er*sie sich akuten Gefahren stellen kann. Die Fähigkeit zum kreativen Umgang mit den abgerufenen Informationen gehört zu den nicht überlebenswichtigen Funktionen, die in diesem Modus stark eingeschränkt werden.[9]

Der Hirnforscher Manfred Spitzer beschreibt dies wie folgt:

*Die Auswirkungen betreffen … nicht nur den Körper, sondern auch den Geist. Kommt der Löwe von links, läuft man nach rechts. Wer in dieser Situation lange fackelt und kreative Problemlösungsstrategien entwirft, lebt nicht lange. Angst produziert daher einen kognitiven Stil, der das rasche*

---

9   Vgl. Sapolsky 2004.

*Ausführen einfacher gelernter Routinen erleichtert und das lockere Assoziieren erschwert. Dies war vor 100.000 Jahren sinnvoll, führt heute jedoch zu Problemen, wenn mit Angst und Druck gelernt wird. Nicht dass dann nichts hängen bliebe. Das Problem ist vielmehr, dass beim Abruf eben die Angst mit abgerufen wird. Daraus folgt: Landet gelerntes Material im Mandelkern, ist eines genau nicht möglich: der kreative Umgang mit diesem Material. Wenn wir aber wollen, dass unsere Kinder und Jugendlichen in der Schule für das Leben lernen, dann muss eines stimmen: die emotionale Atmosphäre beim Lernen.*[10]

Zusätzlich wissen wir durch die Erkenntnisse der Motivationsforschung, dass Menschen sehr effektiv Ziele verfolgen können, die von innen kommen, die sie sich also selbst gesteckt haben. Zentral für die Motivation sind Autonomie, Selbstbestimmung und Zufriedenheit, während Belohnungen und Strafen eher abträglich sind.[11]

Das Werk »Intrinsic Motivation and Self-Determination in Human Behavior« der renommierten Psychologen Edward L. Deci und Richard M. Ryan gilt als eines der bedeutendsten Werke der Motivationspsychologie. Deci und Ryan erklären dort die in zahllosen Versuchen nachgewiesene Bedeutung der Art der Motivation fürs Lernen. Sie unterscheiden zwischen extrinsischer und intrinsischer Motivation. Intrinsische Motivation bezeichnet eine Motivation, die von innen heraus entsteht: »Ich möchte etwas können, darum lerne ich es.« Extrinsische Motivation dagegen kommt von außen (Noten, Tests und Belohnungen). Die Forschung zeigt, dass Zwang und Druck oder Belohnungen zwar dazu führen können, dass man sich mit

---

10 Spitzer 2003.
11 Vgl. Deci & Ryan 2000.

etwas auseinandersetzt und auch lernt. Das Ganze funktioniert jedoch nur kurzfristig. Die externen Anreize müssten ständig erhöht werden, um die Motivation langfristig aufrechtzuerhalten. Zudem zeigen extrinsisch motivierte Menschen eine geringere Kreativität und Problemlösungsfähigkeit, da sie sich auf die Belohnung oder drohende Strafe konzentrieren. Schüler*innen lernen für gute Noten oder um schlechte zu vermeiden, nicht um sich zu verbessern, mehr Verständnis oder Wissen zu erlangen. Dies führt zwangsläufig zu einem geringeren Interesse und Engagement. Lernende tauchen dadurch weniger tief in ein Thema ein und behalten das Gelernte meist nicht besonders lang (oft bis zur nächsten Klassenarbeit).

Intrinsische Motivation ist darum für das Lernen von zentraler Bedeutung. Menschen, die sich aus eigenem Wunsch mit etwas auseinandersetzen, zeigen Engagement und Neugierde. Sie folgen ihrem inneren Antrieb, Wissen zu erwerben und Probleme zu lösen, was zu Freude am Lernen, einer besseren Leistung und einem tieferen Verständnis führt. Kurz: Was Menschen aus eigenem Antrieb lernen wollen, geht leichter und wirkt nachhaltiger.

Noten und Tests helfen also dabei, Menschen zu zwingen, sich mit von außen festgelegten Inhalten zu beschäftigen, einem effektiven Lernen stehen sie aber im Weg, statt es zu fördern.

Die aus Preußen übernommenen Methoden stehen nicht nur im Widerspruch zu dem, was wir über Lernen wissen. Noch dramatischer widersprechen sie unseren psychologischen Erkenntnissen darüber, wie sich gesunde Individuen entwickeln, was für psychische Gesundheit und ein gesundes Selbstvertrauen nötig ist und was letztlich glücklich macht.

Deci und Ryan haben sich nicht nur mit Motivation beschäftigt. Die Motivationsforschung ist nur ein Teil der von ihnen entwickelten *Selbstbestimmungstheorie*. Seit nun mehr als zwanzig Jahren wurde diese

Theorie in verschiedenen Kontexten immer wieder überprüft und bewiesen.[12] Sie ist Bestandteil der meisten psychologischen Grundlagenwerke und Teil eines jeden Psychologiestudiums. Zentrale Begrifflichkeiten dieser Theorie sind auch Teil der Lehrer*innenausbildung. Die Konsequenzen, die sich aus der Selbstbestimmungstheorie ergeben, stehen jedoch in so eklatantem Widerspruch zur schulischen Praxis, dass sie weitgehend ignoriert werden, denn die Umsetzung wäre nur mit einer radikalen Veränderung des Schulsystems möglich.

Grundlage der Selbstbestimmungstheorie ist die Annahme, dass es neben unseren körperlichen Grundbedürfnissen drei zentrale psychologische Grundbedürfnisse gibt: *Kompetenz, soziale Eingebundenheit* und *Autonomie.*

Kompetenz beschreibt dabei, dass Menschen sich fähig fühlen und das Gefühl haben möchten, dass sie etwas beizutragen haben. Hier gibt es eine enge Verbindung zur Selbstwirksamkeitserwartungstheorie von Albert Bandura, die für die Pädagogik mindestens genauso bedeutsam ist und die darum an späterer Stelle näher erläutert wird.

Soziale Eingebundenheit bedeutet, dass wir als Menschen das Bedürfnis haben, uns zugehörig zu fühlen. Es beschreibt also das Verlangen danach, sich mit anderen zu verbinden, in Beziehung zu stehen und sich von anderen akzeptiert zu fühlen.

Autonomie schließlich beschreibt schlicht, dass wir im Fahrersitz unseres Lebens sitzen und Kontrolle über das Leben haben möchten. Autonomie unterscheidet sich also von Unabhängigkeit, denn man kann durchaus

---

12 Eine Vielzahl von interessanten Studien und Vorträgen zum Thema Selbstbestimmungstheorie finden sich auf der Website www. *SelfDeterminationTheory.org.*

autonom um Hilfe bitten. Wichtig ist, dass die Entscheidungen über das eigene Leben in der eigenen Hand bleiben und man das Gefühl behält, von inneren Antrieben geleitet zu werden.

Ist eines dieser Grundbedürfnisse nicht erfüllt, werden Menschen unglücklich und krank. Zudem sinken Motivation und Lernfähigkeit. So schlicht und einfach es klingt, so bedeutend sind die Erkenntnisse der Selbstbestimmungstheorie. Wenn Schulen nicht so aufgebaut sind, dass junge Menschen sich wirksam, kompetent, eingebunden und autonom fühlen, bedeutet dies nicht nur, dass die Hauptintention von Schule – das Lernen – dort schlecht geschehen kann, sondern auch, dass die jungen Menschen unglücklich werden. Nur wenn wir unser Leben selbstbestimmt leben können, wenn wir an unsere Fähigkeiten glauben und erfüllende Freundschaften haben, fühlen wir uns glücklich und zufrieden.

Es wäre an sich schon viel wert, dass sich junge Menschen wohlfühlen und dann viel besser lernen können. Wir wissen aber heute auch, dass es einen starken Zusammenhang zwischen Wohlbefinden und psychischer wie auch körperlicher Gesundheit gibt. Stress ist die Ursache für viele psychische und körperliche Probleme; negative Denkmuster beeinträchtigen die Heilung, während positive Überzeugungen helfen, Krankheiten vorzubeugen und Heilung zu fördern. Wir wissen auch, dass gute soziale Beziehungen entscheidend für den Umgang mit Stress sind. Wer gute Freundschaften hat, lebt länger. Will man also, dass Menschen geistig und körperlich gesund sind, ist es wichtig, ihnen zu helfen, glücklich zu sein, in sich selbst zu vertrauen und in der Lage zu sein, tiefe, verbindende Beziehungen mit ihren Mitmenschen aufzubauen und zu pflegen.[13]

---

13 Vgl. Deci & Ryan 2017

Setzte man sich also heute mit einem weißen Blatt hin, um ein Schulsystem zu entwickeln, welches das Glück des Individuums zum Ziel hat – ginge man ganz wissenschaftlich vor und berücksichtigte, was wir über die Psychologie des Menschen, über Lernen und Pädagogik wissen – das Ergebnis enthielte keines der Elemente Noten, Zwang, Fremdbestimmung und Konkurrenz.

Hier soll kein böser Wille unterstellt werden. Bildungsministerien, Schulrät*innen, Direktor*innen und Lehrer*innen mögen teilweise einen zu starken Fokus auf wirtschaftlichen Erfolg und Konkurrenzfähigkeit legen, aber sicher will niemand jungen Menschen etwas Schlechtes antun. Gerade deswegen ist es so überraschend, dass wir kein Schulsystem vorfinden, welches in die Praxis umsetzt, was wir in den letzten Jahrzehnten über das Lernen und die menschliche Entwicklung herausgefunden haben.

Das Schulsystem hat sich aus obrigkeitsstaatlicher Zeit entwickelt und so tradiert, dass es den meisten Menschen schwerfällt, die zugrunde liegenden Prinzipien in Frage zu stellen und Schule ganz neu zu denken. Schließlich sind wir selbst so groß geworden und haben es als normal erlebt.

In diesem Dilemma können freie Alternativschulen wie die Infinita eine wichtige Rolle spielen. Wir können Schule ganz neu denken, wir haben die Möglichkeit, Dinge auszuprobieren, immer wieder zu überarbeiten, weiterzuentwickeln und wissenschaftliche Erkenntnisse in der pädagogischen Praxis zu überprüfen. Auf diese Weise können wir die Diskussion zur Veränderung des Schulsystems inspirieren. Wir können Ideen einbringen und Ergebnisse vorzeigen.

Wichtig ist dabei, genau zu überlegen, *was* beobachtet und gemessen werden soll. Natürlich ist es nicht uninteressant anzusehen, wie wir nach den Maßstäben des staatlichen Schulsystems abschneiden. Wie sind die Noten in den Abschlussprüfungen? Welche Inhalte wurden erlernt? Das sind wichtige und brennende Fragen. Inwieweit gelingt es Kindern, die selbstbestimmt in der Wahl ihrer Lerninhalte sind, sich auch die klassischen Lehrplaninhalte anzueignen? Diese Frage soll nicht übergangen werden und wird vor allem im vorletzten Kapitel, welches sich um Abschlüsse dreht, ausführlich erörtert.

Gleichzeitig geht es um viel mehr. Die Infinita wurde nicht primär gegründet, um gute Abschlüsse auf einem anderen Weg zu erreichen. Der Erfolg unserer Schule kann nur an dem gemessen werden, was ihre eigentlichen Ziele sind. Darum ist es wichtiger zu betrachten, wie groß die *Zufriedenheit*, der *innere Frieden*, die *Selbstwirksamkeitserwartung* und das *Selbstvertrauen* von Abgänger*innen sind und wie glücklich sie nach ihrem Aufwachsen an der Infinita sind.

Über das Thema *Selbstwirksamkeitserwartung* lohnt es sich, ein paar Worte zu verlieren. Die von Albert Bandura in den 1970er Jahren entwickelte Theorie ist heute aus der Psychologie nicht mehr wegzudenken. Einfach gesagt beschreibt der Begriff *Selbstwirksamkeitserwartung* das Vertrauen in sich selbst, eigene Ziele zu erreichen.[14] Je höher die Selbstwirksamkeitserwartung, je mehr ich mich also als kompetente*r Architekt*in des eigenen Lebens verstehe, desto größer ist mein Durchhaltevermögen. Ich traue mich, Projekte zu initiieren, ich kann mit Rückschlägen umgehen und ich werde dadurch Erlebnisse schaffen, die wiederum meine Selbstwirksamkeit steigern. Ich werde auch Schicksalsschlägen und Krankheiten aktiv begegnen und nach Auswegen suchen. Vielleicht ändere ich meine Ernährung, suche nach Heilmethoden oder gehe zu Selbsthilfegruppen. So steigert eine hohe Selbstwirksamkeitserwartung in letzter Instanz sogar meine Lebenserwartung.

---

14 Bandura 1997 und Bandura 2010.

Eine niedrige Selbstwirksamkeitserwartung bedeutet dagegen, dass ich mich äußeren Umständen und Personen ausgeliefert fühle. Dann erlebe ich mich als Opfer der Umstände und ergebe mich schnell dem Schicksal.

Hier zeigt sich bereits, dass eine hohe Selbstwirksamkeitserwartung ein Schlüssel für das Verfolgen und für das Erreichen eigener Träume ist. Wir wissen heute, dass eine hohe Selbstwirksamkeitserwartung vor Angststörungen und Depressionen schützt. Sie ist darum ein extrem bedeutsamer Faktor für ein glückliches Leben und wir werden uns in den folgenden Kapiteln immer wieder ansehen, inwieweit eine Demokratische Schule für die Entwicklung der Selbstwirksamkeitserwartung hilfreich sein kann.

Das Ziel der Infinita ist letztlich, der Ort zu sein, an dem ein Aufwachsen von glücklichen Menschen gelingen kann. Zugleich hoffen wir, in unserem bescheidenen Rahmen eine gewisse Leuchtturmfunktion zu erfüllen.

Aber warum glauben wir, dass unser Schulkonzept für Menschen eine gute Umgebung zum Aufwachsen bieten kann?

## Weshalb Schule und psychische Gesundheit zusammengehören

Wir sehen uns heute zwei großen und teilweise tragischen Herausforderungen gegenüber:

Psychische Erkrankungen unter Kindern und Jugendlichen sind alarmierend hoch. Mindestens *20 Prozent aller Kinder und Jugendlichen in Deutschland* weisen psychische Auffälligkeiten auf.[15] Ein großer Teil davon

---

15 Robert Koch Institut, 2014–2017.

23

leidet unter Depressionen oder ist »verhaltensauffällig«. Untersuchungen zeigen immer wieder, dass enormer Leistungsdruck schon ab dem Grundschulalter eine der wichtigsten Ursachen hierfür ist.[16] Ist es da nicht ein naheliegender Gedanke, diesen Leistungsdruck von den Schultern der Kinder und Jugendlichen zu nehmen?

Natürlich gibt es eine Vielzahl von Faktoren, die junge Menschen belasten können, wie beispielsweise die Trennung der Eltern, der Tod eines Elternteiles oder Mobbing. Uns ist es wichtig, für die Bearbeitung dieser Themen Zeit und Raum zu schaffen, Begleitung anzubieten und Gesprächsangebote zu machen.

Darüber hinaus spielen ein Aufwachsen mit der Möglichkeit, viel Verantwortung zu übernehmen, sowie der Erfahrung, ernst genommen zu werden, bei der Entwicklung starker Persönlichkeiten mit einem gesunden Selbstbewusstsein eine wichtige Rolle. Hinzu kommt die Entwicklung von Selbstwirksamkeitserwartung durch die ständige Erfahrung, das eigene Lebensumfeld aktiv mitzugestalten.

Dies alles schafft die Basis für einen produktiven Umgang mit großen Herausforderungen, die ansonsten zu Überforderung, Rückzug und Depression führen können. Die Infinita kann die Schüler*innen nicht vor allen schlimmen Erfahrungen schützen. Die Schulerfahrung kann aber den Rücken für den Umgang mit ihnen stärken – ob diese Erfahrungen nun während der Schulzeit oder im späteren Leben gemacht werden.

Wir alle sehen uns irgendwann im Leben großen emotionalen Herausforderungen gegenüber. Die innere Stärke, solche Phasen erleben zu können und im besten Fall daran zu wachsen, anstatt daran zu zerbrechen, ist eine unabdingbare Voraussetzung für ein glückliches Leben.

---

16 Vgl. KKH 2018 sowie American Psychological Association 2013.

## *Scheitern und das Verfolgen von Träumen*

Ein kleines Detail mit großer Bedeutung für das Leben von Menschen ist der Umgang mit Fehlern und Scheitern. Durch ständige Bewertung werden junge Menschen darauf trainiert, Fehler als etwas anzusehen, das es um jeden Preis zu vermeiden gilt. Scheitern bedeutet dann Versagen und potenziell einen Schlag gegen das Selbstbild. Sie werden also versuchen, immer die Dinge zu tun, die sie schon können und bei denen sie recht sicher sind, keine Fehler zu machen, um eine schlechte Bewertung zu vermeiden.

Wenn Menschen diese Denkweise verinnerlicht haben und an etwas scheitern, werden sie künftig dazu neigen, dies zur Seite zu wischen, schnell zu vergessen und möglichst nicht wieder zu versuchen – denn es stellt das eigene Selbstbild in Frage.

Beschäftigen sich Menschen dagegen aus eigener Motivation mit Dingen, weil sie sie können oder wissen möchten, sind sie viel eher in der Lage, Fehler als normalen Teil des Prozesses zu betrachten. Sie werden eher geneigt sein, eigene Fehler anzusehen und daraus zu lernen. Sie werden auch eher Dinge erproben, in denen sie (noch) nicht so gut sind, anstatt davon auszugehen, dass sie sie nicht können und folglich nie lernen werden. Wie viele von uns glauben, dass sie nicht gut in Kunst, Sport, Mathematik, Naturwissenschaften oder Musik sind, weil sie dort schlechte Noten bekommen haben? Kann ich nicht – mag ich nicht – mach ich nicht! Wir haben die Bewertung verinnerlicht, sie wahr gemacht und zementiert, um unser Selbstbild zu schützen.

Besonders absurd ist, dass im Schulsystem sogar kreative Tätigkeiten wie Singen und Zeichnen bewertet werden, wodurch wiederum die Angst, Fehler zu machen, hervorgerufen wird. Das Vermeiden von Risiken und das Zurückgreifen auf das, was man schon sicher weiß/kann, ist der sichere Weg zu besseren Noten … und zum Aberziehen von Kreativität.

Das Ganze kann vollständig zementiert werden, wenn man schlechte Noten bekommt und diese Bewertung in das eigene Selbstbild integriert wird: Ich bin eben jemand, der*die nicht malen/singen/… kann. Ich bin eben nicht kreativ.

Im Ergebnis hält man sich davon fern. Etwas zu tun, das man nicht gut kann, würde bedeuten, sich in Situationen zu begeben, in denen das eigene Selbstbild noch weiter leidet. Es ist peinlich und unangenehm – denn es gehört eine gehörige Portion Selbstbewusstsein dazu, zu akzeptieren, etwas noch nicht zu können und es trotzdem zu tun. Wir haben es hier also mit einer mustergültigen selbsterfüllenden Prophezeiung zu tun.

Dasselbe gilt für alle anderen Fächer. Schlechte Noten in Mathe? – Ich kann es also nicht! Ich ziehe mich innerlich zurück, muss aber körperlich anwesend sein.

Der Geist schaltet ab – denn man ist in eine Situation gezwungen, die man instinktiv zu meiden sucht. Das Ergebnis: Angstzustände, Vermeidungsstrategien, tiefe Scham. Jeder Moment, in dem man etwas zu Papier bringen soll, oder gar vom Lehrkörper genötigt wird, vor der Klasse etwas zu sagen, bedeutet sofortiges Umschalten in den Kampf- oder Fluchtmodus (oder direktes Einfrieren), was es dann völlig unmöglich macht, Erfolgserlebnisse zu generieren. Stattdessen werden weitere Erlebnisse geschaffen, die das negative Selbstbild festigen. Ein Kreislauf, der sich immer weiter steigert. Die beständige, erzwungene Wiederholung von Situationen, in denen Menschen nicht sein möchten, die das Selbstbild schädigen und in denen sie Scham und zumindest subjektiv Erniedrigung erleben, ist zudem ein gutes Rezept für die Entwicklung von Neurosen.

Es wäre schon tragisch genug, bestimmte Themen aus unserem Leben auszuschließen, weil wir gelernt haben, diese nicht zu können. Aber die Folgen sind viel weitreichender als das:

Stellen wir uns vor, wir sind sechs Jahre alt und werden eingeschult. Für die nächsten zehn Jahre werden wir praktisch täglich bewertet und für unsere Fehler mit schlechten Noten bestraft. Die unterbewusste Annahme, dass Fehler uns herabsetzen, irgendwie peinlich und dringend zu vermeiden sind, wird Teil unseres unterbewussten Verhaltensmusters; eine Färbung der Brille, durch die wir die Welt sehen.

Wollen wir unsere Träume erreichen, ist es aber essentiell, mit Rückschlägen umgehen zu können.

Rückschläge auf dem Weg zur Umsetzung der eigenen Visionen sind unvermeidlich und nur Menschen, die mit ihnen umgehen können und sich nicht davon aufhalten lassen, werden weiter auf ihre Ziele hinstreben, statt aufzugeben.

Wir dürfen scheitern, wir dürfen Fehler machen, wir dürfen dazu stehen und dann können wir sie ansehen und aus ihnen lernen.

Manchmal finden sich die größten Weisheiten auf Postkarten: Hingefallen? Aufstehen, Krone zurechtrücken, neuer Versuch!

Das Thema Selbstwirksamkeitserwartung drängt sich auch in dieser Frage auf. Wenn wir uns trauen, zu scheitern und immer wieder neue Herausforderungen anzugehen, werden wir Erfolge generieren und das Vertrauen in die eigene Fähigkeit, unsere Ziele zu erreichen, wächst.

An der Infinita versuchen wir, Fehler zu feiern, wo wir können. Etwas falsch gemacht? – Toll, das schenkt uns eine Chance zum Lernen und zur Weiterentwicklung![17]

Vielleicht ist es menschlich, dass wir Dinge richtig machen wollen. Aber gerade darum brauchen wir eine Umgebung, in der wir einen anderen Umgang mit diesem Bedürfnis nach Erfolg und dem Scheitern erlernen können, anstatt die Unsicherheit immer tiefer zu verankern. Gerade wenn es uns schwerfällt, eigene Fehler zu akzeptieren, brauchen wir ein Umfeld, das uns hierbei hilft.

Noten bedeuten hingegen, einen Fokus auf Konkurrenz zu setzen.

Es sind nicht nur die Erwachsenen, die den Umgang mit Scheitern beeinflussen, es ist ebenso das Verhalten unserer Mitschüler*innen.

Lernen alle, dass ihre Fehler Schwächen sind und basiert ihr Selbstwert auf möglichst fehlerlosen Leistungen – dann verbreiten sich Unsicherheiten. Bin ich gut genug? Schneide ich in allen Fächern besser ab als die anderen? Das trifft logischerweise für die Hälfte nicht zu – und selbst unter den oberen 50% fühlt sich die Mehrheit nicht gut genug. Jede falsche Antwort, jeder Fehler bei Hausaufgaben oder Arbeiten höhlt den Selbstwert ein kleines bisschen weiter aus.[18]

Junge Menschen werden instinktiv versuchen, ihren Selbstwert zu erhöhen. Die Methode zur Erhöhung besteht oft darin, sich über Fehler von

---

17 Eine Schülerin, die in der Vorbereitung auf die Prüfung war, berichtete mir, dass eine ältere Schülerin ihr gesagt habe: »Wir sind ja hier, um zu lernen, nicht, weil wir schon alles können.« Diese klare und bestechende Logik beschreibt sehr schön die der Schule zugrunde liegende Geisteshaltung und hat der Schülerin geholfen, ihren Selbstwert nicht davon abhängig zu machen, wie gut ihre Leistungen in einem bestimmten Fach war.

18 Vgl. Pekrun, Elliot & Maier 2009 sowie Eccles, Wigfield & Schiefele 1998 und Marsh & Yeung 1997.

anderen lustig zu machen. Macht man sich über die Fehler von anderen lustig, bedeutet dies für das Ego und die Außendarstellung implizit, dass man besser ist, es besser weiß und diesen Fehler nicht gemacht hätte.

So wird es noch wichtiger, keine Fehler zu machen, sich keine Blöße zu geben und damit keine Angriffsfläche für andere zu bieten. Unsicherheiten nehmen zu, Fehler sind noch peinlicher und sogar gefährlich und die Logik des Bewertungssystems bekommt eine soziale Dimension, welche die Angst vor Fehlern weiter verfestigt. Eine Abwärtsspirale wird in Gang gesetzt.

Stellen wir uns dagegen eine Umgebung vor, in der Fehler als ganz normaler Teil des Lebens und des Lernens erlebt werden. Es gibt kein negatives Feedback und den jungen Menschen wird der Rücken gestärkt. Der Selbstwert ist unabhängiger und es ist weniger notwendig, sich auf Kosten anderer zu erhöhen. Die verbreitete Reaktion auf Fehler wäre eher ganz pragmatisch: *Helfen und zeigen, wie es richtig geht.* Dieses Erleben wiederum stärkt das Verständnis davon, dass Fehler völlig normal sind und kein Problem darstellen. Die soziale Dimension setzt hier eine Aufwärtsspirale in Gang.

Natürlich ist es nicht so schwarz und weiß. Es gibt viele Lehrer*innen an Regelschulen, die innerhalb des Systems versuchen, ihre Schüler*innen aufzubauen, wenn diese nach schlechten Noten weinend am Platz sitzen, und sicher gibt es auch in Demokratischen Schulen Situationen, in denen Kinder mit schwachem Selbstbewusstsein sich über andere lustig machen, um sich selbst besser zu fühlen. Niemand wird behaupten, dass Demokratische Schulen der Himmel auf Erden seien, alle sich immer helfen und jederzeit fröhlich beim Scheitern lernen. Ein Konzept, das einen konstruktiven Umgang mit Scheitern und Fehlern fördert, stärkt aber das Selbstwertgefühl und erhöht die *Chancen*, den eigenen Träumen zu folgen, das eigene Leben gezielt zu gestalten und selbst gesteckte Ziele zu erreichen.

Es gibt genug Gründe aus lerntheoretischer Sicht, von Tests, Noten und Zwang Abstand zu nehmen. Der Wert von intrinsischer Motivation fürs Lernen ist weithin bekannt. Es sind aber diese unsichtbaren psychologischen Folgen, die oft vergessen werden und die für das Leben eines Menschen große Folgen haben können – ohne dass man erkennt, wo die eigenen Handlungsmuster herkommen. Diese Gefahren abzuwenden und andere Denk- und Handlungsmuster zu kultivieren, ist ein wichtiger Teil des *Warums* der Infinita.

Die folgenschweren Auswirkungen der Methoden unseres Bildungssystems auf die psychische Gesundheit von Kindern und Jugendlichen sprechen eine deutliche Sprache. Befürworter*innen dieser Methoden mögen einwenden, dass die Vermittlung der großen Menge von Wissen einfach so wichtig ist, dass Druck, Tests und Noten nötig, der Stress unvermeidlich und die psychischen Folgen darum in Kauf zu nehmen sind. Wie bereits gezeigt, ist es mehr als fraglich, ob die Methoden für diesen Zweck wirklich zweckmäßig sind. Zudem sieht sich Bildung heute einer Situation gegenüber, die diesen bisherigen Fokus, nämlich die Vermittlung von Wissen, in Frage stellt.

# Warum Schule auf neue
# Anforderungen reagieren muss

Während es im letzten Jahrhundert noch so schien, als könne man alles, was man für das Leben oder zumindest für den Beruf benötigt, im ersten Drittel des Lebens lernen, stellt sich die Situation heute anders dar. Menschen wechseln ihren Beruf häufiger als früher und müssen darum bereit sein, sich die Fähigkeiten für den neuen Job anzueignen. Ein noch wichtigerer Aspekt der sich verändernden Herausforderungen ist aber, dass es praktisch keine Berufe gibt, in denen das Wissen aus Schule und Ausbildung für den Rest des Lebens ausreichend sein wird. Untersuchungen gehen davon aus, dass berufliches Wissen heute eine Halbwertszeit von zweieinhalb bis fünf Jahren hat,[19] Schulwissen im Schnitt zehn bis fünfzehn Jahre. Das bedeutet, dass nach diesem Zeitraum die Hälfte des erlernten Wissens, für dessen Aneignung die jungen Menschen so viel Stress erleiden müssen, nicht mehr aktuell ist (!). Tatsächlich brauchen wir nur auf die letzten fünfzehn Jahre unseres eigenen Lebens zurückzublicken, um zu sehen, wie viel sich geändert hat. Allein die Bedeutung technischer Werkzeuge in Alltag und Beruf hat derart zugenommen, dass wir Anfang des Jahrtausends noch gar nicht lernen konnten, was wir heute wissen und können müssen. Darüber hinaus bringen die Entwicklung von Computern und die weltweite Vernetzung durch das Internet eine sich beschleunigende Weiterentwicklung in allen Bereichen menschlichen Lebens mit sich. Das Weltwissen steigt in einem nie dagewesenen Tempo.[20]

---

19 Vgl. McKinsey Global Institute 2018 sowie Brynjolfsson & McAfee 2014.

20 In der aktuellen Situation, in der künstliche Intelligenzen beginnen, sich gegenseitig zu trainieren, einen noch schnelleren Zugriff auf unser verfügbares Wissen erlauben und durch Kombination sogar in der Lage sind, selbst neues

Glücklicherweise hat die Entwicklung im Bereich der Hirnforschung auch eine Vielzahl neuer Erkenntnisse gebracht. Zum Beispiel wissen wir heute von einer Eigenschaft des menschlichen Gehirns, die als *Neuroplastizität* bezeichnet wird. Vereinfacht ausgedrückt beschreibt der Begriff, dass Menschen ihr Leben lang neue Fähigkeiten erwerben und neues Wissen erlernen können, nicht nur in der Jugend.

Außerdem stellen uns neue Technologien nicht nur vor die Herausforderung, neue Dinge lernen zu müssen. Sie schaffen gleichzeitig ganz neue Möglichkeiten des Lernens und des Zugangs zu Informationen. Wenn ich etwas nicht weiß, frage ich eine Suchmaschine oder eine KI. Wissen ist so umfassend verfügbar wie nie. Die Konsequenzen sind augenscheinlich: Zum einen ist das Auswendiglernen von Wissen nicht mehr so wichtig, wie es mal gewesen sein mag. Wenn ich etwas nicht weiß, sehe ich eben schnell nach – sofern ich einen kompetenten Umgang mit den nötigen Technologien erlernt habe.

Zum anderen ist es bedeutsamer denn je, dass ich meine Neugier behalte und bereit bin, *lebenslang zu lernen*.

Die Freude am Lernen, die Neugier auf die Welt machen das Leben bunter und gleichzeitig werden sie immer mehr zu den wichtigsten Instrumenten, um die fortschreitende Entwicklung freudig nutzen zu können, statt unter ihr zu leiden und im Widerstand gegen Neues zu verharren.

Darüber hinaus entwickeln sich viele Berufszweige dahingehend, dass Kompetenzen wie *Kooperationsfähigkeit, Führungskompetenz, Empathie, Kreativität, Problemlösungsfähigkeit* und *Innovationsfähigkeit* heute oft gefragter

---

Wissen zu generieren, können wir davon ausgehen, dass das Weltwissen weiter exponentiell wachsen wird.

sind als reiner Gehorsam und das Abarbeiten von Aufgaben.[21]

Das Bildungssystem ist sich dieser neuen Situation bewusst und Kompetenzorientierung und Individualisierung sind inzwischen zentrale Schlagworte beim Versuch der Reformierung des Schulsystems. Hier stellt sich erneut die Frage, ob nicht versucht wird, ein Instrument für etwas zu nutzen, für das es nicht geschaffen wurde, und ob nicht ein grundsätzliches Umdenken nötig wäre. Bildlich gesprochen: Ich kann einen Hammer spitzer feilen und versuchen, ob ich irgendwann damit schrauben kann; es wird aber schwer, einen Akkuschrauber daraus zu machen.

Demokratische Bildung mit ihrem Fokus auf Gemeinschaft, Verantwortung und Freiheit hat bereits in den letzten hundert Jahren einen Schwerpunkt auf d*as Entwickeln von Kompetenzen* gesetzt und *Individualisierung* ist selbstverständlich in einem System, in dem Menschen selbst über ihre Zeit entscheiden. Lernen wird als etwas erfahren, das Freude macht, spannend ist und das eigene Leben bereichert. Neugierde und Spannung auf das Leben bleiben erhalten.

Abgänger*innen blicken in überwältigender Mehrheit dankbar auf ihre Schulzeit zurück.[22] Die Welt hat sich auf eine Art verändert, welche die Kompetenzen, die schon immer im Zentrum Demokratischer Bildung standen, nun auch zu einer gesuchten Qualifikation auf dem Arbeitsmarkt machen. Das erweitert die Möglichkeiten unserer Schüler*innen. Vor allem sind diese Kompetenzen und der Erhalt von Neugierde aber ein Selbstzweck. Wer dem Leben mit Interesse und Neugier begegnen kann, hat so viel größere Chancen, es zu genießen. Wer mit anderen zusammenarbeiten und

---

21 Vgl. World Economic Forum 2020 sowie Randstad 2021.
22 Vgl. Greenberg & Sadowsky 1992 und 2004.

sich kreativ ausdrücken kann, wer dazu noch den Mut, die Fähigkeit und das Selbstvertrauen besitzt, Herausforderungen anzugehen, hat die besten Chancen, mit dem, was das Leben ihm*ihr anbietet, das Beste für sich zu schaffen.

Dass diese Fähigkeiten nun auch immer lauter von Arbeitgeber*innenseite gefordert werden, kann dabei helfen, den Wert von Demokratischer Bildung für mehr Menschen ersichtlich werden zu lassen und so mehr jungen Menschen die Möglichkeit zu geben, unbeschwert und frei aufzuwachsen.

Vielleicht ist aber weder das Glück des Individuums noch das Glück der Arbeitgeber*innen die zentrale Aufgabe von Bildung. Es ist durchaus legitim und angemessen zu fragen, was eine Gesellschaft benötigt und was sie entsprechend in kommenden Generationen hervorbringen muss, um sich weiterzuentwickeln und bestehenden Herausforderungen zu begegnen.

Die vielleicht größte Herausforderung, der wir heute gegenüberstehen, ist wohl der Klimawandel.

Nicht weniger als das Überleben der Menschheit steht hier auf dem Spiel. Veränderung ist so dringend wie noch nie. Es ist darum zwar wichtig zu fragen, was unsere Schüler*innen lernen müssen, um in dieser Gesellschaft gut zurechtzukommen. Wenn aber ein »weiter so« nur zu denselben Ergebnissen führen kann und diese Ergebnisse unsere Existenz bedrohen, kann uns nur Veränderung retten. Folglich ist die wichtigere Frage, auf die unser Bildungssystem antworten muss: »Was müssen unsere Kinder lernen, um die Veränderungen herbeiführen zu können, die wir so dringend brauchen?«

Erich Frieds Worte: »Wer will, dass die Welt so bleibt wie sie ist, der will nicht, dass sie bleibt ...«, sind so aktuell wie nie.

Die Zukunft stellt viele Herausforderungen an die kommenden Generationen.

Darum ist es wichtiger denn je, dass junge Menschen auch mit den Fähigkeiten ausgestattet sind, diesen Herausforderungen zu begegnen. Eine Opferhaltung, aus der sich alles als unveränderlich darstellt und in der sich Menschen selbst als ohnmächtig erleben, ist hier fatal. Eine große *Selbstwirksamkeitserwartung* ist darum vielleicht sogar überlebenswichtig für die Spezies: Menschen müssen daran glauben, dass sie einen Unterschied machen können. Nur so werden Veränderungen eingeleitet und Innovationen in einer Größenordnung entstehen, wie sie jetzt notwendig sind.

Es bedarf aber nicht nur des Vertrauens in die eigenen Fähigkeiten. Dieses Vertrauen muss gepaart sein mit einem Verantwortungsbewusstsein für das eigene Handeln und für die Gesellschaft. Wir brauchen also Menschen, die verstehen, dass sich etwas ändern muss, die Mitverantwortung für diese Veränderungen übernehmen und sie vorantreiben. Wir brauchen Menschen, die kreative, innovative Ideen haben und einbringen; die miteinander kooperieren und Konflikte lösen, statt sich in ihnen zu verlieren. Menschen, die auch nach Rückschlägen nicht den Kopf hängen lassen, sondern weitermachen. Wir brauchen Menschen, die Visionen für eine Zukunft entwickeln können und die in der Lage sind, Probleme zu lösen, Pläne zu entwerfen und umzusetzen.

Wir sehen heute weltweit junge Menschen, die Innovationen und Ideen für Veränderungen entwickeln. Sie können uns helfen, den Klimawandel aufzuhalten, aber sie sind zu wenige und die Umsetzung der Ideen erfolgt zu langsam. Wir sehen auch tausende von Schüler*innen politisch aktiv werden und für Veränderung eintreten. Leider muss man sagen, dass dies *trotz* des Schulsystems geschieht und nicht *wegen* des Schulsystems. Viele Schüler*innen gehen *trotz* der Androhung von Repressionen auf die Straße. Sie übernehmen Verantwortung, obwohl sie in einem System groß werden, in dem sie sogar fragen müssen, ob sie auf Toilette gehen dürfen.

Was kann es in der heutigen Situation Wichtigeres geben, als ganz genau zu überlegen, welche Fähigkeiten die kommende Generation braucht, und alles zu tun, damit sie diese auch erlangen, anstatt die Entwicklung dieser Kompetenzen aktiv zu behindern?

Vermutlich hat niemand die Absicht, dies zu tun. Natürlich stehen Kompetenzen wie Selbstwert, Kreativität und Verantwortungsbewusstsein in den Lehrplänen. Es fehlt nur an Verständnis darüber, wie sehr die alten Strukturen Unterordnung und Opferdenken begünstigen, statt Selbstverantwortung, Innovation und Kreativität zu fördern; wie sie Menschen in Konkurrenz zueinander setzen, die in der Zukunft gemeinsam das größte Problem der Menschheitsgeschichte lösen müssen.

Da wir alle selbst in diesem Schulsystem groß geworden sind, fällt es uns schwer, über dieses System hinauszudenken. Es scheint, als müssten Schüler*innen noch viele weitere Kompetenzen erlernen. Als bräuchten sie zusätzlich Kurse in Kooperation, Verantwortung und Konfliktlösung, um die Menschheit vor dem Aussterben zu retten. Keine Zeit für Spiel und Spaß für diese Generationen!

Atmen wir einmal tief durch.

Genau hier liegt die Magie Demokratischer Bildung: Demokratische Schulen zeigen, dass das Gegenteil der Fall ist: Wir können, nein, wir *müssen* unseren Kindern eine freie, wilde, unbeschwerte Jugend schenken. Eine Zeit voll Abenteuer, Spiel und Spaß. Eine Zeit voll Lachen und Herz. Einen Raum, in dem sie selbst gestalten können, in dem sie als Menschen ernst genommen und respektvoll behandelt werden. Sie müssen ihre eigenen Entscheidungen treffen dürfen, statt für jede Minute des Tages gesagt zu bekommen, in welchem

Zimmer sie zu sitzen haben. Sie müssen die Verantwortung für ihr Leben zurückbekommen. Und genau diese wunderschöne Zeit ist es, die all die genannten Fähigkeiten zum Aufblühen bringt. Wie absurd einfach es scheint: Wir können dafür sorgen, dass unsere Kinder ihr Leben genießen, ihren Leidenschaften folgen, von Herzen gerne in die Schule gehen und ihnen damit gleichzeitig die Werkzeuge in die Hand geben, um die Spezies zu retten. Das ist doch ein gutes *Warum*.

# Demokratische Schulen –

## *Woher wir kommen*

Weltweit wächst die Zahl Demokratischer Schulen seit den 1990er Jahren ständig. Gleichzeitig stellen sie bisher nur einen verschwindend kleinen Teil aller Schulen dar. Werfen wir zunächst einen kurzen Blick auf die geschichtlichen Vorläufer Demokratischer Bildung.

## Die erste Welle – Freiheit statt Gehorsam

Die Idee, dass selbstbestimmtes Aufwachsen positive Auswirkungen auf das Lernen, das Denken und das Selbstbild von Menschen haben kann, kam in den vergangenen zweihundert Jahren immer wieder auf. Leo Tolstoi betrieb von 1859 bis 1864 auf seinem Gut *Yasnaya Polyana* eine Schule für die Kinder der Landarbeiter. In dieser Schule setzte er sich für eine individuelle Förderung der Schüler*innen ein und versuchte, das konventionelle Schulsystem zu reformieren. Die Schüler*innen lernten durch Selbststudium und praktische Tätigkeiten statt durch Frontalunterricht und strenge Disziplin. Tolstoi war überzeugt, dass jedes Kind das Potenzial hat, sich selbst zu bilden, und dass Schule nicht nur Wissen vermitteln, sondern auch die Persönlichkeit der Schüler entwickeln soll. Diese Schule wird als erster Vorläufer Demokratischer Schulen angesehen.

Im Jahr 1901 gründete dann Francisco Ferrer in Spanien die *Escuela Moderna*, welche Vorbild für sechzig Schulen in Spanien und für Schulmodelle weltweit wurde. Insbesondere in den USA entstanden viele »Modern Schools«. Diese erste Welle entstammte der libertären Bewegung und zielte auf eine volle Entfaltung menschlichen Potenzials durch ein Aufwachsen in Gemeinschaft und Freiheit. Den reaktionären Regierungen dieser Zeit widerstrebten diese Entwicklungen und so waren diese ersten Versuche auch Verboten und Unterdrückung ausgesetzt, bis hin zur Hinrichtung Francisco Ferrers.

Außerdem standen sie im Widerspruch zur Entwicklung des preußischen Schulsystems, welches sich an Militärakademien orientierte und bald in die gesamte Welt exportiert wurde. Es basierte auf obrigkeitsstaatlichen Ideen und war unter anderem entwickelt worden, um militärisch mit Frankreich mitzuhalten. Bei der Einführung des preußischen Schulmodells in den USA am Ende des 19. Jahrhunderts wurden die Zielsetzungen von dem damaligen Commissioner of Education, William Torrey Harris, ziemlich klar auf den Punkt gebracht: Er sagte, junge Menschen müssten für die Erfordernisse der industriellen Gesellschaft diszipliniert werden, und betonte in diesem Zusammenhang Werte wie Gehorsam, Pünktlichkeit, Ordnung und Präzision.[23] Es ist augenscheinlich, dass die Vorläufer der Demokratischen Schulen mit ihrem Fokus auf Werten wie Freiheit, Selbstverantwortung, Selbstbewusstsein und Solidarität für eine grundsätzlich andere Idee von Bildung standen und den staatlichen Institutionen ein Dorn im Auge waren.

Dieser Gegensatz zieht sich durch das letzte Jahrhundert. In Deutschland entwickelten sich in den 1920er Jahren aus der Arbeiterbewegung die sogenannten Lebensgemeinschaftsschulen, während in den USA, inspiriert von John Dewey, die eher bürgerliche »Progressive Education«-Bewegung parallel zu den Modern Schools entstand.

All diese Versuche, Bildung so zu gestalten, dass Menschen selbstbewusster, unabhängiger, sozialer und kreativer aufwachsen konnten, wurden von staatlicher Seite aktiv bekämpft. In Deutschland beendete der Faschismus jeden Versuch freier Bildung, während im Kalten Krieg freiheitliches Denken in der Bildung in den USA unter der Fahne des Antikommunismus durch

---

23 Vgl. Miller 2002.

Polizei und Staatsapparat zerstört wurde.[24] Weltweit überlebte eine einzige Demokratische Schule aus dieser Zeit, die bis heute ein leuchtendes Vorbild für die gesamte Reformschulbewegung ist und viele Menschen inspiriert hat: 1921 gründete Alexander S. Neill eine Schule in Österreich, die bald nach England zog und seitdem unter dem Namen *Summerhill* bekannt ist. Seit nunmehr über hundert Jahren steht diese Schule für Demokratie und selbstbestimmte Bildung und hat sowohl freie Schulen als auch das Staatsschulsystem beeinflusst.

## Die zweite Welle –
## *Die Free-School-Bewegung Nordamerikas*

Anfang der 1960er bis Mitte der 1970er Jahre war es die wachsende Jugend- und Studentenbewegung, die in den USA bis zu 2.500 freie Schulen gründete. Wieder sah sich diese Bewegung starker Repression ausgesetzt. CIA und FBI arbeiteten aktiv an der Zerstörung der Bewegung[25], zusätzlich krankten viele Versuche an Unerfahrenheit und übergroßem Optimismus. Die Mehrheit der Schulen überlebte die siebziger Jahre nicht. Gleichzeitig war dies die Geburtsstunde einiger Demokratischer Schulen, die bis heute eine wichtige Vorbildfunktion erfüllen und in denen in den letzten fünfzig Jahren wichtige Erfahrungen gesammelt werden konnten. Unter diesen Schulen

---

24 Vgl. Miller 2002.
25 Vgl. Gitlin 2012 und Gatto 2001.

sind beispielsweise die *Albany Free School* in Albany, New York[26] und die *Sudbury Valley School* in Massachusetts. Letztere ist zu einem Modell für eine Vielzahl von Demokratischen Schulen auf der ganzen Welt geworden. Diese nennen sich »Sudbury«-Schulen und gehören innerhalb der Demokratischen Schulbewegung zu den Verfechtern größtmöglicher Freiheit und starker Zurückhaltung der Erwachsenen.

## Die dritte Welle – *Demokratische Schulen heute*

Bis in die neunziger Jahre arbeiteten die meisten Schulen isoliert. Gleichzeitig entstanden weltweit weitere Schulen, die mit ähnlichen Konzepten arbeiteten. Im Jahre 1993 lud die *Democratic School of Hadera* zu einer internationalen Konferenz nach Israel ein. Das war der Beginn der *International Democratic Education Conference* (IDEC), die seither jährlich auf einem anderen Kontinent tagt und die ein wichtiger Teil der internationalen Vernetzung Demokratischer Schulen ist. Erst seit dieser Zeit wird der Begriff »Demokratische Schule« für Schulen verwendet, in denen weitgehend basisdemokratisch entschieden wird, es keinen Unterrichtszwang gibt und die Kinder weitreichende Verantwortung für ihr eigenes Leben und Lernen bekommen.

---

26 Eine wichtige Auseinandersetzung in der Free-School-Bewegung dieser Zeit betrifft die Zielgruppe. Es ist eine zentrale Frage, denn es geht darum, ob freie Schulen lediglich eine Oase für die ohnehin Privilegierten in der Gesellschaft bieten und ob die Modelle mit Kindern aus anderen sozialen Schichten überhaupt funktionieren. Die Albany Free School wurde bewusst in einem sozialen Brennpunkt errichtet und schaffte ein System der Finanzierung, das den Schulbesuch für die Eltern kostenlos machte. Ihre Erfahrungen zeigen, dass Demokratische Schulen vielleicht gerade für Kinder mit wenig privilegierten Hintergründen ganz besonders förderlich sein können (vgl. Mercogliano 2002). Wie die Infinita mit dieser Herausforderung umgeht und finanzielle Hürden niedrig hält, wird in einem eigenen Kapitel über die Elternschaft beschrieben.

Seit den 1990er Jahren wächst diese Bewegung beständig – in Deutschland und weltweit. 2008 wurde in Leipzig mit der EUDEC (European Democratic Education Community) eine europaweite Organisation zur Vernetzung Demokratischer Schulen und zur Unterstützung Demokratischer Bildung gegründet. Seitdem finden neben der IDEC auch regelmäßig europäische Konferenzen zu Demokratischer Bildung statt. Die Infinita ist Teil der EUDEC. Mittlerweile gibt es weltweit mindestens 200 Demokratische Schulen.

# Demokratische Schulen in Deutschland –
## *Ein lebendiges Netzwerk*

Während es in den 1990er Jahren nur eine Demokratische Schule in Deutschland gab, liegt die Zahl im Jahr 2023 etwa bei 30. Hinzu kommen über fünfzig Gründungsinitiativen.

Für die Gründung von Schulen bedarf es einiges an Willen, Ausdauer und Durchhaltevermögen, wobei die Entwicklung verhältnismäßig langsam ist. Gleichzeitig zeigt das Wachstum im Angesicht der großen Herausforderungen, die eine Schulgründung bedeutet, dass immer mehr Menschen nach Alternativen suchen und daran glauben, dass Demokratische Schulen nicht nur ein menschenwürdigeres Aufwachsen ermöglichen, sondern auch vielen neuen Anforderungen an Bildung gerecht werden können.

Durch EUDEC-Deutschland-Treffen gibt es einen lebendigen Austausch unter vielen der Demokratischen Schulen in Deutschland. Dieser ist auch eine große Hilfe für Schulgründungsinitiativen, da sie nicht mehr völlig isoliert als Einzelkämpfer*innen vor ihrem ambitionierten Projekt stehen. Sie können in den ersten Jahren, in denen sie sich mit vielen Aufgaben zum ersten Mal konfrontiert sehen, Rat und Hilfe bekommen.

Auch für die älteren Schulen ist der Austausch ungemein wertvoll. Wir arbeiten als Schulen gänzlich anders, als wir es aus eigener Erfahrung kennen; Lösungen aus dem Regelschulsystem sind für uns oft untauglich. Darum ist es so bedeutsam, dass wir voneinander lernen – von unseren funktionierenden Lösungen ebenso wie von unseren Fehlern. So können wir uns am besten weiterentwickeln und Kräfte sparen. Aber vor allem können wir uns gegenseitig inspirieren und gute Ideen von anderen Demokratischen Schulen übernehmen.

Darüber hinaus braucht es manchmal den Blick von erfahrenen externen Menschen. Es geschieht schnell, dass Strukturen unterbewusst als unveränderlich angenommen werden und erst ein Blick *auf* eine andere Schule oder der Input *aus* einer anderen Demokratischen Schule eröffnet eine ganz neue Perspektive. Die Infinita ist darum in einem Evaluationsverbund mit vier anderen Demokratischen Schulen: der *Netzwerkschule* in Berlin, der *Freien Schule Leipzig*, der *Freien Schule Heckenbeck* und der *Kapriole* in Freiburg. Ein- bis zweimal im Jahr wird eine Schule von Delegationen aus den anderen Schulen besucht. Die hospitierenden Lernbegleiter*innen sehen sich die Schule für einige Tage an und bekommen Beobachtungsaufträge. Das Feedback im Anschluss ist enorm hilfreich für die Weiterentwicklung der besuchten Schule. Mindestens ebenso hilfreich sind jedoch die Inspirationen, die wir aus den anderen Schulen mit in die Infinita bringen.

Für die Zukunft ist es uns wichtig, auch den Austausch zwischen den Schüler*innen der verschiedenen Schulen zu stärken. Zudem haben uns die Herausforderungen während der Corona-Pandemie gezeigt, welche Möglichkeiten Videokonferenzen und ähnliche Onlinetools uns bieten, um die Vernetzung unter Schüler*innen, aber auch unter Eltern zu ermöglichen. Hier gibt es einen Weg, noch viel mehr voneinander zu lernen und zu profitieren, Kräfte zu bündeln und zu wachsen.

# Ein Tag an der Infinita:
## *Abläufe und Strukturen*

*»Wir lernen durch unsere Freizeit, durch die Zeit, in der wir Spaß haben und manchmal auch ganz normal in Kursen. Aber vor allem durch Erfahrungen.«*

KLARA (15)

Immer wieder fragen uns Menschen, wie ein Tag an der Infinita denn aussieht. Eine Antwort auf diese Frage ist nicht einfach und je nachdem, welche*n Schüler*in man fragt, wird man ganz unterschiedliche Antworten bekommen. Oft wird man sogar von derselben Person an verschiedenen Tagen eine gänzlich andere Antwort auf diese Frage erhalten. Es liegt in der Natur Demokratischer Schulen, in denen die Schüler*innen ihre Tage nach eigenen Interessen und Leidenschaften gestalten, dass jede Person individuell unterschiedliche Entscheidungen trifft. Selbst die Art, wie diese Entscheidungen getroffen werden, ist sehr unterschiedlich. Je jünger die Kinder sind, desto eher folgen sie spontanen Impulsen und lassen sich durch den Tag treiben. Mit wachsendem Alter planen die Schüler*innen ihre Woche meist bewusster und haben mehr feste Termine, Angebote, an denen sie regelmäßig teilnehmen, eigene Projekte, an denen sie arbeiten, oder feste Verabredungen.

Ein wesentlicher Unterschied zum klassischen Schulsystem liegt in der Organisation. Es gibt keine festen, verbindlichen Pläne für Gruppen von Schüler*innen. Stattdessen bietet die Schule einen Rahmen, innerhalb dessen die Schüler*innen ihre eigenen individuellen Wege finden können. Dieser Rahmen, diese Struktur, wurde und wird von der Gemeinschaft geschaffen und kann so auch ständig den sich verändernden Bedürfnissen der Gemeinschaft angepasst werden.

## Morgenkreise – *Ein kleines Willkommen*

*Betreten wir die Schule morgens um 8 Uhr, begegnen uns nur wenige Kinder. Im Laufe unserer offenen Eingangsphase von 8 bis 9 Uhr wird es immer lebhafter, der Garten, die Räume und Flure füllen sich. Überall sind Menschen, begrüßen sich, tauschen sich über den gestrigen Tag aus, frühstücken zusammen oder spielen etwas. Einige Erwachsene sitzen im Teamzimmer und sammeln die wichtigen Ankündigungen für den Tag.*

*Dann ertönt über die Durchsageanlage die freundliche Stimme einer Lernbegleiterin. Sie heißt alle willkommen und lädt zu den Morgenkreisen um 9 Uhr ein.*

Die Morgenkreise dienen dem Ankommen, dem Festigen der Gemeinschaft, zur Orientierung und Verbreitung wichtiger Informationen. In allen Morgenkreisen werden die wichtigen Informationen bekannt gegeben und die Angebote des Tages vorgestellt (zusätzlich wird stündlich durchgesagt, welche Angebote zu diesem Zeitpunkt beginnen).

Es gibt keine Verpflichtung, zu einem der Morgenkreise zu gehen. Es gibt aber die Verpflichtung, sich die Informationen zu besorgen. Der »Morgenkreiszettel« hängt im Treppenhaus aus; man kann ihn entweder selber lesen oder jemanden finden, die*der bereit ist, ihn vorzulesen.

Der zweite Teil jedes Morgenkreises kann sehr unterschiedlich sein. So gibt es Geburtstagsmorgenkreise, Tanzmorgenkreise, Bastel- und Kunstmorgenkreise, Meditationsmorgenkreise, Rätselmorgenkreise, Vorlesemorgenkreise und Morgenkreise für die Kinder, die sich auf eine externe Prüfung vorbereiten. Es gibt auch immer wieder einen aktuellen Morgenkreis, in dem Kindernachrichten angesehen und/oder aktuelle Geschehnisse besprochen werden.

Alle Morgenkreise enden nach einer halben Stunde und der erste Block mit Angeboten beginnt.

Die Entstehung von Morgenkreisen illustriert schön, wie unsere Schule funktioniert. Die Morgenkreise waren zu Beginn der Schule für einige Monate verpflichtend. Es zeigte sich schnell, dass viele Kinder eine große Aversion dagegen hatten, vorgeschrieben zu bekommen, was sie zu tun haben. Für uns Lernbegleiter*innen war es zu Beginn wichtig, die Gemeinschaft für eine Weile morgens zusammenzubringen, um die Schule besser gemeinsam gestalten zu können. Zugleich war uns bewusst, dass die Schulversammlung[27] diese Verpflichtung jederzeit ändern könnte. Für den Anfang war es hilfreich, durch die Morgenkreise ein tägliches Treffen aller Anwesenden zu haben, da wir als Gemeinschaft die Schule noch entwickeln mussten. Allerdings brachte es uns als Team in die Situation, etwas durchzusetzen, das die Schüler*innen nicht selbst beschlossen hatten, und gegen daraus resultierende Widerstände zu arbeiten. Wir ersannen in dieser Zeit viele kreative Ideen, um die Morgenkreise unterhaltsamer zu gestalten, aber die Widerstände kehrten immer wieder zurück. Das passte nicht zu unserer Vorstellung von Gemeinschaft und auch nicht zu den Grundsätzen Demokratischer Bildung. Als dann in der Schulversammlung das Thema aufkam, erklärten wir unsere Ziele und Überlegungen. Uns war wichtig, dass alle immer wussten, was in der Schulversammlung beschlossen wurde und auch, welche Themen in der nächsten Schulversammlung behandelt werden sollten, damit alle eine informierte Entscheidung über ihre Teilnahme treffen konnten. Zudem erschien es uns essentiell, dass jede*r die Informationen über Angebote, Ausflüge und Ähnliches bekam, um auch hier eine informierte Entscheidung treffen zu können. In der Schulversammlung bestand Konsens über die Ziele. Also wurde über die Mittel diskutiert. Nachdem das heutige System beschlossen wurde: *entweder Morgenkreis oder die Ankündigungen lesen*, gingen

---

27 Die Schulversammlung besteht aus den Schüler*innen und Lernbegleiter*innen der Schule. Hier werden Regeln und vieles mehr demokratisch beschlossen. Sie ist das Herzstück einer Demokratischen Schule und wird in einem späteren Kapitel ausführlich vorgestellt.

plötzlich viele Kinder gerne zu den Morgenkreisen, die sich vorher oft lauthals über die Verpflichtung dazu beschwert hatten. Es zeigte uns zum einen, dass ein Vertrauen in den Demokratischen Prozess und auch in die Schüler*innen gerechtfertigt ist. Zum anderen machte es deutlich, wie wichtig die freie Entscheidung für uns Menschen ist – auch für die jungen Menschen.

Das heutige System ist nicht perfekt und über die Jahre haben viele der Kinder, die diese Entscheidung diskutiert und beschlossen haben, die Schule bereits verlassen, neue Generationen sind nachgerückt.

Nicht alle befolgen die Regel – besorgen sich also die Informationen nicht. Das hat Folgen für die betroffenen Schüler*innen. Oft versteht man die eigene Verantwortung am besten dadurch, dass man die Konsequenzen seines Handelns trägt. Wenn jemand versäumt hat, sich die Informationen zu holen und deshalb einen Ausflug verpasst, auf den er*sie gerne mitgefahren wäre, holt sich die Person die Informationen beim nächsten (oder übernächsten) Mal eher und lernt zudem etwas über die Bedeutung von Selbstverantwortung für sein*ihr Leben.

Außerdem stellt es die Gemeinschaft vor eine Herausforderung, wenn eine Regel nicht ganz so funktioniert, wie sie ursprünglich gedacht war, weil Schüler*innen nicht von ihr wissen. Darum ist es wichtig, dass alle über die Beschlüsse der Schulversammlung informiert sind.

Es wird sicher in der Zukunft Diskussionen über die Veränderung der Morgenkreise geben oder darüber, wie die Morgenkreise so attraktiv werden können, dass man sie keinesfalls verpassen möchte.

Wir betrachten die Morgenkreise als ein Instrument, das aktuell einen wichtigen Dienst tut. Sie sind jedoch kein unabänderlicher Teil Demokratischer Schulen. Wenn sie uns nicht mehr dienen, können sie verändert oder durch etwas anderes ersetzt werden. Wichtig ist hier, dass wir gemeinsam überlegen, welche der Funktionen, die uns wichtig sind, von ihnen erfüllt werden können (Informationsbeschaffung, Gemeinschaftsstiftung, Kenntnis der gemeinsam beschlossenen Regeln, Partizipation, …). Dann können wir offen darüber nachdenken, wie diese Bedürfnisse der Gemeinschaft anderweitig erfüllt werden könnten. Insofern sind die Morgenkreise ein gutes Beispiel für Demokratische Schulen als organische Gebilde, die sich entsprechend den Bedürfnissen der Schulgemeinschaft ändern können.

## Angebote und Stundenplan – *Strukturiertes Lernen*

*Nach den Morgenkreisen beobachten wir einen kleinen Jungen, der die Lernbegleiterin bittet, ihm zu helfen, ein Formular auszufüllen. »Ich möchte einen Dinosaurierkurs anbieten!«, erklärt er, und die beiden tragen unter Name des Angebots »Dinosaurierkurs« ein. In das freie Feld daneben malt er einen Dinosaurier und schreibt seinen Namen unter »Ich kann das Angebot anbieten«. Dann flitzt er mit dem Blatt in den Flur. Dort finden wir eine ganze Wand gefüllt mit diesen Formularen. Einige sind deutlich von Schreibanfänger\*innen verfasst, andere von Erwachsenen oder älteren Schüler\*innen. Die Wünsche reichen von Philosophie und Astronomie über Schreibwerkstätten und Mathe hin zu Kaninchenkursen und Backangeboten. Es gibt Videobearbeitung und Meditation, Römer, Sportspiele und Theater sowie Rollenspiele und einen Detektivkurs. Der Fantasie sind keine Grenzen gesetzt. Auf einigen der Listen haben sich viele eingetragen, die auch Interesse an diesem Thema haben, andere sind noch recht leer. Auf manchen stehen schon Namen derer, die das Gewünschte anbieten könnten, bei anderen ist dieses Feld noch frei. Wir stehen hier vor der Grundlage des Stundenplans der Infinita, der auf diese Weise in der zweiten Schulwoche entsteht.*

Entsprechend unseres Konzeptes beschreibt bei uns der Begriff »Stundenplan« keinen von Erwachsenen ausgedachten Plan, welchem Schüler*innen zu folgen haben. Der Stundenplan der Infinita ist stattdessen eine Sammlung von Angeboten. Diese Angebote entstehen zu Beginn des Schuljahres. Alle Schüler*innen können Listen aufhängen, in die sie eintragen, welches Kursangebot sie im neuen Schuljahr gerne hätten – was sie lernen wollen. Sie können auch Angebote aufhängen, die sie selbst gern für andere Schüler*innen anbieten möchten. Alle Schüler*innen tragen sich bei den Angeboten ein, die sie interessant finden. Nach drei Tagen (um die Schüler*innen in ihren Ideen nicht zu beeinflussen) können die Erwachsenen ebenfalls Vorschläge aufhängen. Es sind Ideen, basierend auf eigenen Leidenschaften oder angenommenen Bedürfnissen der Gemeinschaft. Haben die Schüler*innen bestimmte Hauptfächer nicht aufgehängt, fügen wir diese als Ideen hinzu.

Am Ende einer Woche werden die Listen abgehängt und wir sehen uns an, welche Wünsche das größte Interesse geweckt haben. Nicht immer ist es möglich, alle Angebote zu realisieren – vor allem wegen personeller Kapazitäten. Wir schaffen es jedoch stets, den größten Teil der Wünsche zu erfüllen. Manche Angebote sind auch nicht auf ein ganzes Jahr angelegt (z.B. der Kaninchen- oder der Greifvogelkurs) oder verlieren im Laufe der Zeit ihre Teilnehmerschaft. Darum bleiben Zettel mit Vorschlägen, die nicht umgesetzt wurden, hängen und andere kommen im Laufe der Zeit hinzu. Endet ein Angebot und Kapazitäten werden frei, entsteht ein neues Angebot.

*Während des Besuches werden wir immer wieder von einem\*einer Lernbegleiter\*in über die Durchsageanlage erinnert, dass ein neuer »Block« beginnt, und welche Angebote den Schüler\*innen zur Verfügung stehen.*

An der Infinita hat es sich als sinnvoll erwiesen, den Schultag in feste Blöcke von jeweils einer Stunde zu unterteilen. So beginnen die Angebote zu denselben

Zeiten. Dies erlaubt uns zum einen, Überschneidungen zu minimieren, und zum anderen, feste Pausenzeiten einzubauen. Die Pausen sind vor allem für das Team und die älteren Schüler*innen bedeutsam. Die meisten jüngeren Schüler*innen besuchen in der Regel ohnehin nicht so viele Kurse, dass sie dringend feste Pausen brauchen.

Die Gestaltung des Stundenplans ist immer ein kleines Kunstwerk. Wir bemühen uns, die Angebote so zu legen, dass möglichst wenige Angebote mit sich überschneidender Interessentenschaft gleichzeitig liegen. Zudem müssen wir berücksichtigen, welche Kolleg*innen wann in der Schule und welche Räume verfügbar sind. Etwas einfacher ist es bei den Angeboten, welche von Schüler*innen angeboten werden, denn diese benötigen lediglich einen freien Raum.

Steht der Stundenplan, wird er veröffentlicht und in der Schule ausgehängt. Für jüngere Kinder, die noch nicht lesen können, wird ein besonders übersichtlicher Plan mit Symbolen und Bildern erstellt.

| | | | | | | | Now | | Räume |
|---|---|---|---|---|---|---|---|---|---|
| **1. Block** 9.30 – 10.20 Uhr | Schreibwerkstatt mit U. | Mathe MSA mit M. | Mathe ESA mit F | Alltagskurs mit H | | Schmuck herstellen mit H. | Spielezeit mit I. | Theater mit S. | |
| **2. Block** 10.30 – 11.20 Uhr | Freiarbeit mit P. | Geschichte mit S. | Englisch ESA mit F. | Pferdekurs mit F | Alles ist möglich mit M. | Zeichnen mit S. | | | |
| **3. Block** 11.30 – 12.20 Uhr | Freiarbeit mit J. | LK mit M. | Geschichte mit S. | Englisch Basis mit P | Comic-Kurs mit M | Zeichnen mit S | | | |
| **Mittag** **4. Block** 13.00 – 14.00 Uhr | | Detektivkurs mit N | Einzel-Mathe mit F | Spanisch mit S | | | Kochen Backen mit H | | |
| **5. Block** 14.15 | | | | | | | | | |

Die Entscheidung, zu einem Angebot zu erscheinen oder nicht, bleibt bei den Schüler*innen.

Die Freiwilligkeit gilt für alle Angebote – immer. Es ist unsere Aufgabe, die Schüler*innen gut zu beraten, aber die Verantwortung für ihr Leben und Lernen bleibt immer bei den einzelnen Menschen – ungeachtet des Alters. Zur Bedeutung dieser Selbstverantwortung an späterer Stelle mehr.

Es ist durchaus möglich, angebotsintern eine Verbindlichkeit zu beschließen. Beispielsweise ist es schwierig, ein Theaterstück einzuüben, wenn es keine feste Gruppe gibt, die regelmäßig zusammenkommt. Wenn die Gruppe also entscheidet, dass sich alle zur Teilnahme verpflichten, die beim Stück dabei sein wollen, kann die Konsequenz für wiederholtes Nichterscheinen der Ausschluss von dem Angebot sein.

Die Schüler*innen verbringen in der Regel nicht die Mehrheit ihrer Zeit in Angeboten. Besucher*innen unserer Schule haben oft die Tendenz, von Angebot zu Angebot zu gehen – denn das ist der allgemein vertraute Weg des Lernens. Hierbei verpassen sie einen großen Teil von dem, was ein Aufwachsen an der Infinita ausmacht. Lernen an der Infinita geschieht nicht primär in Angeboten. Angebote sind nur *eine* Art des Lernens, wie die folgenden Kapitel hoffentlich deutlich machen.

Die Größe unserer Angebote ist in der Regel überschaubar. Die Teilnehmerzahlen liegen meist zwischen fünf und zehn. In Ausnahmefällen gibt es auch größere Angebote, aber selten mit mehr als 15 Teilnehmer*innen.

Angebote können bei uns sehr unterschiedliche Formen annehmen. Ein großer Teil hat die Form von Werkstätten. Die Schüler*innen kommen vorbei und arbeiten allein oder in kleinen Gruppen an selbst gewählten Inhalten. Die Aufgabe der Lernbegleiter*innen ist hier, entsprechendes Material zur Verfügung zu stellen, zu helfen und zu korrigieren und manchmal auch für eine Teilgruppe Inhalte zu präsentieren.

Andere Angebote haben feste Inhalte und bauen aufeinander auf. Das kann beispielsweise bei einem Geschichtskurs der Fall sein oder bei einem Angebot wie »Cartoonsynchronisation«, in dem über längere Zeit gemeinsam ein Produkt hergestellt wird.

In manchen Angeboten werden die Inhalte gemeinsam entwickelt. Zu Beginn des Kurses wird mit allen Teilnehmer*innen gesammelt, welche Inhalte spannend sind. Dabei ist die Rolle der Lernbegleiter*innen, selbst Vorschläge und Ideen für Inhalte in die Diskussion zu bringen; sie helfen, Diskussion zu strukturieren, Ergebnisse zu sammeln und einen Plan für die einzelnen Sitzungen zu entwickeln. In diesem Prozess wird garantiert, dass das Angebot tatsächlich die Interessengebiete der Teilnehmer*innen trifft. Zudem werden die Schüler*innen zu aktiven Gestalter*innen des Angebots.

Da die Angebote auf den Interessen der Schülerschaft beruhen, geschieht es oft, dass niemand im Team Expert*in in einem gewünschten Thema ist. In der Infinita haben wir nicht den Anspruch, uns als unfehlbar darzustellen. Im Gegenteil, wenn wir selbst die Antwort nicht wissen, wird es richtig spannend. Es ist wichtig zu lernen, dass niemand alles weiß und dass auch Informationen von Erwachsenen nicht automatisch richtig sind. Das wichtigste Lernen heutzutage ist nicht das Wissen um einen beliebigen Inhalt, sondern das Wissen, wie man sich Wissen beschafft. Viele unserer Angebote bestehen folglich nicht darin, dass wir als Lernbegleiter*innen unser Wissen an die Schüler*innenschaft weitergeben. Sie sind eher ein gemeinsamer Forschungsprozess. Es werden zusammen Artikel gelesen, im Internet recherchiert und Videos angesehen. Die Inhalte werden dann gemeinsam besprochen. Dabei ist eine wichtige Aufgabe der Lernbegleiter*innen, gute Fragen zu stellen und auf fragwürdige Inhalte hinzuweisen.

Oft sind auch Schüler*innen die Expert*innen und wissen mehr über ein

Thema als jemand aus dem Team. Vor allem bei jüngeren Schüler*innen ist dann unsere Aufgabe, sie in der Durchführung von Kursen zu unterstützen – wie beispielsweise mit dem Dinosaurierkurs, der von einem Siebenjährigen angeboten wurde. Er hatte Fachwissen, aber recht wenig Erfahrung damit, wie man einen Kurs strukturiert oder für ein ruhiges Arbeitsklima sorgt.

Oft erinnern sich die Schüler*innen gegenseitig daran, dass alle freiwillig in den Angeboten sind und dass sie bei Desinteresse gehen können, statt andere zu stören. Ansonsten ist das unsere Aufgabe.

Die Angebote sind nicht exklusiv und jede*r hat das Recht, teilzunehmen. Gleichzeitig beinhaltet dieses Recht auch die Pflicht, andere nicht bei der Teilnahme zu stören. Wenn jemand gerade nicht die Ruhe hat zu sitzen[28] und produktiv mitzuarbeiten, ist es angemessen, die Person darauf hinzuweisen, dass ein Verhalten, das andere stört, hinderlich ist. Meist hilft die Erinnerung daran gut. In einigen Fällen wird in einem Kurs auch vorher besprochen, ob es eine feste Anzahl von Verwarnungen geben soll, bei deren Erreichen jemand das Angebot für den Tag verlassen soll. Wir sind bemüht, das Ganze recht emotionslos zu halten. Sind Kinder in einem Zustand, der ihnen Ruhe gerade nicht erlaubt, sollen sie rausgehen und sich austoben. Das kann man ihnen sachlich mitteilen.

Natürlich sind dies die Situationen, in denen unsere eigene Geduld auf die Probe gestellt wird. Es ist durchaus eine Herausforderung, in Situationen respektvoll zu bleiben, in denen man sich gestört fühlt. Auch wenn es nicht immer leicht ist, die Ruhe zu bewahren, wenn Schüler*innen extrem lebhaft in

---

28 Wo die Kinder sitzen, ist bei uns recht flexibel. An Tischen sitzen ist praktisch und die Regel, aber auf der Fensterbank sitzen oder unter dem Tisch liegen ist durchaus auch beliebt. Solange andere nicht gestört werden, sind alle frei, es sich gemütlich zu machen.

Angeboten sind und damit die anderen stören, so ist uns doch die Bedeutung klar und wir tun unser Bestes, allen Menschen in der Schule mit Respekt zu begegnen. Das bedeutet im Zweifelsfall, dass wir uns entschuldigen, wenn wir mal die Geduld verlieren und doch laut werden. So signalisieren wir zum einen, dass wir unser Verhalten für nicht in Ordnung halten und zum anderen heilt es, was ansonsten vielleicht dauerhaften Schaden davongetragen hätte. Zudem sagen wir klar, dass wir uns nicht für perfekt halten, und leben vor, dass es normal ist, Fehler zu machen und für diese einzustehen.

Leider ist es in Schulen noch verbreitet, dass Lehrer*innen respektlos gegenüber Schüler*innen sind – sie sogar anschreien, bestrafen und/oder bloßstellen. Gleichzeitig ist selbstverständlich, dass Schüler*innen nicht respektlos gegenüber Lehrer*innen sein und entsprechend bestraft werden dürfen oder gar müssen.

Dabei wird übersehen, was in diesen Situationen gelernt wird:

1. *Ich bin jemand, den\*die man anschreien darf. Ich bin als Mensch weniger wert.* Je öfter ich diese Erfahrung mache, desto fragiler wird mein Selbstwert. Das ist der beste Nährboden für tiefe psychische Krisen und Unglücklichsein. Ein niedriger Selbstwert kann Ursache sein für aggressive Reaktionen auf alles, was ich als Kritik empfinde; denn ich habe nicht die innere Stärke und Selbstsicherheit, produktiv mit ihr umzugehen. Diese erlernte Unsicherheit werde ich in der Regel nur durch jahrelange Therapie oder anders erreichte Persönlichkeitsentwicklung wieder los. Da die meisten Menschen diesen Weg nicht gehen, trainieren wir hier ggf. eine lebenslange Unfähigkeit an, in Frieden mit sich selbst und anderen Menschen zu sein.

*Wenn ich Macht habe, darf ich das auch machen. Ich muss selbst nach oben kommen, um mit anderen Menschen so umgehen zu können.* Diese unterbewusste Annahme prägt das Miteinander in unserer Gesellschaft und schafft viel zwischenmenschlichen Unfrieden. Natürlich ist es nicht nur die Schule allein, die diesen Umgang lehrt. Kinder lernen von Erwachsenen – zu Hause, in der Schule und später am Arbeitsplatz. Die Zeit in der Schule ist jedoch prägend, daher sollte sie der Ort sein, an dem das Gegenteil erlernt wird.[29]

Mit welchen Inhalten sich Schüler*innen wann beschäftigen, ist individuell sehr unterschiedlich. Manche Kinder wollen lesen lernen, sobald sie ihren ersten Tag in der Schule haben, andere sind viel mehr daran interessiert, etwas über Tiere zu lernen oder den Wald zu erkunden. Neben dem Interesse gibt es auch große individuelle Unterschiede, was Kinder in welchem Alter begreifen können. Beispielsweise ergab sich einmal aus einem Gespräch über die Natur der Zeit ein großes Interesse an einem »Zeit und Raum«-Kurs. Das Alter der Teilnehmenden lag zwischen acht und dreizehn Jahren. Wir lernten gemeinsam über die spezielle und allgemeine Relativitätstheorie, über Quantenmechanik und das Doppelspaltexperiment. Alle waren fasziniert davon, die Realität so grundlegend in Frage zu stellen. Einige der jüngsten Schüler*innen in diesem Kurs hatten noch Jahre später eine Vorstellung von diesen Phänomenen, die deutlich über dem lag, was die meisten aus einem Oberstufenphysikkurs behalten. Natürlich kann man nicht behaupten, dass irgendjemand in diesem Kurs Quantenmechanik grundsätzlich verstanden hätte – aber wer kann das schon von sich behaupten? Es wurde ein Interesse

---

29 Geschichten von ehemaligen Schüler*innen Demokratischer Schulen, die selbst in Positionen mit Macht über andere Menschen kamen, legen die Vermutung nahe, dass sie meist menschlicher mit diesen umgehen, als das heute in den meisten Arbeitsverhältnissen der Fall ist. Vielleicht müssen sie ihren Selbstwert nicht erhöhen, indem sie ihre Macht ausspielen.

an Fragen geweckt, welche durch die Physik aufgeworfen wurden. Aus dieser Neugier kann sich Neues entwickeln – eine Faszination für ein Thema, das dann im Laufe des Lebens weiter erforscht werden kann. Dieses Beispiel zeigt sehr deutlich, dass nicht am Alter festzumachen ist, was man lernen kann, sondern dass ein *Interesse* der bedeutendere Faktor ist.

## Offene Räume, Kreativität und Flow

*Während wir weiter durch die Schule wandern, stoßen wir im Atelier auf ein Angebot, das sich von den anderen Kursen unterscheidet: Kinder sitzen an, unter und auf einem Tisch, einige Mädchen malen gemeinsam an einem Bild, ein Junge sitzt an der Nähmaschine, drei jüngere Kinder bemalen einen selbstgebauten Vulkan und eine Lernbegleiterin und zwei Jugendliche erstellen Collagen. Dabei läuft entspannte Musik und alle unterhalten sich angeregt. Wir haben einen »offenen Raum« gefunden.*

»Offener Raum« bedeutet, dass ein*e Lernbegleiter*in in einem bestimmten Raum anwesend ist und alle eingeladen sind, dorthin zu kommen. Es handelt sich vor allem um Räume wie die Werkstatt, den Freiarbeitsraum, das Atelier oder den Musikraum. In einige dieser Räume darf man, wenn dort gerade kein »offener Raum« stattfindet, nur alleine gehen, wenn man einen entsprechenden »Führerschein«[30] besitzt. Durch die offenen Räume

---

30 Führerscheine werden an der Infinita für verschiedene Dinge vergeben. Es gibt beispielsweise einen Feuerführerschein, einen Medienführerschein und einen Atelierführerschein. Die Idee ist, dass man zunächst lernt, wie man verantwortlich mit etwas umgeht. Zeigt sich, dass man mit dieser Verantwortung doch nicht umgehen kann (weil man beispielsweise die Farben im Atelier hat austrocknen lassen), kann ein Führerschein zeitweise oder auch dauerhaft entzogen werden.

bekommen auch die Kinder ohne Führerschein die Möglichkeit, diese Räume zu nutzen.

Wozu man die offenen Räume nutzt, ist jeder*jedem selbst überlassen. Wenn man möchte, kann man sich Anregungen von den Lernbegleiter*innen holen oder sich von den anderen Schüler*innen inspirieren lassen. Oft bereiten die Lernbegleiter*innen auch etwas vor. Diese Ideen werden gern angenommen. Man wird hier also viele Schüler*innen finden, die an ähnlichen Dingen arbeiten, aber auch viele, die mit etwas völlig anderem beschäftigt sind. Für den Freiarbeitsraum hat die Schulversammlung die Möglichkeit, in Ruhe zu arbeiten, als wichtigstes Bedürfnis der Gemeinschaft identifiziert – weshalb dort nur geflüstert werden darf und alle meist auf ihre eigene Arbeit konzentriert sind.

Anders ist es in den kreativen Räumen: Hier sind Unterhaltungen ein wichtiger Bestandteil.

Die eigene Kreativität zu entdecken und zu entwickeln ist in sich schon ein wertvolles Unterfangen. Ein bewertungsfreier Raum ist dafür fast unabdingbar. Die Kinder sind kreativ tätig, weil sie es wollen. Sie probieren sich aus. Sie *erleben*, wie sie etwas, das sie im Geist entworfen haben, umsetzen und Realität werden lassen.

Hier ist ein wichtiger Aspekt, dass Dinge in der Regel am Ende nicht so aussehen, wie sie erdacht wurden. Es kann also erlernt werden, mit Frustration umzugehen. Gleichzeitig bietet sich auch die Chance zu lernen, die eigenen Erwartungen nicht zum Totengräber des eigenen kreativen Prozesses zu machen, sondern zu feiern, was man schafft, um sich dann weiterzuentwickeln.

Das kreative Arbeiten ist ein gutes Beispiel für den oben angesprochenen Umgang mit Scheitern. Kreative Arbeiten werden in der Infinita nicht für eine Bewertung erstellt, Fehler dürfen jederzeit gemacht werden und wir ermutigen die Kinder, ihre »Fehler« als Teil des Prozesses zu würdigen. Auf diese Weise lernen die Kinder, Fehler als natürlichen Teil des kreativen Arbeitens und des Lebens allgemein zu betrachten.

Kreativität ist eine Kompetenz, die uns als Menschen eigen ist. Durch die Bewertung unserer kreativen Produkte haben wir jedoch gelernt, dass »Künstler*innen« Menschen mit einer besonderen angeborenen Begabung sind – und wir gehören eben nicht dazu. Darum haben viele von uns aufgehört, sich kreativ auszudrücken. Dagegen findet man wenige junge Kinder, die keine Freude am Malen, Basteln oder anderen kreativen Ausdrucksformen haben. In der Infinita gibt es Zeit und Raum, die eigene künstlerische Tätigkeit weiter zu entwickeln. Wir alle sind Künstler*innen – denn Kunst ist nichts weiter als das Ergebnis eines kreativen Prozesses.

Natürlich gibt es auch an der Infinita ganz unterschiedliche Kompetenzstufen im Umgang mit kreativen Werkzeugen. Es gibt Kinder, die genauer zeichnen oder einen Ton besser treffen können als andere. Da die Kinder nicht in Konkurrenz zueinander stehen, ist der Umgang mit solchen Unterschieden etwas anders, als man es vielleicht aus der eigenen Schulzeit kennt. Beispielsweise gab es zwei Jungen, die ihr gesamtes erstes Schuljahr damit verbrachten, auf Tischen zu sitzen und zusammen zu malen. Dadurch haben sie ein größeres Geschick beim Zeichnen entwickelt als die meisten anderen (Lernbegleiter*innen eingeschlossen). Sie ernteten eine gewisse Bewunderung. Gleichzeitig standen und stehen sie nicht in Konkurrenz zu den anderen. Stattdessen kann man immer wieder beobachten, wie sie anderen Schüler*innen helfen und wie diese von ihnen lernen.

Natürlich kommt es vor, dass Kinder ihre Produkte sehr kritisch bewerten. Unsere Rolle ist dann, zu ermutigen und zu erklären, dass Übung der Schlüssel dazu ist, ihre Produkte irgendwann ihren Vorstellungen entsprechend zu erschaffen.

Wichtig ist zudem, dass es nicht primär um das Produkt, sondern um den Prozess geht. Der Spaß an der kreativen Tätigkeit selbst ist zentral.

Kreatives Tätigsein führt oft in einen *Flow* – einen Zustand, der sich durch konzentrierte Vertiefung und das vollständige Aufgehen in einer Tätigkeit auszeichnet. Ähnlich wie beim Spiel sind die Schüler*innen oft völlig in ihren kreativen Tätigkeiten versunken. Sie arbeiten konzentriert für eine lange Zeit. Die kreativen Räume, wie unser Atelier, sind dabei soziale Räume. Während alle tief in ihren Tätigkeiten versunken sind, entspinnen sich oft die spannendsten Gespräche. Kinder, die sonst wenig miteinander zu tun haben, tauschen sich über ihr Leben aus. Sie besprechen Dinge, die sie beschäftigen, oder erzählen von ihren Erfahrungen – untereinander und mit uns Lernbegleiter*innen. So entsteht hier oft ein Raum für tiefe philosophische Gespräche oder auch zur Verarbeitung von Herausforderungen. Der Flow-Zustand ist hierfür extrem günstig: Das glückhafte Gefühl des völligen Eins-Seins mit sich und der Welt bedeutet einen sicheren Raum, in dem Situationen, die sonst Sorgen, Zweifel oder Angst hervorrufen würden, in Ruhe und Entspannung besprochen werden können.

Neuere Studien zeigen, dass dieser Zustand mit der Ausschüttung von Glückshormonen, vor allem Dopamin, verbunden ist.[31] Die Tätigkeit erscheint dabei mühelos. Es muss nicht um klassische kreative Tätigkeiten wie Zeichnen gehen. Alle Projekte, die man mit Begeisterung verfolgt, können in einen Flow führen.

Kinder sollten diesen Zustand kennen und so viel wie möglich nutzen. In ihrem späteren Leben kann er mit dem Umgang von Hindernissen auf dem Weg zu ihren Träumen helfen. Sie können diesen mit Feuereifer und Freude

---

31 Vgl. Dietrich 2004.

dort begegnen, wo andere aufgeben. Das Erreichen ihrer Ziele ist schön, noch wichtiger ist aber, dass allein das Verfolgen der Ziele sie schon glücklich macht.

Sagen wir, ein junger Mensch entscheidet sich, ein besonderes Tierheim zu errichten. Der Weg ist gepflastert mit finanziellen, bürokratischen und persönlichen Hürden. Fällt es diesem Menschen leicht, in den Flowzustand zu kommen, wird er\*sie diese Hürden als Teil des Abenteuers sehen können und Freude daran haben, sie zu meistern (vielleicht nicht in jedem Moment, aber doch generell). Es besteht also eine deutlich größere Chance für diesen Menschen, das Ziel zu erreichen; gleichzeitig ist der Weg dorthin aufregend, sodass ein Scheitern unwahrscheinlicher ist, aber auch weniger verheerend wäre: Der Versuch hat Spaß gemacht und kann als Lernerfahrung verbucht werden.

Es gibt viele Studien darüber, wie man in einen Flow gelangt. Einige der Zugänge sind Selbstvertrauen, Begeisterung, Leidenschaft, Autonomie und Sinnhaftigkeit/Bestimmung.[32] All diese Dinge entwickeln sich viel wahrscheinlicher in einer Umgebung, in der intrinsisch motivierte (kreative) Aktivitäten ohne fremde Bewertung die Regel sind. Je mehr man sich ausprobiert, desto eher wächst das Selbstvertrauen. Begeisterung, Leidenschaft, Autonomie und die Entwicklung des Gefühls für die eigene Bestimmung entstehen dadurch, dass Aktivitäten selbstbestimmt sind. Es ist selbsterklärend, dass fremdbestimmte Aktivitäten, die zusätzlich noch bewertet werden, diese Eigenschaften eher zerstören als weiterentwickeln.

Die offenen Räume bieten also die Chance zur Entwicklung der eigenen Kreativität und des Erlebens von Flow-Zuständen; sie sind gleichfalls Orte des Austausches, des persönlichen Wachstums und mitunter der Heilung.

---

32 Vgl. hierzu Csíkszentmihályi 1990, Csíkszentmihályi & Csíkszentmihályi 1992 und Csíkszentmihályi & Nakamura 2009.

**Rückblick einer ehemaligen Schülerin**

Ich erinnere mich an eine Situation. Ich hatte gerade ein Bild im Atelier gemalt und zeigte es einem Lernbegleiter.

»Wie findest du das?«, fragte ich.

Er schaute es sich an, interessiert. »Ist es wichtig, wie ich dein Bild finde?«

Ich bin mir nicht sicher, warum ich mich an diesen kleinen Moment so sehr erinnere und in der Situation war das nicht wirklich bedeutend für mich. Jetzt, Jahre später, denke ich darüber nach und glaube, dass diese Frage von ihm wichtig war.

Es ist nicht wichtig, was andere über Dinge denken, die ich mache, die ich gestalte. Ich selber kann mir Gedanken darüber machen, kann überlegen, wie ich etwas das nächste Mal vielleicht anders oder genauso machen möchte.

Dass ich die größte Zeit meines jetzigen Lebens keine Wertung erfahren habe, mich nicht vor irgendwem beweisen musste, hat mir viel gegeben.

Ich kann Dinge viel unbeeinflusster machen. Denke nicht immer daran, wie dies oder das jetzt allen anderen gefallen könnte. Und selbst wenn jemand daher kommt und etwas beurteilt, was ich mache, kann ich dafür einstehen und erklären, warum ich keine Wertung brauche. Warum ich es trotzdem so weiter mache, wie ich es für richtig halte.

Stine, 17 Jahre

# Freies strukturiertes Lernen

*Wir setzen unseren Weg durch die Schule fort und bemerken, dass überall Kinder zu finden sind, die intensiv beschäftigt scheinen. Drei Mädchen sitzen auf der Hochebene, alle in ein anderes Heft zum Lesenlernen vertieft. Im Flur auf der Couch sitzt ein Junge mit einem Matheheft, im Freiarbeitsraum arbeiten drei jüngere Kinder mit Perlen und Kärtchen, ein älterer Schüler sitzt im hinteren Teil des Raumes auf dem Sofa und liest. Eine ältere Schülerin sitzt gemütlich mit einem Laptop und Kopfhörern in einer Ecke und lernt Spanisch mit einem Sprachlernprogramm.*

Das selbstständige Arbeiten mit verschiedenen Materialien, um gezielt eine bestimmte Fähigkeit zu lernen oder zu vertiefen, ist eine Form des Lernens, die man in der Infinita jeden Tag beobachten kann. Einige Kinder machen phasenweise kaum etwas anderes. Für andere ist es eine Beschäftigung, der sie nur ab und zu nachgehen. Die meisten Schüler*innen werden während ihrer Zeit an der Infinita irgendwann mit Materialien selbstständig lernen. Die Möglichkeiten sind vielfältig.

Wir haben eine große Anzahl verschiedener Selbstlernhefte, die eine Selbstkorrektur erlauben. Für manche Kinder ist die Arbeit mit diesen Heften viel effektiver und unterhaltsamer, als ein entsprechendes Angebot zu besuchen. Dabei unterstützen sich die Schüler*innen oft gegenseitig. Von Mitschüler*innen unterstützt zu werden hat den Vorteil, dass man in der Regel nur die Information bekommt, die man gerade benötigt. Erwachsene neigen eher dazu, weiter auszuholen und eine Lektion daraus zu machen. Natürlich kann es dabei passieren, dass man auch mal falsche Informationen bekommt. Zu lernen, dass nicht jede Information richtig ist, die man von anderen bekommt, ist eine wichtige Lektion für sich.

Oft gehen Kinder mit ihren Heften auch in den Freiarbeitsraum. Hier ist ständig ein*e Lernbegleiter*in anwesend, sodass zu jeder Zeit Hilfe verfügbar ist. Andere nutzen den Freiarbeitsraum, um sich dort inspirieren zu lassen. Es stehen viele Materialien zur Verfügung. Zum Beispiel Montessori-Materialien, deren Funktion man zunächst einmal gezeigt bekommt, die man aber dann selbst nutzen kann. Auch diese Materialien erlauben eine Selbstkorrektur und sind vor allem bei Schüler*innen beliebt, denen es hilft, Dinge anzufassen und hin und her zu bewegen – sogenannte haptische Lerntypen. Außerdem gibt es eine Auswahl an Arbeitsblättern und Heften. Die Aufgabe der Lernbegleiter*innen im Freiarbeitsraum ist, bei der Auswahl passender Materialien zu helfen und eine Einführung in die Nutzung zu geben. Oft möchten die Kinder auch eine Korrektur bekommen.[33]

Gleichzeitig sehen wir es als unsere Aufgabe, den *Raum zu halten,* also beispielsweise darauf zu achten, dass eine Atmosphäre herrscht, in der alle in Ruhe arbeiten können. Die Schulversammlung hat, wie erwähnt, beschlossen, dass im Freiarbeitsraum nur geflüstert werden darf. Ohne Erinnerung fällt es den Schüler*innen manchmal schwer, sich an diese Regel zu halten – auch wenn viele die Ruhe in diesem Raum genießen, in dem sich auch unsere Bibliothek befindet und in dem Kinder gerne sitzen und lesen, Hörspiele hören oder sich einfach ausruhen.

Eine andere Möglichkeit, sich weiterzubilden, bieten neue Medien. Wir haben eine Sammlung von Lernsoftware, die Kinder in der Schule oder zu Hause nutzen können, um beispielsweise Sprachen zu lernen, Mathematik

---

33 Diese Form erwünschter Bewertung ist für die Selbsteinschätzung hilfreich. Die Motivation für die Aktivität ist nicht, eine gute Bewertung zu erhalten. Die Bewertung hilft viel mehr dabei, einordnen zu können, wie weit man auf dem selbstgewählten Weg vorangekommen ist.

oder Deutsch zu üben oder sich allgemein Wissen anzueignen. Wir bemühen uns, das Angebot ständig zu erweitern und selbst Materialien auszuprobieren. Zusätzlich gibt es im Computerraum Zugang zu verschiedenen Websites, mit denen bestimmte Kompetenzen gelernt oder geübt werden können.

Eine der wichtigsten Formen des Lernens heutzutage ist das »Microlearning«: Weiß man aktuell nicht, wie man das Fernlicht im Auto austauscht, sucht man sich einfach ein Video im Internet, das es erklärt.

Microlearning wird in der Zukunft sicher andere Formen annehmen[34], aber es ist sicher, dass unsere Schüler*innen ihr Leben lang davon Gebrauch machen werden. Je mehr es geübt wird, desto schneller und natürlicher wird die Informationsbeschaffung.

Bei uns kann man entweder gemeinsam mit einem Erwachsenen am Computer recherchieren oder unseren kleinen Computerraum nutzen. Darüber hinaus kann man die Berechtigung erwerben, sich einen Laptop auszuleihen oder eigene Geräte zu nutzen. Mehr zu unserem Umgang mit Medien in einem späteren Kapitel.

## Freies unstrukturiertes Lernen

Bei unserem Gang werden wir aber auch viele Aktivitäten beobachten, die auf den ersten Blick nicht als »Lernaktivitäten« verbucht werden würden. Tatsächlich verbringen die jüngeren Schüler*innen in der Regel den größten Teil ihrer Zeit mit selbstorganisierten Aktivitäten. Ihr Lernen und ihre persönliche Entwicklung geschieht hauptsächlich auf diese Weise. Dem freien Spiel kommt eine besondere Bedeutung zu, weshalb ihm ein eigenes

---

34 Beispielsweise ist anzunehmen, dass es sehr bald normal sein wird, mit einer KI zu sprechen und Fragen zu stellen.

Kapitel gewidmet ist. Aber auch außerhalb des Spiels und außerhalb der Angebote und Selbstlernhefte findet ein ständiges Lernen und Wachsen statt. Die Schüler*innen verbessern ständig ihre Kompetenzen in unzähligen Bereichen. Es wird Zeit, dass wir unseren Begriff von Lernen erweitern und ein Bewusstsein dafür bekommen, wie allgegenwärtig Lernen ist.

Es liegt in der Natur der Freiheit, dass sich der Bereich des unstrukturierten Lernens an der Infinita nicht verallgemeinert beschreiben lässt. Zum einen, weil nicht alle Aktivitäten ständig beobachtet werden. Vor allem aber, weil dieses Wachstum so vielfältig, die Aktivitäten so unüberschaubar viele sind und weil sich das Lernen auf so vielen Ebenen gleichzeitig abspielt. Selbst in vollständig durchgeplanten Lernumgebungen ist es unmöglich zu erfassen, welche Kompetenzen welche Schüler*innen genau hinzugewinnen.

Das Motto der Schule, welches unseren Namen erklärt, lautet: »Infinita – grenzenlos lernen«.[35] Im Bereich des unstrukturierten Lernens (welches natürlich das freie Spiel einschließt) zeigt sich diese Grenzenlosigkeit am besten.

Da sich dieses Lernen jedem Versuch entzieht, es in seinen unzähligen Facetten vollständig darzustellen, bleibt nur die Möglichkeit, an einigen Beispielen exemplarisch zu zeigen, wie vielfältig dieses freie Lernen aussehen kann. Gehen wir also weiter durch die Schule und richten dabei unser Augenmerk auf das »zufällige Lernen«:

*Aus dem Garten ertönt lautes Hämmern. Wir finden eine Gruppe von jüngeren Kindern damit beschäftigt, gemeinsam mit einem Lernbegleiter eine Stufe mit Hilfe von Gehwegplatten zu begradigen. Zwei von ihnen hatten die Wegplatten im Garten entdeckt und fanden, dass sie prima geeignet wären,*

---

35 Das Motto wurde irgendwann aus dem Logo gestrichen, weil es etwas überfrachtet war.

*um die Stufe zu verbessern, die bis dahin einfach in die Erde gegraben war. Sie suchten sich einen Lernbegleiter, der sie dabei unterstützen könnte, direkt in die Tat umzusetzen, was sie sich überlegt hatten.*

*Bisher haben sie Sand unter der Platte verteilt und mit einer Leiste begradigt, nun bearbeiten sie die Platte mit einem Gummihammer. Dabei prüfen sie immer wieder mit der Wasserwaage, wie erfolgreich sie waren.*

Ganz offensichtlich lernen die Kinder hier den *Umgang mit einer Wasserwaage* und einem *Gummihammer.* Sie lernen natürlich etwas darüber, wie man *Wegplatten verlegt* und das *Sandbett ebnet.* Schauen wir etwas tiefer. Die Kinder haben sich in der Gruppe organisiert und zusammengearbeitet. Sie haben erfahren, wie es sich anfühlt, *gemeinsam etwas zu schaffen.* Sie haben die Arbeitsschritte untereinander aufgeteilt und ihre *Kooperationsfähigkeit* ausgebaut. *Fein- und grobmotorisches Geschick* sind für das Begradigen der Platte notwendig und können geübt werden. Es bedarf auch ein wenig *Geduld und Durchhaltevermögen,* dieses Projekt bis zum Schluss durchzuführen. Die Kinder hatten zwischenzeitlich auch einen kleinen Konflikt darüber, wer wann hämmern darf. So hatten sie die Gelegenheit, ihre *Konfliktlösungsfähigkeit* zu erweitern und gemeinsam Lösungen zu finden. Zu Beginn haben sie darüber gesprochen, wie sie dieses Projekt angehen wollten, was sie dafür brauchten und wo sie die benötigten Dinge herbekommen konnten. Sie haben also ihre *Planungsfähigkeit* üben können. Ein Projekt von der Planung bis zum Ende der Durchführung zu erledigen, erweitert etwas, das man als *Projektkompetenz* bezeichnen kann. Letztlich ist der Bau eines Hauses nur ein komplexeres Projekt als das Verlegen einer Gehwegplatte. Die Phasen von der Planung, der Erörterung der notwendigen Materialien und deren Besorgung, dem Engagieren von Hilfe wo nötig, der praktischen Durchführung und schließlich der Überprüfung des Ergebnisses sind im Prinzip gleich. Je mehr Projekte man durchführt, desto mehr werden diese Schritte verinnerlicht, selbstverständlich und automatisiert. So schwindet auch die Angst, größere Projekte in Angriff zu nehmen.

*Schließlich gehen die Kinder auseinander, sich eifrig unterhaltend und sichtlich stolz, diese Arbeit für die Gemeinschaft verrichtet zu haben.*

*Wir gehen weiter in den hinteren Teil des Gartens. Hier sind kleine »Grundstücke« durch verschiedene Schüler\*innengruppen vom Gartenkomitee angemietet worden. Die Schüler\*innen haben hier in den vergangenen Tagen Beete angelegt, natürliche Gegenstände nach ästhetischen Gesichtspunkten auf ihrem Grundstück verteilt und einen Weg ausgelegt. Am Ende eines Grundstückes sehen wir ein Loch für einen kleinen Teich. Über diesen Teich gibt es gerade eine Streitschlichtung. Eine Gruppe von Mädchen hat zwei Jungen angeheuert, das Loch zu graben und sie dafür mit Süßigkeiten bezahlt. Die Jungen wollten nach getaner Arbeit aber das Loch nicht aufgeben. In der Streitschlichtung gestehen sie ein, dass sie die Mädchen nur ein bisschen ärgern wollten und geben ihren Besitzanspruch auf das Loch auf. Die Mädchen sind zufrieden mit dem Ergebnis der Streitschlichtung. Da kommt ein anderes Mädchen angerannt und ruft: »Die Lieferung ist da!« Mit einem Mal kommt Bewegung in die Gruppe. Mit Schubkarren rennen sie zum Eingang der Schule, wo eine Ladung Kies für sie angekommen ist. Diese karren sie nun zu ihrem Grundstück und verteilen sie auf dem kleinen Weg, der durch ihren Garten führt.*

Ganz offensichtlich üben sich die Mädchen darin, gestalterisch tätig zu sein – sie erweitern also ihre kreative Kompetenz. Sie tun dies in einer Gruppe, gestalten also gemeinsam. Genau wie die Stufenbauer\*innen erweitern sie also ihre Kooperationskompetenz und üben sich im gemeinsamen

Entscheidungsfindungsprozess. Gartengestaltung kann hier sicher als eigene Kompetenz gesehen werden – mit vielen kleinen Teilfertigkeiten, wie: *Beetbegrenzungen anlegen, Bepflanzung vornehmen* und *für die Pflanzen sorgen, Gehwegbegrenzung anlegen,* Ausprobieren, *welche Gestaltungselemente beständig sind* und welche nach wenigen Tagen nicht mehr so schön aussehen, Ausprobieren, *welche Werkzeuge sich für diese Arbeiten eignen,* und schließlich der *Umgang mit Werkzeugen wie Schaufeln, Harken und Schubkarren.*

Natürlich haben sie den Garten geplant, den Plan umgesetzt und in gemeinsamer Absprache im Werden verändert und erweitert. Auch hier konnten also *Planungskompetenz* und *Projektkompetenz* geübt werden, aber auch *Vorstellungskraft* und *Sinn für Ästhetik.* Im Umgang mit den Jungen haben sie sich im *Aushandeln* geübt, den Wert für diese Dienstleistung überlegt und *kreative Problemlösungsfähigkeit* gezeigt. Durch den Konflikt konnten sie erleben, dass es hilft, solidarisch zusammenzustehen. Gleichzeitig haben sie die Gelegenheit gehabt, *konstruktive Konfliktlösungskompetenz* zu vertiefen. Sie haben sich selbstständig darum gekümmert, haben ihre *Kommunikationsfähigkeit* geübt, sich trotz ihres aufgebrachten Zustands respektvoll mit den Jungen auseinandergesetzt – wenn sie dabei auch sehr deutlich gemacht haben, dass es aus ihrer Sicht »total ungerecht« war, wie die Jungen sich verhielten.

Vielleicht am bedeutsamsten ist die Entwicklung der *Selbstwirksamkeitserwartung:* Die Mädchen haben erfahren, dass sie sich etwas ausmalen können und es Realität werden lassen. Sie haben auch erfahren, dass sie sich durchsetzen und für ihre Rechte einstehen können. Dies ist nur das leicht beobachtbare Lernen. Was genau für die Einzelnen geschehen ist, wissen nicht einmal diese selbst. Vielleicht haben die Mädchen vorher berechnet, was die Süßigkeiten kosten, vielleicht hat eines der Mädchen sich zum ersten Mal getraut, in einer Gruppe mitzuarbeiten, die es nicht kennt, und durfte erleben, akzeptiert zu werden, und geht nach dieser Erfahrung leichter und selbstbewusster auf andere Menschen zu. Wir können es nicht wissen – weshalb das Vertrauen in die individuelle Lernfähigkeit des Menschen so wichtig ist.[36]

*Begeben wir uns wieder ins Gebäude. Auf dem Sofa im Windfang sitzen sechs Schüler\*innen mit einer Lernbegleiterin in ein Gespräch vertieft. Sie machen ernste Gesichter. Das Meerschweinchen eines Mädchens, nennen wir sie Mara, ist gestern Abend gestorben. Sie hatte begonnen, sich mit einer Freundin und der Lernbegleiterin darüber auszutauschen. Nach und nach sind die anderen dazugekommen. Viele von ihnen haben eigene Erfahrungen mit Haustieren, die gestorben sind. Ein Junge erzählt von einer Tante, die letztes Jahr verstorben ist. Die Lernbegleiterin fragt, wie es den Kindern damit ging, wie sie sich gefühlt haben und wie es ihnen heute damit geht. Es fließen noch ein paar Tränen über das Meerschweinchen, aber es wird auch über lustige Geschichten von den verschiedenen Tieren gelacht. Der Junge berichtet, dass er sehr traurig gewesen sei und geweint hat, als die Tante gestorben ist, dass er jetzt aber an sie denken kann, ohne so traurig zu sein. Ein Kind erzählt, dass es glaubt, dass seine Katze im Himmel ist und es ihr bestimmt gut geht. Gemeinsam mit ihrer Freundin stellt sie sich vor, wie die Katze wohl als Engel aussieht, und sie müssen darüber kichern. Mara findet das witzig, sagt aber, dass es auch sein könnte, dass die Katze und ihr Meerschweinchen wiedergeboren worden sind. Darüber kommt es zu einem Gespräch mit der Lernbegleiterin über verschiedene Ideen darüber, was nach dem Tod geschieht.*

---

36 Selbiges gilt für jede Art von Bildung. Bei dem Versuch, Kindern Physik beizubringen, wenn diese kein Interesse daran haben, könnten einige Kinder beispielsweise »lernen«, dass sie zu dumm sind, dass Physik total blöd ist oder dass es einfach nichts für sie ist. Genauso kann ein Kind im Chemieunterricht besser Schreiben lernen oder die eigene Zeichenfähigkeit verbessern.

*Das Ganze ist keine tiefe philosophische Diskussion, sondern eher eine leichte Unterhaltung und immer wieder macht jemand einen Witz.*

Die Unterhaltung dauert keine zwanzig Minuten, dennoch hat sie dem Mädchen sehr geholfen, ihren Verlust zu verarbeiten. Das Gespräch öffnete einen Raum zum Teilen, sie durfte weinen und dabei von ihrer Freundin getröstet werden und sie konnte wieder lachen. Für alle Kinder war das Gespräch wichtig, um über Trauer zu sprechen, sich damit nicht allein zu fühlen und darüber zu reflektieren, dass starke Gefühle vergänglich sind – auch wenn es sich oft in dem Moment nicht so anfühlt. Sie haben erlebt, wie hilfreich es ist, ihre Gefühle mit anderen zu teilen und dass es in Ordnung ist, traurig zu sein. Ganz nebenbei konnten sie sich mit einem der größten Mysterien der menschlichen Existenz auseinandersetzen – dem Tod. Das alles in einer Atmosphäre, in der es ganz leicht und teilweise humorvoll war. Trotzdem war die Unterhaltung nicht albern, sondern respektierte durchaus die Gefühle Maras und die Kinder haben den verschiedenen Ideen neugierig zugehört. Tatsächlich ist Humor ein sehr hilfreiches Werkzeug, sich selbst nicht zu überfordern und in einem Bereich zu bleiben, in dem man sich sicher fühlt. Wir wissen aus der Hirnforschung, dass die Emotion, mit der man etwas lernt, teilweise mit dem Wissen wieder abgerufen wird. In diesem Gespräch entstand ein Gefühl von Leichtigkeit, Gehaltensein und Sicherheit. Es ist durchaus möglich, dass weiteres Nachdenken über den Tod dadurch etwas eingefärbt wird und dass der bedrohliche, beängstigende Aspekt der eigenen Sterblichkeit so etwas leichter zu verarbeiten sein wird.

Die Kinder haben auch gelernt, dass es verschiedene Vorstellungen zum Tod gibt und dass sie selbst unterschiedliche Ideen haben dürfen. Sie konnten also nicht nur ihr *Wissen über Religion* ein wenig erweitern, sondern zugleich *ihre Fähigkeit zur Toleranz*, denn sie haben durch den Austausch über ihre unterschiedlichen Vorstellungen Zuhören geübt und ihr *Empathievermögen* gestärkt. Für einige von ihnen war es vielleicht die erste Auseinandersetzung mit dem Fakt, dass Menschen in ihrem Umfeld sterben können.

In solchen Gesprächen werden immer *kommunikative Fähigkeiten* trainiert: sowohl die Fähigkeit, anderen *zuzuhören* und auf das einzugehen, was andere sagen, als auch die Erfahrung, dass man Gespräche über tiefe und ernste Themen führen (und andere dazu einladen) kann. Etwas, das heutzutage vielen Menschen sehr schwer fällt, wodurch sie mit ihrem Umfeld nur oberflächliche Gespräche führen und mit ihren Ängsten und Sorgen alleine bleiben.

> *Wir gehen nach nebenan ins Atelier. Dort sind gerade acht Schüler\*innen zwischen sechs und zehn Jahren damit beschäftigt, Laternen zu basteln. Wir sehen drei verschiedene Modelle. Die Kinder haben sichtlich voneinander abgeschaut und dann eigene Elemente bei ihren eigenen Kreationen hinzugefügt. Einige abenteuerlich anmutende Gebilde liegen unbeachtet in einer Ecke – mutige, aber als gescheitert gewertete Gestaltungsversuche.*

Beim Basteln der Laternen wurde der Umgang mit verschiedenen Werkzeugen und Materialien geübt. Gerade Schnitte mit der Schere, Formen vorzeichnen und ausschneiden, die richtige Menge Kleber nutzen, herausfinden, welche Materialien durchscheinend sind und welche nicht, Pappmaché anrühren und verarbeiten, Abstände mit dem Lineal messen, Linien falten, Schablonen anfertigen und nutzen, stabile Rahmen erstellen und vieles mehr. Sowohl Kreativität als auch Konstruktionskompetenz wurden erweitert. Gleichzeitig haben sich die Kinder gegenseitig geholfen und voneinander gelernt. Sie haben also Kooperation und soziales Miteinander trainiert. Einige haben sich sichtlich darin geübt, Misserfolge zu akzeptieren, aus ihnen zu lernen und weiterzumachen. Sie haben ihr Durchhaltevermögen, ihre Feinmotorik, ihre Beobachtungsgabe und ihre Kompetenz, etwas zu erklären, trainiert. Sie haben sich darin geübt, in einen Flow zu kommen und sich in ein Projekt zu vertiefen. Natürlich haben sie vorher geplant, was sie basteln wollen und letztlich erlebt, wie ihre Ideen Realität werden. Hier sehen wir wieder die Planungskompetenz und die Selbstwirksamkeitserwartung wachsen. Gleichzeitig werden sich die Schüler*innen während des ganzen Projekts unterhalten haben. Welche neuen Ideen dabei in welchem Kopf entstanden sind, werden wir nie erfahren.

*Wir gehen weiter in den »Saal«, unseren größten Raum. Hier sitzen einige Kinder gemeinsam beim Frühstück. Eine ältere Schülerin, Jana, verteidigt das Lösungskomitee (eines unserer Konfliktlösungsinstrumente), während zwei jüngere Schüler (Max und Finn) äußern, dass es ja gar nichts bringt. Zwei Mädchen am Nebentisch – Emma und Marie – hören mit einem Ohr zu und beteiligen sich ab und zu mit Einwürfen an der Diskussion. Es wird klar, dass Max und Finn die Erfahrung gemacht haben, dass es lange und anstrengende Prozesse im Lösungskomitee geben kann und dass ein Junge, nennen wir ihn Tom, irgendwann später trotzdem wieder Regeln gebrochen hat, obwohl er versprochen hatte, dies nicht mehr zu tun. Sie finden, dass das Lösungskomitee »härter durchgreifen« sollte und »nicht nur labern«. Jana ist in diesem Jahr Teil des Lösungskomitees. Sie erklärt, dass sie viele Fälle erlebt hat, in denen Menschen beim Lösungskomitee verstanden haben, welche Verantwortungen sie in der Schule haben, und ihr Verhalten durchaus geändert haben. Sie gesteht ein, dass der Prozess der Konfliktlösung ganz schön anstrengend sein kann und dass einige Schüler*innen manchmal etwas länger brauchen, um ihr Verhalten zu ändern – auch wenn sie glaubt, dass sie es während des Lösungskomitees schon verstanden hatten. Finn erklärt, Tom hätte zur Strafe* *dafür, dass er sie mit Äpfeln beworfen hat, alle Toiletten putzen sollen. Emma vom Nebentisch wirft ein, dass das keine Konsequenz, sondern eine Strafe sei und es entspinnt sich eine Diskussion über Gerechtigkeit, Konsequenzen und Strafen. Sie sprechen darüber, dass Strafen abschrecken können, aber Jana findet, dass Leute ihr Verhalten ändern sollen, weil sie verstehen, warum, und nicht nur, weil sie Angst haben, bestraft zu werden. Das Gespräch wird durch eine Durchsage unterbrochen und Jana geht zu einem Angebot. Finn sagt noch, dass er auch findet, dass Leute verstehen sollen, warum sie etwas nicht machen sollen, aber dass er trotzdem findet, dass Tom alle Toiletten putzen sollte.*

In dieser Unterhaltung steht auf den ersten Blick die Auseinandersetzung über Gerechtigkeit im Vordergrund und die beteiligten Schüler*innen konnten ihren *Sinn für Gerechtigkeit* schärfen und *verschiedene Perspektiven* zu dem Thema *sehen*. Der Einwurf von Emma zeigt, dass sie sich in der Schule schon mit dem Thema auseinandergesetzt hat und eine klare Vorstellung von Strafe und Konsequenz hat. Das Thema »Recht und Gerechtigkeit« wurde von verschiedenen Seiten beleuchtet. Gleichzeitig geht es in der Unterhaltung auch um ein Menschenbild. Ändern sich Menschen ohne Androhung von Strafe? Was sind innere und äußere Anreize zur Verhaltensänderung? Auch das *Empathievermögen* konnte geübt werden, denn es kam zur Sprache, dass Menschen manchmal Zeit brauchen, ihr Verhalten zu ändern, auch wenn sie etwas verstanden haben – es ging also um *Verständnis für das »Fehlverhalten«anderer*. Auf einer anderen Ebene durften Finn und Max die Strukturen in ihrem Lebensumfeld kritisieren, ihre Meinung dazu sagen und ihrem Ärger Luft machen. Sie haben von Jana vorgelebt bekommen, wie man die Positionen von Gesprächspartner*innen ernst nimmt, respektiert, wirklich zuhört und Verständnis zeigt und dann andere Sichtweisen anbietet. Die eher kompromisslose Diskussionsweise von Finn zeigt, dass dies ein wichtiges Lernfeld für ihn ist und ihm hier ein hilfreiches Beispiel geboten wurde, um seine *Kommunikationskompetenz* zu erweitern. Es ist bei uns an der Schule häufiger zu beobachten, dass jüngere Kinder in Diskussionen noch eher auf ihrer Meinung und ihrem »Recht« beharren, während Kinder, die schon länger in der Schule sind, besser darin werden, die Meinung von anderen einzubeziehen und zu überdenken.

Emma, Max und Finn haben erlebt, ernst genommen zu werden. Das wird für ihren *Selbstwert* bedeutsam sein. Jana dagegen konnte Verantwortung übernehmen und sich darin üben, ihre Position zu erklären.

Sehen wir uns noch kurz ein Beispiel an, welches das Lernen bei der Mitgestaltung der Schule betrifft:

*Im Obergeschoss, in einem Raum in unserem Leisebereich[37], finden wir eine Gruppe von Schüler\*innen mit einer Lernbegleiterin, die einen Ausflug zur Eisbahn plant. Die Lernbegleiterin hat ein Scrum Board[38] an die Tafel gezeichnet, die Gruppe hat gemeinsam Themen gesammelt, die zu besprechen sind, und diese dann nacheinander diskutiert.*

Kurz zusammengefasst wurde hier trainiert: Umgang mit agilen Methoden, Planungsfähigkeit, Kooperationsfähigkeit, Verbindungen im ÖPNV

---

37 Im Obergeschoss befinden sich Räume, in denen Kurse und Freiarbeit stattfinden. Die Schulversammlung hat beschlossen, dass man hier auf dem Flur leise sein muss, damit die Menschen in den Räumen nicht gestört werden.

38 Agile Methoden sind Ansätze im Projektmanagement, welche in immer mehr Unternehmen eingesetzt werden. Sie unterstützen eine Arbeitsweise, die mehr auf Eigenverantwortung und Selbstorganisation setzt. Ein Scrum Board ist ein Werkzeug aus dieser Arbeitsweise, bei dem Arbeitsfortschritte in einem Projekt visuell dargestellt werden. Aufgaben sind in Spalten organisiert und deren Status wird durch Verschieben von Karten oder Notizen verfolgt.

recherchieren, Preise kalkulieren, Umfragen gestalten, für die eigenen Interessen aktiv werden und Selbstwirksamkeitserwartung entwickeln.

All diese Beispiele veranschaulichen die Bedeutung des unstrukturierten Lernens und zeigen, wie vielfältig und omnipräsent Lernen ist. Allein mit der detaillierten Betrachtung der Beobachtungen eines Tages ließe sich ein ganzes Buch füllen.

Natürlich ist es nicht so, dass die genannten Kompetenzen in den dargestellten Tätigkeiten zur Gänze erlernt werden. Die Tage bestehen für jede*n Schüler*in aus unzähligen Momenten wie diesen, ihre Kompetenzen entwickeln sich über die Jahre immer weiter und das Wissensgerüst wird beständig ausgebaut. Das Lernen geschieht dabei zum größten Teil unterbewusst, meist leicht und mit Begeisterung. Kommen die Kinder nach einem Tag dieses unstrukturierten Lernens nach Hause und werden von einem Nachbarn oder einer Verwandten gefragt, was sie denn heute in der Schule gelernt haben, wird ihre Antwort mit 99%-iger Wahrscheinlichkeit sein: »Gar nichts.«

## Altersstruktur und Altersmischung

Eines der wichtigsten Merkmale von Demokratischen Schulen ist die Altersmischung. Anstatt in traditionellen Jahrgangsstufen lernen Kinder und Jugendliche aller Altersstufen zusammen. Das bedeutet nicht nur, dass sie in Angeboten altersgemischt zusammen sind, sondern auch in ihren Freundschaften, beim Spielen, bei Unterhaltungen, beim Lösen von Konflikten, in Diskussionen und Planungen in demokratischen Gremien. Man wird hier ständig Kinder und Jugendliche verschiedenen Alters miteinander erleben.

Dieser Umstand hat viele Vorteile, die für das individuelle Lernen und die soziale Entwicklung der Schüler*innen von großer Bedeutung sind.

Einer der wichtigsten Vorteile von Altersmischung ist, dass jüngere Schüler*innen von den Älteren lernen und sich von ihnen inspirieren lassen können. Ältere Schüler*innen können als Vorbilder und Mentor*innen fungieren, den jüngeren Schüler*innen helfen, ihre Potenziale zu entfalten, und ihnen bei persönlichen Herausforderungen zur Seite stehen. Das fördert nicht nur das individuelle Lernen, sondern auch die soziale Kompetenz und die Fähigkeit, Verantwortung zu übernehmen.

Ob in der Schulversammlung, in Angeboten oder einfach auf einem Sofa in der Ecke – immer wieder sieht man jüngere Kinder an ältere gekuschelt. Mal in Unterhaltungen vertieft, mal gemeinsam einer Diskussion folgend oder auch mit unterschiedlichen Dingen beschäftigt. Für die Jüngeren schafft dies ein Gefühl von *Sicherheit und Geborgenheit*. Bei den Größeren stellt sich sicher auch ein Gefühl von Gemütlichkeit ein und sie genießen den Kontakt, es erlaubt ihnen aber auch, sich als *Helfer*innen und Beschützer*inne*n zu erleben und ungezwungen instinktiv *Verantwortung* zu **übernehmen**. Gerade in der Pubertät ist dieses Übernehmen von Verantwortung etwas, nach dem sich Menschen instinktiv sehnen.

Alterstrennung in Schule und Kindergarten machen es jungen Menschen schwer, sich in Verantwortungsübernahme für Jüngere zu üben. Hier geht eine Möglichkeit verloren, sich darauf vorzubereiten, irgendwann einmal Verantwortung für die eigenen Kinder zu übernehmen. In unserer Gesellschaft gibt es eine unausgesprochene Annahme, dass wir unsere Elternrolle irgendwie instinktiv richtig ausfüllen, wenn es soweit ist. Wie gut diese Instinkte wirklich sind und wie viele Menschen heute einen Zugang dazu haben, ist schwer zu sagen. Es ist aber augenscheinlich, dass die meisten Eltern nicht automatisch in der Lage sind, ihre Kinder auf dem Weg ins Erwachsensein immer gut zu begleiten. Zum einen gibt es viel zu lernen, weshalb eine bewusste Auseinandersetzung mit der großen Aufgabe des Elternseins absolut ratsam ist. Zum anderen hat die strikte Trennung in Altersgruppen es uns schwer gemacht, in unserer Jugend zu üben, jüngere Kinder zu unterstützen, empathisch mit ihnen zu sein und ganz natürlich mit ihnen umzugehen. In einer freien Umgebung kann dies ganz ungezwungen und ohne großen Druck geübt werden. So steigt die Wahrscheinlichkeit, dass man auch unter dem weit größeren Druck des Elternseins auf Erfahrungen zurückgreifen kann, die für die Beziehung mit den eigenen Kindern förderlich sind.

Manchmal haben aber auch jüngere Schüler*innen einen Wissensvorsprung in einem Thema oder eine Kompetenz in einem Bereich, für den sie brennen. Wenn sie dann älteren Schüler*innen etwas beibringen können, erfüllt sie das mit Stolz und ist für ihr Selbstvertrauen ein sehr bedeutsames Erlebnis.

In einer Demokratischen Schule, in der die Schüler*innen eine aktive Rolle in der Gestaltung ihrer Lebensumgebung spielen, können ältere Schüler*innen ihre Erfahrungen und Fähigkeiten mit jüngeren Schüler*innen teilen und sie unterstützen. Dies kann dazu beitragen, dass jüngere Schüler*innen sich sicherer und motivierter fühlen und ihr Selbstbewusstsein stärken. Das geschieht durchgehend, den ganzen Tag, und zum größten Teil unbewusst – einfach durch Beobachtung. Fast die gesamte Schulzeit über haben die Schüler*innen täglich die Gelegenheit, erfahrene Mitschüler*innen zu beobachten. Sie hören Beiträge in der Schulversammlung, sehen vielleicht Vorträge, erleben sie in Angeboten und arbeiten mit ihnen zusammen in Komitees und bei der Lösung von Konflikten.

Gleichzeitig gibt es viele Situationen, in denen Schüler*innen sich gegenseitig explizit etwas erklären oder zeigen. Wir wissen, dass das

Weitergeben von Wissen besonders dazu geeignet ist, das eigene Wissen zu festigen. Man muss die Informationen so organisieren und darstellen, dass andere sie verstehen. Das führt zu tieferem Durchdenken der Zusammenhänge, mehr Klarheit und der besseren Verankerung im eigenen Gedächtnis und im eigenen Wissensgerüst. Für die Kinder ist umgekehrt auch das Lernen von anderen Kindern extrem förderlich. Sie bekommen oft nur das erklärt, was sie gerade wissen wollen. Zudem erscheinen Fähigkeiten von Menschen, die nur ein wenig älter sind als sie selbst, erreichbarer. »Wenn der*die das kann, dann kann ich das auch lernen!« So kann also eine größere Ambition entstehen – ein Antrieb zu lernen.

Die Altersmischung fördert also die sozialen Kompetenzen der Kinder. Sie lernen, sich auf die Bedürfnisse und Perspektiven anderer einzustellen und Verantwortung für jüngere Kinder zu übernehmen. Sie entwickeln Empathie und Toleranz. Auch für die Entwicklung der Persönlichkeit kann die Altersmischung von großem Nutzen sein. Kinder lernen, sich in verschiedenen Rollen und in verschiedenen Altersgruppen zurechtzufinden und sich anzupassen.

Gleichzeitig gibt es auch einige Herausforderungen, vor die Demokratische Schulen durch Altersmischung gestellt werden können. Auch an Demokratischen Schulen sind die Kinder nicht von klein auf in der Lage, verantwortungsvoll mit Macht umzugehen. Die vielleicht wichtigste Aufgabe von Kindern ist es, nach »Machterweiterung« zu streben. Laufen, Sprechen, Fahrrad fahren – all diese Fähigkeiten geben ihnen mehr Möglichkeiten; die Reichweite ihrer Einflussmöglichkeiten (ihrer Macht) wächst. Auf dem Weg zum Erwachsenwerden streben sie nach immer größerer Unabhängigkeit. Viele Eltern können ein Lied davon singen, dass gerade in der Pubertät das Aufeinandertreffen des Bedürfnisses der Eltern, ihre Kinder zu beschützen, auf das Bedürfnis der Kinder nach größerer Unabhängigkeit (und damit Machterweiterung) zu nicht immer respektvoll geführten Auseinandersetzungen führt. Auch in einer Gemeinschaft wie der Infinita tauchen diese Herausforderungen auf. Ältere Schüler*innen haben schon allein körperlich andere Möglichkeiten, sich durchzusetzen. Es ist ein Lernprozess, mit dieser körperlichen Überlegenheit rücksichtsvoll umzugehen. So kommt es durchaus vor, dass kleinere Kinder aus dem Weg geschubst werden oder das eigene Interesse durchgesetzt wird, indem man andere verscheucht oder ähnliches. Auch das Erhöhen des eigenen Selbstwertgefühls durch das Ärgern von Schwächeren (oft Jüngeren) kommt vor. All diese Vorkommnisse sind Herausforderungen, die Chancen zum Wachsen bieten – wenn sie entsprechend bearbeitet und begleitet werden. Im Kapitel über Konfliktlösung wird an späterer Stelle genauer beschrieben, wie Konflikte an der Infinita bearbeitet werden können. Hier sei darum lediglich gesagt, dass unsere Strukturen jüngeren Kindern die Möglichkeiten bieten, sich auch gegen Ältere durchzusetzen. Das ist nicht immer leicht und erfordert manchmal etwas Mut. Als Mentor*innen[39] besprechen wir die Möglichkeiten mit den Kindern, begleiten sie, wo nötig, und reflektieren mit den älteren Kindern, was ihr Verhalten für andere bedeutet. Zudem bringen wir als Team das Thema »Bullying« in der Schulgemeinschaft in die Diskussion.

Die Auseinandersetzung damit ist aus drei Gründen von großer Bedeutung. Zuerst ist es natürlich wichtig, dass die Schule ein Ort ist, an dem sich alle Schüler*innen sicher fühlen und an dem sie gerne sind. Eine Atmosphäre

---

39 Die Schüler*innen an der Infinita wählen sich eine erwachsene Person, die ein besonderes Auge auf sie hat und mit denen sie wöchentlich Zeit verbringen – ihre*n Mentor*in. Auf die Arbeit der Mentor*innen wird in einem eigenen Kapitel genauer eingegangen.

der gegenseitigen Unterstützung ist die beste Umgebung zum Wachsen und Lernen. Sie erlaubt auch, einen positiven Umgang miteinander zu erleben und dadurch ein Vorbild für das eigene Handeln zu haben. Die Situationen, die ganz natürlich auftauchen, bieten große Lernchancen. Wurde jemand geärgert, kann diese Person lernen, dass sie*er für sich einstehen kann und die eigenen Bedürfnisse durchsetzen – gerade wenn das nicht einfach ist. Die Menschen, die andere nicht mit dem angemessenen Respekt behandelt haben, bekommen die Möglichkeit, ihr Handeln zu reflektieren. In Gesprächen mit ihrem*ihrer Mentor*in, bei der Konfliktlösung oder auch einfach, wenn sie von Mitschüler*innen oder Erwachsenen darauf angesprochen werden. Wichtig ist hier, dass sich die Schüler*innen nicht für falsch halten. Was waren die Bedürfnisse hinter ihren Handlungen? Wie ging es ihnen selbst? Gleichzeitig muss klar sein, dass respektloser Umgang gesehen und nicht toleriert wird und dass alle für ihr Verhalten verantwortlich sind. Während ihrer Zeit an der Infinita lernen die Kinder immer besser, für ihr Verhalten Verantwortung zu übernehmen.

Was aber, wenn die Kinder nicht in der Infinita groß geworden sind, sondern erst später zu uns wechseln?

Vor allem in der Gründungsphase, in der Kinder und Jugendliche mit ganz verschiedenen Lernerfahrungen zusammen kamen, hat es in einigen jungen Demokratischen Schulen zu Schwierigkeiten geführt, dass ältere Schüler*innen eine so große Vorbildrolle hatten. Verhaltensweisen, die sie aus ihrer vorherigen Schulerfahrung mitgebracht hatten, wurden von den jüngeren Kindern kopiert. Das betraf die Tendenz, Lernen als etwas gegen sie Gerichtetes zu verstehen, dem sie möglichst ausweichen müssen. Noch disruptiver war es aber, dass diese Jugendlichen nicht gelernt hatten, Verantwortung für sich oder für die Gemeinschaft zu übernehmen. So entstand eine Situation, in der oft mutwillige Zerstörung und Bullying stattfanden, solange keine erwachsene Person da war, um einzugreifen.

In der Infinita haben wir sehr gute Erfahrungen damit gemacht, ausschließlich mit Kindern im Grundschulalter zu beginnen. Nachdem sich die Schulkultur etabliert hatte, war es möglich, einzelne Quereinsteiger*innen von Regelschulen zu integrieren, denn nun gab es eine Gemeinschaft, die ein anderes Verhalten vorlebte. Zudem schrieben Kinder Anträge ans Lösungskomitee, wenn sie ihre Grenzen verletzt sahen. Trotzdem zeigte sich, dass dieser Prozess die Gemeinschaft viel Zeit und Kraft kosten kann. Es dauerte oft Monate und manchmal Jahre, bis die Schüler*innen sich von ihren vorherigen Schulerfahrungen emanzipierten und begannen, Verantwortung zu übernehmen. Vor allem die Verantwortung für das eigene Leben und Lernen zu tragen, fiel oft schwer, wenn Lernen zu lange als etwas Aufgezwungenes, Unangenehmes erlebt wurde. Der Umgang mit der Freiheit ist dann eine große Aufgabe. Auch wenn die meisten Kinder über die Zeit lernten, Verantwortung zu übernehmen, so gab es auch einige, die lieber wieder an die Regelschule gegangen sind, weil die Herausforderung zu groß war und sie Sorge hatten, nicht genug zu lernen.

Aus diesen Gründen haben wir entschieden, die begrenzten Schulplätze vor allem Kindern zur Verfügung zu stellen, die die Infinita von Anfang bis Ende besuchen können. Quereinsteiger*innen nehmen wir nur im frühen Grundschulalter auf oder wenn sie von vergleichbaren Schulen zu uns kommen.

Demokratische Schulen gehen mit diesem Thema unterschiedlich um. In vielen Schulen gibt es eine ähnliche Begrenzung wie in der Infinita. Andere nehmen Schüler*innen jeden Alters auf und vertrauen auf die Fähigkeit des Systems, die damit einhergehenden Herausforderungen aufzufangen. Die

Erfahrungen hiermit sind ebenfalls unterschiedlich. Einige berichten, dass alle Kinder früher oder später aufblühen und oft wichtige Rollen in der Schule spielen; oder sie verlassen die Schule von selbst wieder, wenn sie die Verantwortung nicht tragen wollen. Es gibt sicher Quereinsteiger*innen, die auch zu späteren Zeiten die Freiheit in Demokratischen Schulen sehr schätzen und schnell lernen, verantwortungsvoll damit umzugehen. Eine weitere wichtige Perspektive ist, dass gerade die älteren Quereinsteiger*innen, die so stark unter dem Schulsystem leiden, dass sie dringend eine Alternative suchen, eine Demokratische Schule am nötigsten brauchen.

Andere Demokratische Schulen vertreten den Standpunkt, dass es bei den begrenzten Ressourcen oft auf Kosten der anderen Kinder geht, wenn Quereinsteiger*innen viel Zeit und Aufmerksamkeit in Anspruch nehmen. Solange Demokratische Schulen nur kleine Modellprojekte mit begrenzten Ressourcen sind, müssen sie sehr genau überlegen, wie sie mit ihren Kräften haushalten. Die meisten Demokratischen Schulen haben (oft sehr lange) Wartelisten und jeder Schulplatz für Quereinsteiger*innen bedeutet im Umkehrschluss auch, dass ein anderes Kind, das von Anfang an hätte bei uns sein können, nicht aufgenommen werden kann. Letztlich kann nur eine Veränderung des staatlichen Schulsystems dieses Problem lösen. Es gibt einfach viel zu wenige Demokratische Schulen, die zusätzlich zu schlecht finanziert sind, um all die Kinder aufzufangen, die es sicher bitter nötig hätten.

# Selbstverantwortung

Die Verantwortung für das eigene Leben ist nicht leicht zu tragen. Oft scheitern Menschen dabei, selbst gesteckte Ziele konsequent zu verfolgen. Für junge Menschen ist es eine Herausforderung, zwischen kurzfristiger Bedürfnisbefriedigung und dem Verfolgen lang- und mittelfristiger Ziele zu entscheiden. Nimmt sich ein Sechsjähriger vor, Lesen zu lernen, aber dann findet zur Zeit des Angebots ein großes »Capture the Flag«-Spiel im Garten statt, wird sich dieser junge Mensch eventuell gegen die mühsame Arbeit mit den Buchstaben entscheiden.

Wer von uns hat ein solches Verhalten nicht schon bei der Verfolgung eigener Ziele erlebt? Die Fähigkeit, volle Verantwortung für das Verfolgen unserer Ziele zu übernehmen und die notwendige Selbstdisziplin dafür aufzubringen, ist entscheidend dafür, ob wir unsere Träume leben oder nicht. Es kann kaum etwas Wichtigeres geben, das man aus der Schulzeit mitnimmt, als in der Lage zu sein, das Leben bewusst nach den eigenen Vorstellungen zu gestalten.

Die Aufgabe von Lernbegleiter*innen an der Infinita ist, dabei zu helfen, diese Fähigkeit zu üben. Jedes »Scheitern« ist eine brillante Chance, den Zusammenhang zwischen den eigenen Entscheidungen und dem Verlauf des eigenen Lebens tiefer zu begreifen. Wichtig ist dabei, dass die Schüler*innen nicht damit allein gelassen werden. Wir lernen vom Scheitern am besten, wenn wir reflektieren, wie wir uns verhalten haben und welche Konsequenzen das hatte. In unseren *Halbjahresgesprächen*[40] regen wir daher dazu an, Ziele

---

40 In den Halbjahresgesprächen sitzen Mentor*in, Schüler*in und Eltern zusammen und reflektieren gemeinsam. Mehr dazu im Abschnitt über Mentorenschaft.

für das nächste Halbjahr zu definieren, und wir sehen auf das letzte halbe Jahr zurück.

Ein noch wichtigeres Instrument sind unsere wöchentlichen Mentorenzeiten. Die Mentor*innen fragen die Schüler*innen nach ihren Zielen und schaffen eine persönliche Verbindlichkeit. Diese Verbindlichkeit haben die Schüler*innen wirklich mit sich selbst. Unsere Aufgabe ist es, zu fragen, ob ein gestecktes Ziel erreicht wurde, und wenn nicht, ob es weiter ein wichtiges Ziel ist (und warum oder warum nicht). Was sind die positiven Veränderungen, die beim Erreichen eines Zieles zu erwarten sind? Es ist uns wichtig, die Motivation genau zu untersuchen. Hat jemand einfach neue Prioritäten, ist dies eine legitime persönliche Entscheidung. Scheint dagegen nur der Weg zu schwer, ist die Aufgabe eine andere. In diesem Fall ist es wichtig zu prüfen, welche Unterstützung hilfreich sein könnte, und eine solche anzubieten. Dies können Erinnerungen sein, ein persönlicher Stundenplan oder gemeinsames Üben in der Mentorenzeit.

Maria Montessoris Prinzip: »*Hilf mir, es selbst zu tun*« ist eine gute Richtlinie. Wir versuchen, den Schüler*innen nichts aus der Hand zu nehmen, was sie selbst erledigen könnten. Gleichzeitig sind wir bemüht, sie nicht vor Wände laufen zu lassen, damit sie nicht in Frustration aufgeben. Es ist uns sowohl wichtig, dass die Schüler*innen ihre Ziele erreichen und dabei Selbstvertrauen entwickeln, als auch, dass sie immer weiter lernen, Verantwortung für ihr eigenes Leben zu übernehmen. Das ist anstrengend, aber letztlich die Basis für wirkliche Freiheit im Leben.

# Die Bedeutung des freien Spiels

*»Ich spiele immer noch gern, nur die Art der Spiele hat sich verändert.«*

FELIA (13)

# Spielen ist unsere Natur: *Wie Säugetiere lernen*

Wasser ist nass, die Erde ist rund und Kinder spielen. Das ist kein Geheimnis. Die Frage, was beim Menschen angeboren und was erlernt ist, ist komplex und die Auseinandersetzung darüber bewegt sich in vielen Bereichen im Gebiet der Spekulation. Nicht so beim Spiel. Kinder spielen, wenn sie dürfen – unabhängig von Geschlecht, Religion, kulturellem Hintergrund und Geschichtsperiode. Eigentlich sollte es offensichtlich sein, dass dieser Umstand von essentieller Bedeutung ist.[41] Leider wird die ungeheure Wichtigkeit des Spielens in der Debatte um die Entwicklung des Schulsystems fast vollständig ignoriert. Die Bedeutsamkeit des Spiels wird im besten Fall für den Kindergarten gesehen. In der Schule (und leider auch oft zu Hause) wird Spielen am ehesten als Hindernis fürs Lernen betrachtet.

An der Infinita gibt es nichts, das die Kinder vom Spielen abhält. Wir »tolerieren« das Spielen der Kinder nicht, wir halten es für ihre wichtigste Aufgabe. In der Konsequenz verbringen sie einen großen Teil ihrer Zeit in der Infinita damit. Wir verstehen Spiel als eine Form des Lernens. Vielleicht die wichtigste.

Alle Säugetiere spielen. Je mehr Dinge diese Säugetiere lernen müssen, desto ausgiebiger spielen sie.[42] Was sie spielen, ist abhängig von dem, was sie später brauchen werden. So spielen Raubtiere zum Beispiel sich anzuschleichen, zu jagen und zu springen. Spielen ist das Werkzeug, welches die Natur über natürliche Selektion entwickelt hat, damit Säugetiere lernen. Es verleiht uns Ausdauer und Konzentrationsfähigkeit und versetzt uns in

---

41 Vgl. Gray 2015.
42 Vgl. Gray 2015.

einen Zustand von Freude und Leichtigkeit. Es ist nicht verwunderlich, dass die Hirnforschung herausgefunden hat, dass dies genau der Zustand ist, in dem Lernen leicht und nachhaltig ist. Wir sind von Natur aus so angelegt. Dies ist unser angeborener Lernmechanismus und -zustand.

Unsere Vorfahren hatten vermutlich eine recht klare Vorstellung von der Bedeutung des Spiels. Das ergibt sich aus Untersuchungen von vielen verschiedenen Jäger- und Sammlerkulturen, die bis vor einigen Jahrzehnten noch relativ unbeeinflusst existierten. Dr. Peter Gray, Professor für Psychologie und aktuell einer der führenden Wissenschaftler auf dem Gebiet der Spielforschung, hat die Ergebnisse von verschiedenen Anthropologen, die bei sieben völlig unterschiedlichen Jäger- und Sammlerkulturen gelebt hatten, miteinander verglichen.[43] Unabhängig davon, ob diese Gesellschaften im ewigen Eis, in den Wüsten Afrikas oder im tiefen Urwald lebten – eines war immer gleich: Die Kinder spielten jeden Tag – den ganzen Tag. Und in all diesen Kulturen war es selbstverständlich, dass sie dies taten, um sich in den Dingen zu üben, die sie als Menschen eben brauchten – also um zu lernen. Von Erwachsenen organisiertes Lernen gab es in keiner dieser Gesellschaften.

# Spielen für die Seele:
## *Wie Spielen die psychische Gesundheit sichert*

In der westlichen Wissenschaft hat als erster einflussreicher Psychologe Lev Vygotsky die zentrale Bedeutung des Spiels für das Lernen, aber auch für die soziale Entwicklung, erkannt und untersucht.[44] Davor hatte bereits im

---

43 Vgl. Gray 2013.
44 Vygotsky 1933.

19. Jahrhundert der deutsche Psychologe Karl Groos die Bücher »Die Spiele der Tiere« (1896) und »Die Spiele der Menschen« (1899) geschrieben und hier sehr eindrucksvoll dargelegt, welche enorme Bedeutung das Spielen für die menschliche Entwicklung hat. Groos argumentierte, dass das Spiel eine wichtige Rolle bei der Förderung von Kreativität, sozialen Fähigkeiten und dem Erwerb von Wissen und Fertigkeiten einnimmt. In beiden Büchern betont Groos die Bedeutung des Spiels als intrinsisch motivierte und natürliche Aktivität, die für das Lernen und die Entwicklung von Lebewesen entscheidend ist. Er betrachtet das Spiel als eine grundlegende Komponente des Verhaltens und der Evolution, die den Organismen ermöglicht, ihre Fähigkeiten zu verbessern und sich an ihre Umgebung anzupassen. Zugleich erkannte Groos bereits damals, dass Spielen dabei hilft, mit den eigenen Emotionen umzugehen und soziale Kompetenzen zu entwickeln.

Diese Beiträge standen jedoch in eklatantem Widerspruch zu dem damals vorherrschenden Bild von Bildung, als das preußische Schulmodell gerade seinen weltweiten Siegeszug feierte. Sie fanden daher keine Beachtung bei der Entwicklung des Schulsystems.

Wir können davon ausgehen, dass für Hunderttausende von Jahren die meisten Kinder den Großteil ihres Lebens mit Spielen verbrachten. Rutger Bregman gibt in seinem Buch »Im Grunde gut: Eine neue Geschichte der Menschheit« (2020) einen sehr guten Überblick über den Stand der Forschung und zeigt, dass wir heute davon ausgehen können, dass die durchschnittliche Arbeitszeit in Jäger- und Sammlerkulturen um die zwanzig Stunden in der Woche betrug. Die Erwachsenen hatten also selbst viel Freizeit und die Kinder verbrachten ihre Zeit mit Spielen. Mit dem Sesshaftwerden hat sich das teilweise geändert; die Kinder mussten nun oft mitarbeiten. Es ist unklar, wie viel Kinder im Mittelalter spielen konnten. Zwar halfen die Kinder der

Bauern vermutlich schon früh bei der Arbeit auf dem Hof. Gleichzeitig gab es deutlich mehr Feiertage als heute, und Spielen wurde laut Bregman als wichtige Entwicklungsaufgabe der Kinder betrachtet. Erst mit dem Beginn des Kapitalismus und vor allem während der Industrialisierung gab es für Kinder aus der Arbeiterklasse ab fünf Jahren oft 15-Stunden-Arbeitstage und keine Zeit mehr zum Spielen. Man wird heute kaum jemanden finden, der*die das für besonders kindgerecht hält, wenngleich es noch genug Orte auf der Erde gibt, an denen Kinder in vergleichbaren Verhältnissen leben. Zumindest in westlichen Staaten haben unter anderem veränderte Arbeitsgesetze dafür gesorgt, dass Kinder ab Ende des 19. Jahrhunderts weitgehend von der Erwerbsarbeit befreit wurden. Die Arbeitstätigkeit der Eltern bedeutete, dass die Kinder sich oft für lange Zeit selbst überlassen waren. Aus heutiger Perspektive mit der Vorstellung, dass Kinder behütet und von Erwachsenen beobachtet aufwachsen sollten, scheint dies problematisch. Es bedeutete jedoch auch eine goldene Zeit für das freie Spiel. In Europa und den USA erforschten Kinder in altersgemischten Gruppen frei ihre Umwelt und bis in die fünfziger Jahre hatten Kinder in westlichen Gesellschaften neben der Schule noch recht viel Freizeit für freies Spiel. Seit dieser Zeit ist der Anteil der Schule am Leben der Kinder kontinuierlich gewachsen und die übrige Zeit wurde in zunehmendem Maße mit Aktivitäten gefüllt, die von Erwachsenen organisiert und/oder beaufsichtigt werden.

In dem Maße, in dem die Freiheit zum Spielen abgenommen hat, sind psychische Probleme unter Kindern explodiert. In den USA sind Depressionen und Angststörungen unter Kindern fünf bis sieben Mal so häufig wie noch in den fünfziger Jahren. Narzissmus wächst in einem ähnlichen Maß und die

Selbstmordrate bei Kindern unter fünfzehn Jahren hat sich vervierfacht.[45] Die Korrelation ist eindeutig, der Zusammenhang auch leicht erkennbar. Zwar hat sich in der Zeit auch anderes im Leben der Kinder verändert und eine Gleichzeitigkeit beweist noch keinen Zusammenhang. Wenn wir uns aber ansehen, wie Spiel und psychische Gesundheit zusammenhängen, fällt es schwer, diese Parallelentwicklung als bloßen Zufall anzusehen. Kinder haben laut einer Untersuchung (internal-external locus control of scale)[46] seit den sechziger Jahren immer weniger das Gefühl, dass sie Kontrolle über ihr eigenes Leben haben. Ein Faktor, der großen Einfluss auf die Selbstwirksamkeitserwartung hat. Wenn Kinder spielen, erfahren sie sich als Erschaffer*innen von Welten, als Held*innen und Retter*innen. Sie entscheiden zu jeder Zeit, ob und wie sie noch spielen oder aussteigen wollen, und handeln dies mit ihren Spielkamerad*innen aus. Außerdem lernen sie, ihre eigenen Probleme, die beim Spiel mit anderen Kindern automatisch auftauchen, zu lösen. Durch all dies erfahren sie das Leben als etwas, das sie bewusst beeinflussen und bewältigen können, was wiederum Angststörungen vorbeugt. Gleichzeitig erleben sie ganz offensichtlich Freude, die gegen die Entwicklung von Depressionen hilfreich ist. Schließlich üben sie sich beim Spielen im Umgang mit anderen. Sie lernen die Perspektive von anderen einzunehmen (vor allem im sozio-dramatischen Spiel s.u.) und lernen Empathie. Peter Gray schreibt:

> »*Social play also seems to offer the best available means to combat the feelings of superiority associated with narcissism. ... Even those who are more skilled at the game's actions than the other players must consider the needs and wishes of the others as equal to their own, or else the others will exclude them. Some*

---

45 Vgl. Gray 2011.
46 O'Brian 2021.

*children require much more practice than others to learn these lessons, and those may be the ones who, in the absence of much opportunity for social play, grow up to be narcissists.«[47]*

Übersetzt bedeutet das sinngemäß:

*»Soziales Spiel scheint auch das beste verfügbare Mittel zu sein, um den mit Narzissmus verbundenen Überlegenheitsgefühlen entgegenzuwirken. … Sogar diejenigen, die geschickter in den Handlungen des Spiels sind als die anderen Spieler, müssen die Bedürfnisse und Wünsche der anderen als gleichwertig mit den eigenen betrachten, sonst werden sie von den anderen ausgeschlossen. Einige Kinder benötigen viel mehr Übung als andere, um diese Lektionen zu lernen, und jene könnten diejenigen sein, die in Abwesenheit von ausreichender Gelegenheit zum sozialen Spiel zu Narzissten heranwachsen.«*

# Spielend Lernen:
## *Warum Spielen eine Form des Lernens ist*

Die psychische Gesundheit der Kinder wäre schon allein ein hinreichender Grund, die Kinder in ihrem Spielbedürfnis nicht zu behindern. Hinzu kommt, dass das Spielen natürlich nicht nur (tragische) negative Entwicklungen verhindert – Spielen ist Lernen. Der Begriff »Spielen« beschreibt eine breit gefächerte Anzahl an Aktivitäten. Im Interesse der Klarheit ist es vielleicht ratsam, dass wir zunächst klären, was hier als Spielen verstanden wird. Peter Gray folgend kann man alles als Spiel bezeichnen, bei dem die *Aktivität* selbst im Vordergrund steht, nicht das Ergebnis. Dadurch ist Spiel frei von Angst

---

47 Gray 2011:457.

und Druck. Aus diesem Grund gibt es wiederum keine Versagensangst und die Spieler*innen können frei experimentieren. Spiel ist somit die Basis für ständige Weiterentwicklung und Kreativität. Stehen Menschen unter Druck, greifen sie auf die Dinge zurück, bei denen sie sicher sind, sie zu können. Spiel ist das Gegenteil – angstfreies Ausprobieren. Es schafft so eine aktive, aufmerksame, aber nicht angestrengte Geisteshaltung.

Weiterhin muss die Aktivität beim Spielen *selbstgewählt* und *selbstgesteuert* sein. Spiel hat oft eine komplexe Struktur und ein Regelwerk, welches aus dem Geist der Spielenden entsteht. Das sind sowohl Regeln des Spiels (spielt man »Pferd«, kann man beispielsweise nicht fliegen) als auch implizite Regeln des Miteinanders. So gibt es zum Beispiel eine Regel, die sich alle Kinder bei uns im Spiel aneignen: Sie wissen, dass man mit älteren Kindern anders toben kann als mit jüngeren. Drei Kleine, die auf eine*n Große*n einstürmen und versuchen, ihn*sie zu Boden zu ringen, sieht man öfter. Dass sich drei Große gegen ein jüngeres Kind verbünden, geschieht eher nicht – obwohl es keine Regeln dazu in der Schulversammlung gibt. Diese Regeln und Strukturen werden während des gesamten Spiels immer wieder – teils explizit, teils völlig unterbewusst – miteinander ausgehandelt. Da alle Spielenden immer die Möglichkeit haben aufzuhören, müssen alle Spieler*innen immer im Auge behalten, ob die Regeln den Bedürfnissen von allen gerecht werden. Sonst verlassen diese Personen nämlich das Spiel – dann ist der Spaß vielleicht zu Ende. Manchmal werden die Grenzen auch nicht berücksichtigt oder übersehen. Dann entsteht ein Konflikt, der oft erst gelöst werden muss, damit das Spielen weitergehen kann. Im Rahmen unserer Konfliktregelungsstruktur[48]

---

48 Wir haben zu diesem Zweck *Streitschlichtung*, die sofort angerufen werden kann, und ein *Lösungskomitee*, das sich einmal täglich trifft und Konfliktfälle bearbeitet. Da Konfliktlösung enorm wichtig ist, wird diesem Thema ein eigenes Kapitel gewidmet.

können dann Dinge auf kognitiver Ebene reflektiert werden und bewusstes Lernen findet statt. Die Bedeutung von Konflikt als soziales Lernfeld ist mittlerweile unbestritten. Übersehen wird meist, dass während des Spiels permanent Kompetenzen des Miteinanders geübt werden – *Empathie, Bedürfnisse anderer verstehen, ein Gefühl für Stimmungslagen bekommen* und die Fähigkeit zum Perspektivwechsel sind nur die offensichtlichsten Teile davon. Das Lernen ist hier implizit. Die Kinder sind sich nicht bewusst, welche komplexen Prozesse sie durchgehend durchlaufen und wie sie ein immer feineres Gefühl für den Umgang mit ihren Mitmenschen bekommen – sie haben einfach Spaß.

Das Lernen beim Spielen reicht von ganz spezifischen Inhalten über das Aneignen von verschiedensten Kompetenzen: logischem Denken, Analysefähigkeit, Kreativität, Spracherwerb und Ausbauen von Sprachgeschick, Fitness und körperlichen Fähigkeiten bis hin zu den grundlegendsten sozialen und emotionalen Fähigkeiten, welche für ein glückliches Leben vielleicht am bedeutsamsten sind. Wie breit das Lernen beim Spielen gefächert ist, lässt sich am besten verstehen, wenn man Kinder beobachtet und am Beispiel zu verstehen versucht, was hier alles geschieht.

# Das fröhlichste Lernen:
## *Ein Rundgang durch die Welt des Spielens*

Betritt man die Infinita, begegnet man innerhalb der ersten drei Minuten mit an Sicherheit grenzender Wahrscheinlichkeit einer Gruppe quietschvergnügt spielender Kinder, die sich im Flur jagen, aufeinander herumklettern oder gerade als Drachen, Pferde oder Superheld*innen unterwegs sind. In verschiedenen Räumen wird man Kinder und Jugendliche sehen, die in ganz unterschiedliche Arten von Spiel versunken sind. Dass auch Jugendliche bei uns noch verhältnismäßig viel spielen, hat vermutlich den Hintergrund, dass sie schon von Anfang an als gleichwertige Menschen behandelt werden und sie wissen, dass sie ernst genommen werden und dass ihre Stimme zählt. Sie müssen sich nicht künstlich von Aktivitäten abgrenzen, die normalerweise mit Kindern assoziiert werden, um ernst genommen zu werden und »erwachsener« zu wirken. Gleichzeitig gibt es in der Schule keine Kultur, die auf Spielen herabsieht. Es ist nicht »uncool« zu spielen.

Es ist praktisch unmöglich, die verschiedenen Spiele auch nur eines einzigen Tages in der Infinita aufzuzählen oder auch nur mitzubekommen. Um einen Eindruck zu bekommen, begeben wir uns auf einen weiteren Gang durch die Schule und sehen uns einige Spiele genauer an. Alle beschriebenen Spiele sind tatsächliche Beispiele aus dem Schulalltag – wenn auch nicht notwendigerweise vom selben Tag.

*Direkt im Flur begegnen wir gleich einer Gruppe von vier Mädchen im Alter von sechs oder sieben Jahren. Sie sind auf allen vieren unterwegs, miauen und reiben sich an verschiedenen Beinen und lassen sich dabei den Kopf kraulen. Die Mädchen sind tief in ihre Rollen eingetaucht. Sie fühlen sich mit all ihrem Vermögen in die Welt der kleinen Katzen ein, die sie für die Dauer des Spiels geworden sind. Es gibt klare, unausgesprochene Regeln. Sie können natürlich nicht sprechen, keine Türen öffnen oder sich nicht plötzlich in Hunde verwandeln. Die Kinder ordnen sich freiwillig diesen Regeln unter – auch wenn sie im Konflikt stehen mit dem, was sie eigentlich impulsiv tun würden – wie eben beispielsweise die Tür zu öffnen.*

Der Psychologe Lew S. Wygotski schrieb 1933: »Das Spiel stellt an das Kind fortwährend die Forderung, dem unmittelbaren Impuls entgegengesetzt [...] zu handeln.«[49]

Die Mädchen üben sich hier also in *Selbstbeschränkung, Selbststeuerung und Selbstbestimmung*. Sie wissen, dass es größere Freude für sie bedeutet, sich den Regeln des Spiels zu beugen, als spontanen Impulsen zu folgen. Dies schafft unter anderem die Basis für ihre Fähigkeit zu *moralischem Handeln* in der Zukunft, denn sie üben ihre Fähigkeit, nach eigenen Werten zu handeln, auch wenn das bedeutet, einem spontanen Impuls nicht zu folgen. Sie üben sich in *Impulskontrolle*. Das geschieht praktisch bei jedem Spiel. Je mehr Zeit Kinder also mit Spielen verbringen, desto mehr üben sie sich in diesen Fähigkeiten.

Tier-Spiele sind allgemein recht verbreitet. Unsere »Katzenkinder« wenden all ihre *Vorstellungskraft* auf, um sich in die Welt kleiner Katzen hineinzufühlen. Für mehrere Tage waren die kleinen Katzen an verschiedenen Orten der Schule anzutreffen. Die Kinder übten dabei ausgiebig, einen *Perspektivwechsel* vorzunehmen. Die *Empathiefähigkeit* der Mädchen für Tiere wird also ebenso gestärkt werden. Ganz offensichtlich geübt wird auch die Fähigkeit der *Fantasie*, der *Imagination* und somit auch der *Kreativität*. Vorstellungskraft ist die Voraussetzung für Innovation. Wir wissen aus der Hirnforschung, dass Dinge, die man sich konzentriert vorstellt, für das Gehirn teilweise realer sind als Dinge, die man tut, ohne ihnen große Aufmerksamkeit zu schenken. Die Erfahrungen, die die Mädchen hier machen, werden im Gedächtnis gespeichert und stehen als Referenzerfahrungen zur Verfügung. Soweit erstmal zu dieser Mädchengruppe, die »nur« Katzen spielt.

---

49 Wygotski 1933:10.

Unser Weg führt uns weiter in den Saal, der um diese Zeit als Frühstücksraum dient. Zwei zehnjährige Jungen spielen in einer Ecke ein Spiel, das seit einigen Jahren mit Begeisterung in der Schule gespielt wird. Die Kinder nennen es »Auge«, in Anlehnung an »Das Schwarze Auge«, ein Pen-and-Paper-Rollenspiel. Beim »Auge«-Spiel gibt es immer eine*n Spielleiter*in, die*der sich Geschichten ausdenkt, in denen die anderen Mitspieler*innen dann eine Rolle spielen. Für das Spiel brauchen die Kinder nichts als sich selbst und ihre Fantasie. Die Geschichten sind fast immer spontan ausgedacht und entwickeln sich abhängig von den Aktionen der Spieler*innen. Das Setting wechselt von Gruppe zu Gruppe und auch innerhalb der Gruppen. Manchmal ist es ein Science-Fiction-Abenteuer mit Raumschiffen, manchmal eine mittelalterliche Welt mit Fantasyelementen und manchmal spielen die Geschichten in der heutigen Zeit. Innerhalb dieser Genres werden dann mal Action-Abenteuer, mal Detektivgeschichten und manchmal mysteriöse Gruselgeschichten erlebt. Der*die Spielleiter*in und die Spieler*innen treten in einen Tanz ein, in dem sie die Geschichte immer weiter entwickeln. Anders als bei klassischen Pen-and-Paper-Rollenspielen gibt es kein Element von Zufall, meist keine Würfel oder Regeln, die den*die Spielleiter*in einschränken. Ob etwas klappt oder nicht, ist vollständig in der Hand des*der Spielleiter*in. Es geht um das Spielen – nicht darum, zu gewinnen.

Die Geschichte, in welcher sich diese beiden Jungen befinden, ist folgende: Der Spieler entstammt einem technikfernen Volk, ist jedoch in das Gebiet einer hochtechnisierten Zivilisation gelangt. Aktuell scheint sich der Protagonist in einer gefährlichen Situation zu befinden. Cyborgartige Wesen bedrohen ihn und sperren ihn schließlich in einen Käfig. Da er aber weder Technik noch Metall kennt, beschreibt der andere Junge alles in einer Sprache, die verdeutlichen soll, wie der Charakter die Welt sieht. Er spricht von Göttern des Schalls, von glänzenden Stäben aus »Gottmaterial« etc.

Die »Auge«-Spieler*innen in der Schule üben ihre *Vorstellungskraft* und ihre *Kreativität*. Sie begeben sich in die Rollen von Held*innen und erleben Welten, die sie sonst nur als passive Zuschauer*innen in Filmen oder Büchern betreten könnten. Sie geraten in schwierige Situationen und lösen sie. Hier werden *höhere rationale Prozesse* geübt. Die Kinder begeben sich in Gedanken in Situationen, in denen sie überlegen müssen, welche Optionen sie haben, welche Auswirkungen ihre Entscheidungen haben könnten, und sie müssen sich relativ schnell für eine Möglichkeit entscheiden. Sie üben die Fähigkeit, *verschiedene Optionen zu erdenken und gegeneinander abzuwägen*, in einem spielerischen Rahmen. Dieser Rahmen erlaubt ihnen, ohne Stress oder Druck, basierend auf bisherigen Erfahrungen, kreative Lösungen zu entwickeln. Diese Kompetenz ist eine wichtige Grundlage für ein erfolgreiches, glückliches Leben. Immer wieder in die Zukunft zu sehen, die Folgen verschiedener Handlungsmöglichkeiten zu erörtern und sich dann selbstbewusst für eine zu entscheiden, bedeutet, das eigene Leben bewusst steuern zu können. Natürlich erlernen alle Menschen diese *Entscheidungskompetenz* irgendwie, aber Übung macht den Meister – und die Meisterschaft auf diesem Gebiet bedeutet, dass man sich schnell auf alle Herausforderungen einstellen kann, die das Leben für einen bereithält. Sie beeinflusst sowohl die Fähigkeit, überhaupt Entscheidungen zu treffen, als auch die Qualität der Entscheidungen. Es ist schwierig, sich einen Kurs auszudenken, in dem sich die Kinder so effektiv, beharrlich und mit Freude in dieser Kompetenz üben würden.

Das Lernen beim »Auge«-Spiel ist aber noch vielschichtiger. Auch hier versetzen sich die Spieler in die Rollen von Held*innen, stehen vor Herausforderungen und meistern sie. Dadurch machen sie die Erfahrung, dass sie Probleme angehen und lösen können. Ihr Selbstvertrauen, das eigene Leben in die Hand zu nehmen und sich Herausforderungen zu stellen, wächst ebenfalls. Auch hier wächst also die *Selbstwirksamkeitserwartung.*

Damit sind wir immer noch nicht am Ende. In ihrer Held\*innenrolle retten die Kinder andere, werfen sich tapfer in die Bresche. Durch ihre aktive Vorstellungskraft erleben die Kinder dies als nahezu real, wenn sie auch wissen, dass sie völlig sicher sind und Risiken eingehen können. Das Gehirn speichert diese Erfahrung. In Situationen, in denen wir unter Stress stehen, sucht unser Gehirn in unseren gespeicherten Erfahrungen nach möglichen Handlungsoptionen. Kinder, die sich oft als Held\*innen erlebt haben, können auf diese Erfahrungen zurückgreifen, wenn sie irgendwann in ihrem Leben mit einer Situation konfrontiert sind, in der Mut oder Zivilcourage gefordert ist. Dies üben die Kinder natürlich nicht nur beim »Auge«-Spiel. Auch die Jungen und Mädchen vorm Fenster, die in diesem Moment als tapfere Krieger\*innen ihre Höhle vor imaginären Monstern verteidigen, machen gerade die Erfahrung, wie es ist, mutig für andere einzustehen oder das zu verteidigen, was ihnen wichtig ist. Für ihr Gehirn ist es nur ein kleiner Unterschied, ob es sich um eine reale Erfahrung handelt oder nicht. Wichtig ist, wie oft solche Erfahrungen gemacht werden. Wie viel sie spielen konnten, entscheidet, ob es Datenautobahnen werden, die zu den Erinnerungen an diese Erfahrungen führen, oder kaum sichtbare Dschungelpfade, die man in Stresssituationen nicht sieht.

*Bevor wir weitergehen können, geschieht noch etwas Interessantes. Der Charakter des Spielers wird betäubt. Der Spielleiter verkündet plötzlich: »Wir spielen jetzt in Echtzeit, du wachst erst morgen Mittag auf.« Das führt zu Enttäuschung auf Seiten des Spielers, der diese Idee natürlich nicht gut findet: »Och nö, können wir nicht nicht in Echtzeit spielen?« Worauf der andere Junge schnell mit einem »Na gut« einlenkt.*

Ein gutes Beispiel für die fast jedem Spiel innewohnenden sozialen Interaktionen, verbunden mit *sozialem Lernen*. Im Auge-Spiel gestehen die Spieler*innen dem*der Spielleiter*in eine große Entscheidungsgewalt zu. Dies gibt ihr*ihm Macht über den Verlauf des Spiels. Gleichzeitig gibt es bei jedem Spiel die Freiheit der Spieler*innen auszusteigen. Der Spielleiter übt sich hier also darin, *mit der Macht,* die er über andere hat, *gewissenhaft umzugehen.* Tut er es nicht, werden die anderen das Spiel verlassen und der Spaß ist vorbei. Gestehen die Spieler ihm aber eine gewisse Macht nicht zu, indem sie beispielsweise die Dinge, die in der Geschichte geschehen, nicht anerkennen, nicht darauf reagieren etc., sinkt ihr Spielspaß. Es gibt hier also viele stillschweigende Übereinkünfte, die alle beachtet werden wollen. Es ist ein ständiges Aushandeln. Der Spaß der anderen ist wichtig und muss berücksichtigt werden, damit man selbst weiter Spaß haben kann. Auf der Beziehungsebene muss immer wieder überprüft werden, ob alles in Ordnung ist. Da die Qualität unserer Beziehungen für die Zufriedenheit mit unserem Leben entscheidend ist, kann das soziale Lernen, wie wir es hier beobachten, für die Verbesserung der Chancen auf ein glückliches Leben kaum überschätzt werden. Die Fähigkeit, verantwortlich mit Macht über andere Menschen umzugehen, ist ein wichtiger Teil davon. Ebenso auf Seiten des anderen Jungen die Fähigkeit, *sich zu trauen, auf eine Veränderung hinzuarbeiten, wenn Menschen mit Einfluss auf ihn Entscheidungen treffen, die seinem Wohlbefinden zuwiderlaufen.*

Die potentiellen Auswirkungen auf das Leben dieser Kinder sind deutlich – vielleicht sollten wir uns zusätzlich die Frage stellen, was es für unsere Gesellschaft bedeutet, wenn Kinder immer weniger Gelegenheit haben, sich in ebendiesen Fähigkeiten zu üben?

Nebenbei teilen die Kinder beim Auge-Spielen ihr Wissen über die Welt. Sie bauen Welten, basierend auf ihrem Erfahrungsschatz. Der Junge, der hier das Spiel leitet, liest beispielsweise sehr viel. Das Wissen, das hier auftaucht, ist breit gefächert. Es kann um elektrische Schaltungen, griechische Mythologie, den Aufbau des menschlichen Körpers oder um die Verhaltensweisen oder Essgewohnheiten von bestimmten Tieren gehen. Die Kinder wissen gleichzeitig, dass nicht alles, was die anderen Kinder zu wissen glauben, unbedingt richtig ist. Sie entwickeln dadurch ein *kritisches Bewusstsein* – gerade in Zeiten des Internets eine wichtige Fähigkeit.

Dieses Beispiel zeigt sehr schön, auf wie vielen verschiedenen Ebenen das Lernen für diese beiden Jungen stattfindet.

*Wir gehen weiter in den kleinen Lego-Kapla-Raum. In diesem Raum sind gerade vier Mädchen im Alter von sechs bis acht Jahren dabei, kleine Wohnungen aus Lego zu bauen. Jeweils zwei haben zusammen eine Wohnung gebaut. Sie haben jeweils eine menschliche Figur zusammengesteckt, die sie selbst darstellt – wohl in einer fernen Zukunft. In der so geschaffenen Welt haben sie Pferde und wohnen in einer Art Wohngemeinschaft zusammen.*

Der Lego-Kapla-Raum wird häufig für die Art von Spielen genutzt, die in der Fachsprache *Konstruktionsspiele* heißen. Die Kinder schaffen hier verschiedene Bauwerke (oder andere Konstrukte) aus Lego oder Kaplasteinen. Bei solchen Spielen verstehen die meisten Menschen intuitiv, dass hier Lernen stattfindet. Die Kinder betätigen sich so offensichtlich *kreativ*. Sehen wir uns jedoch genauer an, was hier alles geschieht, wird deutlich, dass das Lernen noch auf viele andere Arten stattfindet. Zunächst haben die Baumeister*innen im Lego-Kapla-Raum oft einen Plan, was gebaut werden soll (der sich im Laufe der Bautätigkeit permanent erweitert). Es ist also nötig, in die Zukunft zu schauen und eine gewisse Geduld aufzubringen. *Die Fähigkeit, einen Plan zu schmieden und in die Tat umzusetzen*, ist an sich schon von immenser Bedeutung. Die meisten Menschen sind dazu in der Lage. Es ist ein Teil dessen, was uns zum Menschen macht. Es gibt aber riesige Unterschiede, wie gut Menschen planend handeln können. Wenn ich mich als Kind wieder und wieder darin üben konnte, stehen die Chancen gut, dass ich meisterlich planen lerne. Wichtig ist aber nicht nur, dass ich planen kann, sondern ebenso, dass ich mir *zutraue*, verschiedene Herausforderungen anzunehmen. Hier kommt also wieder die *Selbstwirksamkeitserwartung* ins Spiel. Die Kinder planen Bauwerke – und vollenden sie – und stehen stolz vor dem Ergebnis ihres Handelns. Meist sind die Bauwerke noch besser als anfangs geplant, denn während des Bauens wächst der Eifer und neue Ideen entstehen. Das Gehirn macht hier also immer wieder die Erfahrung: Es fühlt sich gut an, etwas geschafft zu haben!

In der Zukunft sind diese Informationen (und Gefühle) abrufbereit, wenn es gilt, etwas anzugehen oder sich einer Herausforderung zu stellen. Hier wird also die Grundlage dafür geschaffen, dass die Kinder im Leben nach der Schule immer wieder Erfahrungen wie diese machen können. Da sie gelernt haben, sich selbst zu vertrauen und klug zu planen, ist die Wahrscheinlichkeit groß, dass sie auch später immer wieder eigene Projekte starten, diese erfolgreich umsetzen und so immer besser darin werden. Das macht ein erfüllendes Leben deutlich wahrscheinlicher.

Viele Projekte im Leben sind nicht allein zu schaffen, es ist notwendig, mit anderen zu kooperieren. Es ist selten, dass ein Kind allein in diesem Raum ist. Die größten Bauwerke sind immer eine Gruppenleistung. Die Kinder üben sich hier nicht nur darin, sich abzustimmen und gemeinsam Lösungen für selbst gestellte Aufgaben zu finden; sie machen auch die

Erfahrung, wie erfüllend es ist, gemeinsam mit anderen ein Ziel zu erreichen. Sie erhalten hierdurch also nicht nur *Kooperationskompetenz*, sondern auch ein grundlegendes Gefühl dafür, wie toll es ist, mit anderen gemeinsam etwas zu erschaffen. Wie bereits erwähnt, postulieren Spielforscher wie Peter Gray eine Verbindung zwischen der immer weiter abnehmenden Zeit für freies Spiel und dem erschreckenden Anwachsen von pathologischem Narzissmus unter Kindern.[50] Das hier genannte Beispiel zeigt deutlich, wie durch ständiges Spiel genau das Gegenteil gefördert wird.

Neben dem Erfolg lernen die Kinder auch von den Misserfolgen. Die oft sehr beeindruckenden Kapla-Bauwerke in diesem Raum stürzen auch immer mal wieder vor Vollendung zusammen. Das führt nie dazu, dass die betroffenen Kinder sich für immer aus diesem Raum zurückziehen. Sie verarbeiten dieses unangenehme Erlebnis und versuchen es erneut. So machen sie Erfahrungen, auf die sie bei Misserfolgen im späteren Leben zurückgreifen können – ich habe es nicht geschafft – macht ja nichts – ich versuche es später nochmal mit einer anderen Strategie. Diese Situation steht exemplarisch für das bereits beschriebene Lernen des Umgangs mit Misserfolgen. So wird gelernt, den eigenen *Selbstwert nicht an Erfolg oder Misserfolg zu knüpfen*, sondern Misserfolge als Teil des Lebens und als Lernerfahrung zu verstehen, anstatt sich selbst in Frage zu stellen und sofort aufzugeben.

Die Konstruktion ist in diesem Fall jedoch nur ein Teil des Spiels. Die Kinder spielen sich selbst in der Zukunft. Sie träumen davon, wie ihr Leben aussehen könnte. Sie spielen mit Visionen. Sie üben ihr *Vorstellungsvermögen* und sie üben sich auch im *sozialen Miteinander*, wie in jedem Spiel. Vielen Menschen, die heute unzufrieden mit ihrem Leben

---

50 Vgl. Tweng 2013 und Gray 2014.

sind, fehlt nicht nur der Mut, etwas zu verändern (womit wir wieder bei der Selbstwirksamkeitserwartung wären), sondern auch die Klarheit, was sie mit ihrem Leben anfangen wollen. Wenn der Leidensdruck groß genug ist, suchen sie sich vielleicht Unterstützung. Das erste, was dann beispielsweise in einem Coaching geschehen würde, wäre die Visionssuche. Zeit, bewusst zu träumen, sich der eigenen Werte, Wünsche und Träume bewusst zu werden, ist der unabdingbare erste Schritt, um sich Ziele zu setzen und Motivation zu entwickeln, diese Ziele zu erreichen. Kinder üben sich immer wieder in der Visionssuche. Sie unterscheiden sich dabei in Kreativität, Klarheit und Vorstellungsvermögen. Mit anderen Kindern gemeinsam zu spielen, bedeutet, dass sie andere Menschen beim Träumen beobachten können. Sie können die Dinge einbringen, die ihnen leichtfallen, und sich in anderen Bereichen etwas abschauen. Und dabei schaffen sie in Kooperation ein gemeinsames Bild.

Zusätzlich können die Mädchen sich in der geschaffenen Vision in verschiedenen Rollen ausprobieren. Ihre Charaktere verhalten sich zueinander, aber es geschieht spielerisch und ist risikoärmer. Schließlich ist es nur ihre Legofigur, die sich auf eine bestimmte Art verhält. Zugleich spürt man aber die Tiefe der Identifikation, wenn es zu einem Streit kommt, obwohl nur die Legofigur des einen Mädchens etwas zur Figur des anderen Mädchens gesagt hat. Dass die Identifikation so stark ist, zeigt uns, wie real die Erfahrung und das Lernen hier sind.

An diesen drei Beispielen lässt sich nachvollziehen, warum wir dem Spielen eine so große Bedeutung einräumen. Gleichzeitig sind es zunächst nur Lernmöglichkeiten. Wenn diese Lernmöglichkeiten beim Spielen realisiert werden, dann sollte es Untersuchungen geben, die dies belegen. Tatsächlich gehen die Beobachtungen mit den Ergebnissen der Forschung in diesem

Bereich konform. So untersuchten beispielsweise Eric Lindsey und Malinda Colwell in einer zweijährigen Studie mit 150 Kindern den Zusammenhang zwischen sozialen Kompetenzen und der Zeit, die diese mit fiktiven Spielen verbrachten. Das Ergebnis zeigt einen deutlichen Vorsprung der Kinder, die viel gespielt haben, in *prosozialem Verhalten, Kooperationsfähigkeit und Empathievermögen, aber* auch bei der *Problemlösungsfähigkeit.*[51] Viele andere Studien belegen die wichtigen Zusammenhänge zwischen dem freien Spiel und der Entwicklung von Fähigkeiten und Kompetenzen.[52] Welche Konsequenzen lassen sich daraus für die Schule ziehen?

## Spielt, so viel ihr könnt: *Die Folgen des Spielens*

Die Beispiele zeigen, welche Rolle dem Spiel bei der Entwicklung von Menschen zukommt und wie viel Lernen hier geschieht. Im Spiel werden auch klassische Lehrplaninhalte gelernt. In manchen Spielen wird gelesen, geschrieben und gerechnet. Das entscheidende Lernen findet aber auf Ebene der Kompetenzen statt. Kinder und Jugendliche erweitern beim Spielen ihre emotionale Kompetenz, ihre kognitiven Fähigkeiten, ihr analytisches Denkvermögen, ihre Resilienz[53], ihre geistige Flexibilität, ihre Konflikt-

---

51 Vgl.Lindsey & Colwell 2013.

52 Vgl. u. a. Russ & Hoffmann 2012 sowie Whitebread, Basilio, Kuvalja & Verma 2012.

53 Resilienz beschreibt die Fähigkeit, sich an Stress, Widrigkeiten und Herausforderungen anzupassen, sie zu überwinden und sich davon zu erholen. Resiliente Personen können ihre psychische Widerstandsfähigkeit stärken, um besser mit schwierigen Lebenssituationen umzugehen. Es gibt einige Untersuchungen, die einen positiven Zusammenhang zwischen Spiel und Resilienz belegen (vgl. u. a. Chatterjee 2018).

und Kooperationsfähigkeit, ihre Planungsfähigkeit, ihre Kreativität und ihr Vorstellungsvermögen. Sie entwickeln ihre Fähigkeit, in Beziehungen mit anderen Menschen zu sein und diese Beziehungen zu pflegen, außerdem ihr Empathievermögen, ihre Kommunikationsfähigkeit, ihre fein- und grobmotorischen Fähigkeiten, ihre körperliche und psychische Ausdauer, ihre Konzentrationsfähigkeit und ihre Fähigkeit, in einen Flow zu kommen. Sie üben sich darin, Visionen zu entwickeln, stärken ihr Selbstvertrauen, verarbeiten Herausforderungen, trainieren ihr Gedächtnis, schärfen ihr Selbstbild und sie vergrößern ganz deutlich ihre Selbstwirksamkeitserwartung.

Niemand kann garantieren, dass sie mit zehn Jahren irgendwann beim Spielen die größten Städte Deutschlands auswendig gelernt haben (vielleicht haben sie viel Stadt-Land-Fluss gespielt?), aber wie ungleich bedeutsamer sind die genannten Kompetenzen im Vergleich mit dem bloßen Sammeln von Informationen, die heute jedes Telefon in Sekunden bereitstellt?

Beim Spielen lernen Kinder nicht nur, sie entwickeln auch Fähigkeiten, die das Lernen erleichtern: Mit einer großen *Selbstwirksamkeitserwartung* holen sie sich Informationen, wenn sie sie brauchen, mit entwickelten *kognitiven Fähigkeiten verstehen* sie diese schneller, und mit einem *besseren Gedächtnis* merken sie sie sich.

Vor allem sind aber all diese Kompetenzen die Grundlage dafür, dass die Kinder in die Lage versetzt werden, herauszufinden, was sie in diesem Leben tun wollen. Sie helfen, den Mut zu haben, den Weg dorthin zu gehen und die Resilienz zu entwickeln, mit Widerständen umzugehen. Die sozialen Fähigkeiten machen es wahrscheinlicher, dabei Menschen zur Unterstützung an der Seite zu haben.

Es sind die Fähigkeiten zum Glücklichsein.

Es sind die Fähigkeiten, die psychische Gesundheit so viel wahrscheinlicher machen und die Menschen für den Umgang mit Schicksalsschlägen ausrüsten.

All diese Fähigkeiten sind es, die den Weg in die Selbstständigkeit ebnen, und die heute von vielen Wirtschaftsunternehmen von ihren Angestellten gefordert werden.

Vor allem sind es aber diese Fähigkeiten, die ein menschlicheres Miteinander so viel schöner machen. Wenn wir also Schule als ein Instrument betrachten, mit dem wir die Gesellschaft nach positiven Werten verändern können, so ist das ein gutes Argument, um die Schule zu einem Ort der Freude und des Spiels zu machen. Der Umstand, dass die Schüler*innen dadurch bestens auf das vorbereitet werden, was das Leben für sie bereithält, unterstreicht die Bedeutung noch mehr. Freies Spiel darf nicht weiter als etwas betrachtet werden, das Kinder vielleicht nach der Schule machen dürfen, falls dann noch etwas Zeit übrig ist. Anders als beim Faktenwissen sind Kompetenzen nicht etwas, das man hat oder nicht hat. Kompetenzen wachsen, je mehr man sie übt. Je mehr die Schüler*innen spielen, desto mehr werden emotionale, physische, soziale und kognitive Kompetenzen wachsen.

# Die Schuldemokratie:
## *Das Herz der Schule*

*»Manchmal möchte man etwas ändern, was einem gerade nicht so gefällt. Dann ist es gut, dass man zur Schulversammlung gehen kann, um es zu verändern.«*

HENNI (9)

*Im Morgenkreis haben wir die Tagesordnung der heutigen Schulversammlung verlesen bekommen. Um 11:30 Uhr ertönt eine Durchsage, die zum Besuch der Schulversammlung einlädt. Da es parallel keine anderen Angebote gibt, begeben wir uns in den Saal. Dort sitzen drei Schüler\*innen zwischen zwölf und vierzehn Jahren an einem Tisch am Ende des Raumes. Die Tagesordnung ist an die Wand projiziert. Eines der Mädchen ruft die anwesenden 16 Schüler\*innen und die zwei Lernbegleiter\*innen zur Ordnung, um mit der Sitzung beginnen zu können. Sie verkündet, dass es die erste Sitzung im Monat ist und somit eine »Finanzschulversammlung«. Ein anderes Mädchen, anscheinend die Protokollantin, projiziert eine Tabelle an die Wand, welche eine Übersicht über den Stand des Schulversammlungsbudgets gibt.*

*Die Vorsitzende verkündet das erste Thema: »200 € für die Liverollenspielvorbereitung.«*

*Es kommt Bewegung in eine kleine Gruppe von Schüler\*innen, die zusammensitzen und extra für dieses Thema in die Schulversammlung gekommen sind. Nachdem sie von der Vorsitzenden das Wort erteilt bekommen haben, erklären sie, dass sie mehr Geld für das Liverollenspiel benötigen, das sie in diesem Schuljahr für die Schulgemeinschaft vorbereiten. Die Vorsitzende wirft ein, dass sie bereits zweimal Geld beantragt und somit bereits 350 € aus dem Schulversammlungsbudget bekommen haben. Ein anderer Schüler möchte wissen, wie viele Kinder überhaupt beim Liverollenspiel mitmachen. Eine zehnjährige Schülerin antwortet, dass über vierzig Schüler\*innen angemeldet seien, und erklärt, dass das Geld investiert und nicht einfach ausgegeben sei, denn das anzuschaffende Material würde den Liverollenspielfundus der Schule erweitern und so auch in den kommenden Jahren genutzt werden. Ein Jugendlicher, der auf der Fensterbank sitzt, wirft ein, dass das Schulversammlungsbudget schon etwas knapp sei und stellt*

119

einen Gegenantrag, der besagt, dass die Gruppe nur 100 € bekommt. Eine kurze Diskussion entspinnt sich, in deren Verlauf noch 150 € und der völlig willkürliche Wert 173,12 € vorgeschlagen werden. Die Protokollantin schreibt alle Vorschläge mit, sodass sie an der Leinwand zu sehen sind. Schließlich leitet die Vorsitzende die Abstimmung ein und eine große Mehrheit stimmt dafür, dass die Gruppe das Geld bekommt.

Im Anschluss wird noch über die Anschaffung eines neuen Volleyballs, neue Farben fürs Atelier und zusätzliche Lizenzen für ein Sprachlernprogramm abgestimmt. Eine kleine Diskussion gibt es über 30 €, die ausgegeben werden sollen, damit ein Schüler die nächste Weihnachtsfeier in einem Einhornkostüm moderieren kann – da es verschiedene Meinungen zur Farbe des Kostüms gibt.

Nach einer Einigung erklärt die Vorsitzende die Finanzschulversammlung für beendet und die normale Schulversammlung beginnt. Hier werden drei Schüler*innen in verschiedene Komitees gewählt. Dann stellen einige Schüler*innen ein neues Konzept für den »Grünen Raum« vor. Der Raum soll von einem Meditationsraum zu einem Raum für alle Jugendlichen über 13 werden. Hier stoßen verschiedene Bedürfnisse aufeinander und die Diskussion wird etwas hitziger. Die Versammlungsleiterin muss einige Schüler*innen daran erinnern, nicht dazwischenzureden, und schließlich werden Verwarnungen verteilt. Eine jüngere Schülerin und eine Lernbegleiterin merken an, dass sie und andere den Raum für Ruhe brauchen, während die älteren Schüler*innen erklären, dass sie keinen Raum in der Schule haben, wo sie mal unter sich sein können. Die Durchsage zum Mittagessen beendet die Diskussion und es wird beschlossen, dass es ein Treffen für alle Interessierten geben soll, um einen Vorschlag für die Schulversammlung auszuarbeiten, der verschiedene Bedürfnisse berücksichtigt.

Das Herzstück einer Demokratischen Schule ist die Schuldemokratie. Dies gilt auf mehreren Ebenen. Zum einen geht es um die praktische Organisation. Die Demokratie erlaubt uns, in der Gemeinschaft nach den besten Lösungen zu suchen, und schafft einen Rahmen, in dem alle Mitglieder der Schulgemeinschaft aufzeigen und verändern können, was nicht mehr funktioniert und uns nicht mehr dient. Die Funktion ist also nicht primär eine pädagogische. Wir »üben« nicht Demokratie, damit die Kinder demokratische Verfahren, Strukturen und Verhaltensweisen lernen (wenngleich sie das natürlich tun). Die Demokratie ist einfach das beste Mittel, um die Bedürfnisse der Schulgemeinschaft zu erkennen und im Interesse der Gemeinschaft ständig zu wachsen und uns zu verändern.

Gleichzeitig sind die Diskussionen in den verschiedenen Gremien wichtig, um uns gegenseitig zu sehen, zu verstehen und uns wirklich als Gemeinschaft von gleichwertigen Menschen zu fühlen. Wenn alle in Diskussionen ihre Position darstellen können, entwickelt man Verständnis und Empathie für die anderen.

Aus der Sicht des Individuums ist die Demokratie mindestens ebenso bedeutsam. Als Schüler*in einer Demokratischen Schule weiß man, dass man das Recht und die Möglichkeit hat, seine Umwelt zu verändern. Das stärkt die *Selbstwirksamkeitserwartung* enorm. Es ist nicht immer komfortabel. Es nimmt die Möglichkeit, sich in eine bequeme Opferrolle zu begeben und aus dieser heraus zu meckern. Dann bekommt man nämlich oft zu hören: »*Was willst du dagegen tun?*«, »*Hast du einen Vorschlag?*« oder »Schreibst du einen Antrag?«. Manchmal hört man auch: »*Das ist in der Schulversammlung abgestimmt worden und du hast entschieden, nicht dabei zu sein.*« (Man kann einen Antrag erst nach 2 Wochen wieder neu einbringen.)

So ist man also gezwungen, die Verantwortung für das eigene Leben und die Gemeinschaft zu übernehmen oder mit den Konsequenzen zu leben.

Es ist meines Erachtens kein Zufall, dass die Opferrolle sich unter Erwachsenen in unserer Gesellschaft einer solchen Beliebtheit erfreut. Man erzählt sich gegenseitig, was einem Schlimmes widerfahren ist, wie unschön das Wetter wieder ist und wer einem Unrecht getan hat. Es gibt sicher viele Dinge auf der Welt, die nicht ideal oder fair sind. Kritik zu üben, ist nicht nur in Ordnung, sondern notwendig, damit sich die Menschheit weiterentwickeln kann. Meckern und Lamentieren zementiert dagegen nur das Gefühl von Machtlosigkeit, das wir in der Schule und oft im Elternhaus erlernt haben. Menschen verbringen heutzutage in der Regel mindestens in den ersten sechzehn Lebensjahren den größten Teil ihrer Zeit fast vollständig fremdbestimmt. Wir bekommen gesagt, wann wir wo zu sein haben, wie wir uns zu verhalten haben, was uns zu interessieren hat, wann wir sprechen dürfen und wann wir Pause machen oder zur Toilette gehen dürfen. In einer solchen Umgebung fällt es schwer, Verantwortung zu lernen. Selbst Meckern ist hier schon ein begrüßenswerter Akt des Widerstandes. Aber Jammern allein wird uns nicht helfen, die so anerzogene Hilflosigkeit zu überwinden.

Auch wenn es unbequem sein kann, schon so früh eine so große Verantwortung übergeben zu bekommen, so ist es doch eine Grundlage dafür, später aufrecht durchs Leben gehen zu können. So lernt man, Initiative zu ergreifen und Veränderungen im Leben einzuleiten, anstatt hinzunehmen, was unglücklich macht, andere Menschen für die eigene Lage verantwortlich zu machen und so die eigene Macht für Veränderung abzugeben.

Nicht alle Kinder beteiligen sich gleichermaßen an der Schuldemokratie. Oft ist das Wissen, dass sie Einfluss nehmen *könnten*, dass ihre Stimme zählt, schon genug. Manchmal dauert es einige Jahre, bis Schüler*innen sich aktiv in Gremien einbringen. Aber die Demokratie durchdringt alle Bereiche der Schule und die Schüler*innen werden automatisch an verschiedenen Stellen damit konfrontiert sein. Selbst wenn sie nicht von alleine aktiv werden, so gibt es doch Vollversammlungen, Kurse, in denen über Abläufe und Inhalte diskutiert und abgestimmt wird, Abstimmungen über Ziele für Schulfahrten, zahlreiche Komitees, Regeln der Schuldemokratie, die sie betreffen, und vieles mehr.

Die Schuldemokratie hat verschiedene Ebenen und die genaue Struktur kann auch durch sie selbst verändert werden. Das höchste Entscheidungsgremium ist die *Vollversammlung*, die nur in sehr schwerwiegenden Fällen durch die *Schulversammlung* einberufen wird. Es ist die einzige verpflichtende Versammlung, die wir aktuell haben.

Die Schulversammlung tagt zweimal die Woche und ist das eigentliche Entscheidungsfindungsgremium der Schule. Die Schulversammlung ruft Komitees ins Leben, in welche man auch von der Schulversammlung hineingewählt wird. Die Komitees organisieren dann die einzelnen Bereiche des Schulalltags im Detail.

# Die Schulversammlung:
## *Die Stimme der Schulgemeinschaft*

Als Team sind wir durch die Satzung daran gebunden, alle Entscheidungen, welche die Schulversammlung treffen kann, auch an diese zu delegieren. Alle Schüler*innen und Lernbegleiter*innen sind Teil der Schulversammlung und abstimmungsberechtigt. In der Praxis können sich die Schüler*innen frei entscheiden, ob sie an der Schulversammlung teilnehmen oder nicht. Es gibt auch parallel keine anderen Angebote, damit sich niemand zwischen der Schulversammlung und einem ihm*ihr wichtigen Angebot entscheiden muss.

Von den Erwachsenen sind nicht immer alle in der Schule und einige haben während der Schulversammlung andere Verpflichtungen. Daher können wir Erwachsenen nicht an jeder Schulversammlung teilnehmen. Wir stellen aber sicher, dass immer mindestens eine Person aus dem Team anwesend ist. In einigen Demokratischen Schulen ist das gesamte Team bei der Schulversammlung dabei, in anderen ist die Schulversammlung für die gesamte Schulgemeinschaft verpflichtend.

Es ist unwahrscheinlich, dass die Schulversammlung bei uns jemals beschließen wird, dass ihr Besuch verpflichtend ist (dafür haben wir ja die Möglichkeit der Vollversammlung). Mehr Lernbegleiter*innen den Zugang zu ermöglichen und Wege zu finden, die Teilnahme allgemein noch zu erhöhen, sind sicher Aspekte, die die Zukunft bringen kann. Was sich jedoch zeigt, ist, dass es vor allem bedeutsam ist, dass alle Schüler*innen wissen, dass sie jederzeit Anträge einbringen, mitdiskutieren und abstimmen können.

Das Schulversammlungskomitee – eine Gruppe von Schüler*innen, die in einer halbjährlichen schriftlichen Wahl von der Schulgemeinschaft für diese Aufgabe gewählt wurden – informiert das Team morgens, welche Themen besprochen werden. Wir veröffentlichen diese dann, sodass man entscheiden kann, ob einem die Themen wichtig sind und ob man an diesem Tag zur Schulversammlung kommen möchte.

Von den neunzig Kindern nehmen zwischen zehn und dreißig an der Schulversammlung teil. Dabei gibt es einen festen Kern von Schüler*innen, denen es sehr wichtig ist, bei jeder Versammlung dabei zu sein, und einen viel größeren Teil, der nur ab und zu oder für bestimmte Themen mal auftaucht.

Die Leitung der Versammlung hat das Schulversammlungskomitee inne. Manchmal übernimmt ein*e Lernbegleiter*in die Aufgabe, das Protokoll zu schreiben. Ansonsten haben wir in der Schulversammlung rechtlich nicht mehr zu sagen als die Schüler*innen.

## Lernbegleiter*innen in der Schulversammlung: Navigieren zwischen Mitsprache und Verantwortung

Wir haben nicht mehr zu sagen – in der Regel sprechen wir aber etwas mehr. Da die Erwachsenen aber selten mehr als 10% der Anwesenden ausmachen, ist der weitaus größere Redeanteil dennoch bei der Schülerschaft.

Für uns Erwachsene ist die Kunst, unseren Erfahrungsvorsprung dazu zu nutzen, wichtige Überlegungen in die Diskussion einzubringen, und nicht unbedingt dazu, unsere Meinung durchzusetzen. Das ist ein schwieriger Spagat, der natürlich nicht immer gelingt. Wichtig ist, dass wir uns unserer besonderen Rolle bewusst sind und entsprechend überlegt handeln.

Durch das Vertrauensverhältnis, welches zwischen Erwachsenen und Schüler*innen besteht, gibt es unter den Schüler*innen nicht den Impuls, automatisch gegen die Erwachsenen zu sein. Das wäre auch schwierig für uns, denn wir sind ja immer in der Minderheit und würden jede Abstimmung verlieren. Gleichzeitig stimmen Kinder nicht für einen Antrag, nur weil ein*e Lernbegleiter*in ihn unterstützt (und die Erwachsenen haben ja ebenfalls unterschiedliche Meinungen zu verschiedenen Themen). Dennoch hat unsere Meinung oft größeres Gewicht als die der meisten Schüler*innen, sodass wir hier eine Macht haben, über die wir uns im Klaren sein und die wir immer wieder reflektieren müssen.

Darüber hinaus haben wir als Erwachsene natürlich die Aufgabe, für den Schutz der Kinder und der Schule zu sorgen. Wir haben darum ein Vetorecht, wenn es um Sicherheitsfragen geht oder um Fragen, welche die Schule gefährden könnten.

Auf unsere Arbeit im Team wird später genauer eingegangen. Eine wichtige Frage ist aber, welche Entscheidungen überhaupt von der Schulversammlung getroffen werden und welche vom Team. Zum einen kann die Schulversammlung über ein recht großes Budget verfügen, das aber trotzdem nur einen kleinen Teil des Budgets der Schule ausmacht. Über das Bezahlen und Aufnehmen von Krediten, die Höhe der Löhne oder etwaige Reparaturen am Haus hat die Schulversammlung kein Mitspracherecht. Auch das Erfüllen der Auflagen des Ministeriums liegt nicht in der Verantwortung der Schulversammlung. Der Trägerverein, und in dessen Auftrag das Team, behält die Verantwortung für die Sicherstellung der rechtlichen und finanziellen Sicherheit der Schule. Bei Entscheidungen, die noch kommende Generationen betreffen, wie beispielsweise Umbauten, entscheidet in letzter Instanz das Team. Hier bieten wir aber Partizipationsmöglichkeiten durch Treffen und Umfragen, die wir dann einbeziehen. Mehr dazu später.

In den meisten Fällen ist die Arbeit der Erwachsenen eher administrativ: Wir diskutieren und überlegen, wie man mit bestimmten Herausforderungen umgehen könnte, und bringen die Vorschläge dann in die Schulversammlung ein. Beispielsweise überlegen wir immer zu Beginn des Schuljahres, welcher Raum in den ersten Wochen des Schuljahres für die Erstklässler*innen als Rückzugsraum reserviert werden könnte. Die Entscheidung trifft dann die Schulversammlung.

## Demokratie in Aktion:
### Entscheidungen und Erfahrungen

Die in der Schulversammlung besprochenen Themen reichen von der Einführung neuer Regeln über die Wahl von Komitees und Verantwortlichen bis hin zur Nutzung von Räumen und der Verwendung von Finanzmitteln. Darüber hinaus werden auch Anträge zur Veränderung bestehender Regeln eingebracht oder darüber, ob jemand eine Ausnahmegenehmigung bekommen kann. So hat ein Erstklässler eine Ausnahmegenehmigung für sein Handy erwirkt, welches er nach den geltenden Regeln nicht hätte mitbringen dürfen. Er wollte damit aber seinen Legoroboter steuern, den er mitgebracht hatte. Die Schulversammlung hat zugestimmt, dass er das Telefon mitbringen und ausschließlich für diese Funktion nutzen dürfe (nach dem dritten Antrag dieser Art wurde schließlich eine generelle Ausnahmeregelung für ihn erteilt).

Dann gab es eine Situation, in der ein Schüler unzufrieden mit dem Mittagessen war und einen anderen Caterer finden und ausprobieren wollte. Seitdem haben wir Essen, das sich allgemein größerer Zustimmung erfreut.

Manche Themen tauchen in Abständen immer wieder auf. Für das Aufräumen am Ende des Schultages gab es beispielsweise schon eine Vielzahl von Systemen. Ein neues System funktioniert nach der Einführung meist für eine Weile recht gut – irgendwann lässt die Aufräumbereitschaft dann wieder nach. Dies führt zu einer Art Krise. Die Schule ist nicht so ordentlich, dass sich alle wohlfühlen können – es muss also etwas geschehen.

Eine weit verbreitete Haltung in unserer Gesellschaft wäre es, seufzend zu klagen, dass es immer wieder schief geht und kein System wirklich zu funktionieren scheint. Eine andere Perspektive ist, dass uns hier immer wieder ein Anlass geschenkt wird, mit der Gemeinschaft zusammen eine Herausforderung anzugehen. Die gemeinsamen Diskussionen und Lösungsfindungen sind wertvoll für die Gemeinschaft, für die Einzelnen und es kann auch viel Spaß machen, in der Schulversammlung zusammen nach kreativen Lösungen zu suchen.

Es geht also nicht darum, dass wir Lösungen finden, die für immer funktionieren, sodass die Schule irgendwann perfekt ist und wir nichts mehr verändern müssen. Dann könnten wir die Schule nämlich schließen, denn unsere demokratischen Strukturen wären überflüssig, wir würden als Menschen und als Gemeinschaft nicht weiter wachsen und wichtiges Lernen fände nicht mehr statt.

Die Schuldemokratie ist das Werkzeug, mit dem die Schule sich immer wieder an die Bedürfnisse der Gemeinschaft anpassen kann. Diese Bedürfnisse ändern sich ständig – durch die neuen Kinder, die jedes Jahr dazukommen, ebenso dadurch, dass sich die Bedürfnisse der einzelnen Menschen auch ständig ändern, während sie älter werden. Das gilt übrigens auch für uns Erwachsene. Leben bedeutet Wandel. Einen Stillstand kann es nicht geben. Sich an einen Status zu klammern und zu hoffen, dass es nun immer so bleibt, ist ein Rezept zum Unglücklichwerden. Viel wichtiger ist die Fähigkeit, sich an Veränderungen anpassen zu können, sie willkommen zu heißen und die Herausforderungen, die der Wandel bringt, immer wieder als neue Chance zum Wachsen zu verstehen. Es gilt also zum einen, den Druck der Herausforderung zu bemerken, um sich zu bewegen (wenn es nicht unordentlich genug ist, gibt es keinen Grund, darüber zu sprechen) und zugleich kein Drama daraus zu machen, sondern die Sache möglichst motiviert und gern auch fröhlich in Angriff zu nehmen. Dies zu erfahren und sich in jungen Jahren zu eigen zu machen, ist ein oft übersehener Effekt der Schuldemokratie, der für die Art, wie Menschen dem Leben in seinem ständigen Wandel und mit seinen

Herausforderungen begegnen, eine große Rolle spielen kann. Diese Haltung ergänzt die Selbstwirksamkeitserwartung hervorragend: Sobald ich mit dem, was ich immer gemacht habe, nicht mehr weiter komme, wird es unbequem. Wenn ich das Vertrauen habe, dass ich mich Herausforderungen stellen kann, und gleichzeitig Veränderungen nicht als großes Problem sehe, sondern als natürlichen Teil des Lebens, kann ich diesen gelassen, ohne Drama und sogar mit Freude begegnen.

Wie in allen demokratischen Prozessen geht es in der Schulversammlung manchmal auch schleppend vorwärts. Beispielsweise gab es einmal ein Thema, bei dem es um den Kauf von Tee für die Schüler*innen ging. Eine Diskussion, die mehr als eine Schulversammlung füllte, entspannte sich um die Frage, welche Sorten gekauft werden sollten (bio oder nicht, loser Tee oder Beutel, Geschmacksrichtung …). Nach einer vierzigminütigen Diskussion war die Lösung, dass einfach jemand losgeschickt wurde, um sich im Teeladen beraten und inspirieren zu lassen – eine Lösung, die man vielleicht auch nach fünf Minuten hätte finden können. Es gab einfach zu viele Vorschläge und über Geschmack lässt sich bekanntlich hervorragend streiten.

In der Regel werden Themen jedoch sehr schnell diskutiert und dabei oft viele interessante, kreative und inspirierende Lösungsansätze in den Raum geworfen. Das gelingt vor allem dadurch, dass es kaum Beiträge gibt, die primär der Selbstdarstellung der Sprecher*innen dienen, wie das unter Erwachsenen oft der Fall ist.

Schnelle Lösungen, aber auch lange Diskussionen haben meines Erachtens ihren Wert. Nur wenn die Erfahrung gemacht wird, wie langwierig und schwierig ein demokratischer Prozess sein kann, besteht die Chance auf Entwicklung von Verständnis und Wertschätzung dafür, wie wichtig ein lösungsorientiertes Vorgehen ist.[54] Es kann außerdem eine prägende Erfahrung sein, dass für Themen, die für Schüler*innen wichtig sind und zu denen es unterschiedliche Ansichten gibt, die Zeit da ist, dass sie zu Wort kommen können und ernst genommen werden – auch wenn Erwachsene hier eine schnelle und pragmatische Lösung bevorzugen würden. Gerade wenn eine Diskussion lang wird, schafft das die Möglichkeit, sich darin zu üben, verschiedene Positionen anzuhören, andere Bedürfnisse ernst zu nehmen und eine gemeinsame Lösung zu erarbeiten. Und die Unterschiede sind ja nicht nur zwischen Erwachsenen und Kindern, sondern auch zwischen jungen Menschen unterschiedlichen Alters zu finden. Für eine Fünfzehnjährige könnte der Beitrag eines Sechsjährigen nerven, der bestimmte Zusammenhänge nicht ganz durchschaut hat und vielleicht eine Äußerung macht, die die Diskussion nicht weiterbringt. Man könnte erwarten, dass der Beitrag unterbrochen, negativ kommentiert oder zumindest ignoriert würde. Das Gegenteil ist meistens der Fall. Auch die Kommentare der Jüngsten werden aufmerksam angehört, ernst genommen und oft geduldig aufgegriffen. Die Kleinen bekommen fast immer das Gefühl, dass sie gleichberechtigte Teile der Versammlung sind. Auch ihre Anträge werden ernsthaft behandelt. So gab es beispielsweise mal einen Antrag, einen Schulelefanten anzuschaffen. Das Ergebnis dieser Diskussion war, dass ein Ausschuss gebildet wurde, mit der Aufgabe, die Bedürfnisse und Kosten eines Elefanten zu recherchieren. Dann sollte der Schulversammlung vorgestellt werden, wie der Elefant in der Schule glücklich sein könnte. Der Ausschuss fand im Laufe der Recherchen schnell

---

54 In einer anderen freien Schule erzählten Schüler*innen mir einmal kopfschüttelnd von einem Treffen der Elternschaft, das sie am Vortag besucht hatten. »Die hören sich überhaupt nicht zu, machen unnötig lange Redebeiträge und wiederholen ständig, was schon dreimal gesagt wurde.«

heraus, dass die Idee doch etwas ambitioniert war, und so wurde der Antrag zurückgezogen und wir haben bis heute keinen Schulelefanten.

Generell werden Abstimmungen mit einfacher Mehrheit getroffen – oft recht schnell. Zugleich hat sich immer mehr eine Kultur entwickelt, in der länger nach neuen Lösungen gesucht wird, wenn deutlich wird, dass es eine Minderheit gibt, die mit einer Entscheidung sehr unzufrieden wäre. Es gibt eine Regel, die festlegt, dass Entscheidungen mindestens zwei Wochen gelten. Danach können neue Anträge eingebracht werden. In dieser Zeit kann die neue Regelung ausprobiert und auf ihre Tauglichkeit überprüft werden.

# Die Schulkomitees:
## *Demokratie in allen Ecken*

Nicht alle Aufgaben in der Schule können in der Schulversammlung besprochen werden. Damit alle Bereiche demokratisch organisiert sind, haben wir Komitees. Komitees haben das Recht, bestimmte Bereiche der Schule zu organisieren und in diesem Rahmen auch Regeln festzulegen. So kann beispielsweise das Lösungskomitee die Prozesse der Konfliktlösung verändern und das Atelierkomitee kann festlegen, wie viele Personen gleichzeitig im Atelier sein dürfen und wie man mit den Farben umzugehen hat. Die Schulversammlung bleibt aber immer weisungsbefugt. Wenn jemand also mit dem Beschluss eines Komitees unzufrieden ist, kann ein Antrag in die Schulversammlung eingebracht und im Zweifelsfall so eine Veränderung herbeigeführt werden.

Es gibt eine große Menge Komitees. Viele Räume haben ein Komitee, welches die Regeln für die Räume festlegt und dafür sorgt, dass die Räume in Ordnung sind. Zusätzlich werden Aufgaben von bestimmten Teilen der Organisation des Schullebens oft in die Hand eines Komitees gegeben. Beispielsweise gibt es ein Gartenkomitee, das die Regeln für den Garten festlegt, Pflanzaktionen organisiert und allgemein für einen hübschen Garten sorgt. Das Besucherkomitee dagegen bearbeitet Besucheranfragen, organisiert, dass nicht zu viele Besucher*innen auf einmal in der Schule sind und kümmert sich um Besucher*innen, wenn diese morgens in die Schule kommen.

Es ist darum für das Verständnis des praktischen Lebens der Demokratie in der Infinita sehr wichtig, die Arbeit der Komitees zu verstehen. Sehen wir uns darum einige der wichtigen Komitees etwas genauer an:

## Das Bewerbungskomitee:
## Wie Schüler*innen bei der Einstellung mitentscheiden

Das Bewerbungskomitee besteht aus in der Schulversammlung gewählten Erwachsenen und Schüler*innen und kümmert sich um Neueinstellungen und Weiterbeschäftigung. Es führt Bewerbungsgespräche und entscheidet, wer für eine Hospitation eingeladen wird. Nach einer einwöchigen Hospitation führt das Bewerbungskomitee Umfragen unter den Schüler*innen durch. So bekommt das Team Feedback, bevor im Teamtreffen endgültig über Neueinstellungen abgestimmt wird. Die Entscheidung über Einstellungen und Weiterbeschäftigung liegt also in letzter Instanz beim Team.

In einigen Demokratischen Schulen haben die Schüler*innen das letzte Wort über Einstellungen oder auch darüber, wer wie viele Stunden arbeitet. In anderen Demokratischen Schulen liegt die Frage vollständig bei einigen Erwachsenen. Wir haben uns aus verschiedenen Gründen für diesen

Mittelweg entschieden. Wir glauben, dass die Schüler*innen ein starkes Mitspracherecht haben sollten. Zum einen haben sie ein sehr gutes Gespür dafür entwickelt, welche Erwachsenen wie weit in der Lage sind, Kinder vollständig als gleichwürdige Menschen zu behandeln.

Jemand mag sich uns Erwachsenen gegenüber als ein*e gute*r Kolleg*in darstellen, die Kinder aber von oben herab behandeln. Unsere Schüler*innen sind gewohnt, auf Augenhöhe behandelt zu werden, und bemerken darum sehr schnell, wenn Menschen in dem gesellschaftlich noch sehr verankerten Denken verfangen sind, dass Erwachsene über Kindern stehen und sich ihnen gegenüber herrschend (wenn auch oft gut gemeint) verhalten dürfen oder sogar sollten.

Zum anderen müssen die Schüler*innen in unserer Gemeinschaft letztlich einen großen Teil ihres Lebens mit den Personen verbringen, die eingestellt werden. Wir nehmen darum das Feedback der Schüler*innen in unseren Entscheidungen sehr ernst und würden niemals jemanden gegen ein klares Votum der Schülerschaft einstellen.

Gleichzeitig ist unsere Aufgabe als Team, die Schule zu sichern. Wir haben darum bei Einstellungen viele Faktoren im Blick. Die Fähigkeit, junge Menschen auf Augenhöhe zu behandeln, ist bei uns wichtiger als Fachkompetenz. Es ist auch wichtig zu hinterfragen, ob Menschen sich eigentlich nur selbst heilen wollen und insgeheim (und meist unterbewusst) lieber Schüler*in an einer Demokratischen Schule sein wollen, oder ob sie wirklich bereit sind, die Arbeit mitzutragen, die bei uns anfällt.

Hinzu kommt aber auch, dass Menschen hinter dem Konzept Demokratischer Bildung stehen müssen. So ist es in anderen Demokratischen Schulen vorgekommen, dass eine Person angestellt wurde, die toll basteln konnte und eine Mehrheit in der Schülerschaft erhalten hat, sich aber geweigert hat, zum Lösungskomitee zu gehen, wenn Schüler*innen einen Antrag über sie geschrieben hatten. Zwar bemerken Schüler*innen das auch irgendwann und nach einiger Zeit wurde in dem konkreten Fall auch gegen eine Weiterbeschäftigung gestimmt – das Ganze zog sich aber lange hin und hat viel Zeit und Kraft gekostet. Schlimmer wird es, wenn *mehrere* Personen ins Team kommen, die eigentlich nicht hinter Demokratischer Bildung stehen und die Grundlagen in Frage stellen. In anderen Demokratischen Schulen hat sich gezeigt, dass dann ständig Grundprinzipien wie z. B. die Freiwilligkeit oder die Reichweite der demokratischen Mitbestimmung in Frage gestellt werden und es zu langen Diskussionen und Zerwürfnissen kommt. Hier besteht eine echte Gefahr für die Schule. Auf der einen Seite, weil sich Positionen durchsetzen könnten, die die Schule letztlich undemokratisch machen. Die größere Gefahr liegt aber an anderer Stelle: Mit den begrenzten Ressourcen, den vielen Arbeitsbereichen und den großen Idealen ist vom Team viel Engagement gefragt. Es ist darum enorm wichtig, dass die Arbeit Freude bereitet und genug Zeit und Kraft da ist, um die wichtigen Dinge in Angriff nehmen zu können. Sonst besteht die Gefahr, dass tolle Lernbegleiter*innen ausbrennen und die Schule verlassen. Und natürlich wird auch die Schülerschaft darunter leiden, wenn das Team entzweit, erschöpft und unglücklich ist. Eine solche Situation gilt es zu verhindern und darum prüfen wir im Team auch noch einmal ganz genau, wen wir einstellen und wen nicht.

Nach der Einstellung folgen noch eine Probephase und zwei Jahre mit befristeten Verträgen. In dieser Zeit hat das Bewerbungskomitee die Aufgabe, Stimmungsbilder einzuholen und ggf. Treffen zu organisieren, um Feedback zur Weiterbeschäftigung zu sammeln, aber auch allen Lernbegleiter*innen Rückmeldung und damit die Möglichkeit zu ständiger Weiterentwicklung zu geben. Letztlich sind wir alle in einer anderen Umgebung groß geworden und tragen Dinge mit uns, die wir nur mit bewusster Anstrengung abstreifen können. Der Wille zur ständigen Weiterentwicklung ist darum essentiell.

Aus diesen Gründen kommt dem Bewerbungskomitee eine große Bedeutung und Verantwortung zu.

## Das Aufräumkomitee: *Vom Wert der Unordnung*

Einmal in der Woche kommen unterschiedliche Eltern und putzen freiwillig die gesamte Schule. Zusätzlich haben wir eine Putzkraft, die sicherstellt, dass die Toiletten immer angemessen gereinigt werden. Alles Weitere organisiert die Schulgemeinschaft selbst. Es gibt die Regel, dass man immer alles wieder aufräumen muss, was man benutzt. Erwartungsgemäß ist dies eine der am meisten gebrochenen Regeln der Schule. Meist gar nicht aus bösem Willen, sondern weil etwas anderes gerade so aufregend oder faszinierend war, dass die Reste der vorigen Aktivität in Vergessenheit geraten. Auch wenn Lernbegleiter*innen immer wieder an diese Regel erinnern, so bleibt doch am Ende des Tages einiges zu tun, um die Schule wieder in einen angemessenen Zustand zu versetzen. Hier kommt das Aufräumteam ins Spiel. In unseren ersten zehn Jahren haben wir viele verschiedene Aufräumsysteme gesehen. Nicht, dass sie nicht funktioniert hätten. Jedes System hat für eine Weile gute Dienste geleistet. Aber über kurz oder lang tauchten oft Mängel auf und das System musste überarbeitet oder neu ersonnen werden. Das Aufräumkomitee entwickelt nicht nur das Aufräumsystem, sondern wacht auch über die Durchführung.

Das Aufräumen ist ein spannendes Feld. Es ist allgemein nicht sehr beliebt und gleichzeitig für die Aufrechterhaltung der Gemeinschaft wichtig. Hier geht es im Endeffekt darum, Verantwortung für die Gemeinschaft zu übernehmen. Das ist nicht für alle in dem Moment ersichtlich, in dem die jeweiligen Aufräumaufgaben erledigt werden. Es wird aber sehr deutlich, wenn es nicht funktioniert, wenn Einzelne versuchen, sich ihrer Verantwortung zu entziehen oder Aufgaben nicht mehr richtig erledigt werden. Dann müssen manchmal Räume gesperrt werden, es werden Fälle im Lösungskomitee diskutiert und im Zweifelsfall kann es sogar zu Vollversammlungen kommen. In all diesen Fällen wird das Thema unserer gemeinsamen Verantwortung für die Gemeinschaft diskutiert.

Diese Lernerfahrungen sind wichtig. Es wird thematisiert, was es für andere bedeutet, wenn Aufgaben nicht erledigt oder Dinge einfach liegen gelassen werden. Ebenso wird diskutiert, dass alle unterschiedliche Bedürfnisse haben und wie wir als Gemeinschaft damit umgehen wollen.

So sehr das Aufräumen aus Sicht der Erwachsenen ein anstrengendes, immer wiederkehrendes Thema ist, so sehr bietet es für die Schüler*innen großes Lernpotenzial – denn was wir als Erwachsene oft für selbstverständlich halten, ist es für Kinder noch nicht. Die eigene Rolle in einer Gemeinschaft zu verstehen, zu lernen, diese Verantwortung zu übernehmen, verschiedene Perspektiven und Bedürfnisse zu verstehen und die eigenen Bedürfnisse auch mal den Bedürfnissen der Gruppe unterordnen zu können, ist enorm wichtig, um in Beziehungen und Gruppen im Leben zurechtzukommen.

In einer Gesellschaft, die eine Ausrichtung auf eigene Vorteile ohne Rücksicht auf andere belohnt und in der narzisstische Persönlichkeitsstörungen in dramatischem Maße zunehmen[55], muss es Aufgabe von Schule sein, solidarische und gemeinschaftliche Verhaltensweisen zu stärken. Sowohl, um eine lebenswertere Gesellschaft zu fördern, als auch, um das Leben des Einzelnen erfüllender und glücklicher zu machen. Denn letztlich schafft radikaler Fokus auf Konkurrenz und den eigenen Vorteil zwar potentielle ökonomische Vorteile, macht aber einsam. Wer umgibt sich schon gern mit Menschen, die einem in den Rücken fallen, wenn sie sich nur einen Vorteil davon versprechen? Wer traut sich, sich wirklich zu öffnen, sich verwundbar zu zeigen gegenüber jemandem, der*die dies ausnutzen könnte?

Traurigerweise basieren die meisten öffentlichen Schulsysteme weiterhin darauf, Schüler*innen miteinander in Konkurrenz zu setzen und narzisstische Verhaltensweisen zu belohnen.

Das Aufräumen ist ein gutes Beispiel, wie in Demokratischen Schulen die *Verantwortung für die Gemeinschaft* und *soziales Handeln* automatisch immer wieder thematisiert werden – für alle in der Schule und besonders für die Mitglieder des Aufräumkomitees selbst.

Das Lernen sozialer Werte geschieht hier nicht als Lerninhalt, sondern als natürlicher Teil des Zusammenlebens. Dies ist wünschenswert, stellt uns Erwachsene jedoch vor die Herausforderung, immer wieder die Metaperspektive einzunehmen, also von der Ebene des Problems wegzugehen und die lang- und mittelfristigen Lernchancen zu sehen. Nur so können wir innerlich begrüßen, wenn das Aufräumen nicht so funktioniert, wie wir es gerne hätten. Statt nur mit Empörung auf Schüler*innen zu reagieren, die sich dem Aufräumen entziehen, können wir uns dann über die Gelegenheit für Gespräche über soziales Miteinander und gemeinsam getragene Verantwortung freuen.

---

55 Vgl. Twenge 2013.

So ist einmal vom Aufräumkomitee an mich herangetragen worden, dass eines meiner Mentorenkinder während der Aufräumzeit immer spurlos verschwand. In unserer nächsten Mentorenzeit sprach ich den damals Sechsjährigen darauf an. Er sah mich mit großen blauen Augen an und klärte mich auf: »Nun, es ist eben so, dass ich Aufräumen nicht mag.« Ich war sehr über die Aufrichtigkeit erfreut. Es war deutlich, dass die gemeinsame Verantwortung für unsere Schule für ihn nicht ersichtlich war. Hier gab es die Möglichkeit für ein freundliches Gespräch über die Schule und die Verantwortung, die mit der Freiheit bei uns einhergeht. Ich konnte erklären, dass alle gemeinsam auch Dinge tun, die nicht unbedingt sofort Freude bereiten, damit wir uns alle wohlfühlen können. Und auch, dass es nicht fair ist, andere seine Arbeit machen zu lassen. Gleichzeitig konnte ich ihm Empathie entgegenbringen und erst einmal erklären, dass ich ihn gut verstehen kann und dass ich auch kein Fan von Aufräumen bin; dass es manchmal nicht leicht ist, Dinge zu tun, nur weil sie richtig sind, wenn wir keine Lust dazu haben.

Wir führten letztlich ein Gespräch über Solidarität und persönliche Verantwortung. Er wurde danach kein begeisterter Aufräumer, aber er begann, seinen Teil zu tun. Und am Ende seiner Schulzeit wird dieses Gespräch eine von vielen Erfahrungen sein, die seine Vorstellung von Kooperation, Verantwortung und Gemeinschaftssinn prägen.

## Das Schulversammlungskomitee: Führung ohne Macht und Privilegien

Die Schulversammlung wird fast immer von Schüler*innen geleitet. Die Leitung übernimmt dabei das Schulversammlungskomitee. Innerhalb dieses Komitees gibt es bestimmte Rollen. Vor allem gibt es den *Vorsitz*, die *Stellvertretung*, den*die *Protokollant*in* und eine*n *Verwarnungsverteiler*in*. Bei uns sind keine Erwachsenen im Schulversammlungskomitee. Es gibt allerdings die Regel, dass mindestens eine erwachsene Person in der Schulversammlung anwesend sein muss.

Mittlerweile haben die Schüler*innen ein gutes Gespür für demokratische Verfahrensweisen und lernen voneinander. Gleichzeitig werden Erwachsene bei Unsicherheiten oder komplizierten Verfahren befragt. In der Regel übernehmen Schüler*innen die Verantwortungen in der Schulversammlung, die schon einige Jahre Erfahrung in der Schulversammlung sammeln konnten.

Alle Schüler*innen machen in ihrer Laufbahn an der Infinita Erfahrungen mit demokratischen Diskussions- und Entscheidungsprozessen. Für die Schüler*innen, die die Leitung der Schulversammlung übernehmen, gilt dies in besonderem Maße. Sie entwickeln ein Fingerspitzengefühl für die Moderation auch schwieriger Diskussionen, ein Gespür dafür, wann vor allem jüngere Schüler*innen noch eine Erklärung brauchen, sie können verschiedene Abstimmungsmethoden nutzen und sie entwickeln große Souveränität bei der Versammlungsleitung und eine Autorität, die sie in der Regel mit großer Geduld nutzen.

Der Fakt, dass die Schüler*innen die Schulversammlung selber leiten, ist bedeutsam. Es schafft eine größere Identifikation und Akzeptanz. Zudem machen andere Schüler*innen die Erfahrung, dass gleichaltrige Menschen oder Menschen, die nur etwas älter sind, auf diese Weise Verantwortung übernehmen. Dieser Umstand führt eher zu der Schlussfolgerung, dass auch sie dies können, als wenn Erwachsene die Sitzung leiteten. Es handelt sich hier um eine »stellvertretende Erfahrung«, also einen der Wege, wie *Selbstwirksamkeitserwartung* wächst.

Es ist interessant zu betrachten, welche Art von Führung hier erlernt wird. Die Rolle der Schulversammlungsleitung ist eine Verantwortung, kein Privileg. Die Schüler*innen bekommen keine persönlichen Vorteile, sie bekommen keine besonderen Entscheidungsbefugnisse, die sie für sich ausnutzen könnten. Sie stellen sich lediglich der Gemeinschaft zur Verfügung. Das ist für das Komitee selbst eine wichtige Erfahrung, alle anderen erleben es aber auch als selbstverständlich, dass eine Führungsrolle so aussieht.

Eine der größten Schwierigkeiten auf dem Weg zu einer gerechteren Gesellschaft, in der alle Dinge dem Überleben der Menschheit untergeordnet werden, ist vermutlich die Ausrichtung von Führungspersönlichkeiten auf ihren persönlichen Vorteil. Natürlich liegt das auch in der Logik des Systems, nicht nur in der Mentalität der Menschen an der Spitze von Politik und Wirtschaft.

Gerade deshalb ist es von so großer Bedeutung, wenn junge Menschen hier lernen, was es heißt, selbstlos Verantwortung für die Gemeinschaft zu übernehmen. So lernen sie nicht nur demokratische Methoden und Prozesse, sondern auch eine Haltung, dieses Wissen im Interesse der Gemeinschaft zu nutzen. Viele Menschen kritisieren heute Politiker*innen, sehen aber deren Handeln als »normal« oder als »angeborene menschliche Gier«. Es ist gut, wenn Menschen aufwachsen, die aus Erfahrung wissen, dass es eine Alternative gibt.

# Die Vollversammlung:
## *Das höchste Entscheidungsgremium*

Das einzige für alle verpflichtende Gremium ist die Vollversammlung. Sie muss von der Schulversammlung beschlossen werden. Nur in ganz dringenden Fällen können die Lernbegleiter*innen sie auch ohne Beschluss der Schulversammlung einberufen. Allgemein wird dieses Mittel nur vorsichtig genutzt und es gibt selten mehr als eine oder zwei Vollversammlungen pro Monat, häufig auch gar keine. Die Schulversammlung beschließt manchmal, dass ein Beschluss so weitreichend ist, dass er von allen gemeinsam abgesegnet werden muss. Zudem gibt es manche Informationen, bei denen sichergestellt werden soll, dass sie alle erreichen.

Für lange Diskussionen ist die Vollversammlung nicht geeignet, dafür ist sie einfach zu groß. Zudem kann es anstrengend sein, bei so vielen Menschen für Sitzungsdisziplin zu sorgen. In allen anderen Gremien der Schule können Schüler*innen einfach gehen, wenn sie nicht die Kapazität haben, dabei zu sein. Wenn sie es nicht selbst bemerken, können sie auch der Sitzung verwiesen werden. Das ist in der Vollversammlung nicht möglich.

Hinzu kommt, dass viele Schüler*innen aus Aktivitäten gerissen werden und manchmal empfindlich reagieren, wenn der Grund für die Vollversammlung dies in ihren Augen nicht rechtfertigt.

Die Vollversammlung ist der einzige Moment, in dem die ganze Gemeinschaft zusammenkommt und alle einbezogen werden. So spielt sie eine wichtige Rolle und muss gleichzeitig behutsam genutzt und möglichst gut vorbereitet werden. Dies geschieht oft während anderer Treffen.

Als wir beispielsweise neue Räume ausgebaut hatten, hat sich zunächst ein *Forum* (so heißen bei uns offene Treffen aller Interessierten) darum gekümmert, einen detaillierten Vorschlag auszuarbeiten. Dieser wurde dann in einer Vollversammlung vorgestellt und abgestimmt. Manchmal gibt es auch kurze Vollversammlungen, in denen Informationen an alle gegeben werden. Das gab es zum Beispiel bei der Einführung des neuen Medienführerscheins (mehr dazu im Abschnitt Medien).

Es kommt auch vor, dass Vollversammlungen genutzt werden, um einen kurzen Überblick zu einem Thema zu geben, welches dann im Anschluss mit denen besprochen und abgestimmt wird, denen es wichtig ist und die entsprechend länger dableiben. So haben alle die Gelegenheit, genau zu prüfen, ob es für sie in Ordnung ist, wenn andere ohne sie darüber sprechen und entscheiden.

Beispielsweise gab es einmal Kritik an einer Lernbegleiterin in der Probezeit. Es war uns wichtig, dass alle wissen, dass es letztlich um die Weiterbeschäftigung dieser Person geht. So konnten alle, die Kritik hatten, überlegen, ob es ihnen wichtig ist, diese zu teilen. Gleichzeitig konnten auch alle, denen es wichtig war, dass die Person bleibt, teilen, was sie an der Person schätzen.

Es gibt Demokratische Schulen, in denen alle Schulversammlungen Vollversammlungen sind (oft, aber nicht immer, in Schulen, die etwas kleiner sind als die Infinita)[56]. Es hat sicher Vorteile für die Gemeinschaft, wenn alle so regelmäßig zusammenkommen und sich gegenseitig sehen und hören. Wir haben uns entschieden, dieses Mittel so selten zu nutzen,

---

56 Das bekannteste Beispiel hierfür ist Summerhill in England, wo nicht nur alle anwesend sein müssen, sondern wo die Schulversammlung auch der Ort ist, an dem Konflikte geklärt werden.

weil wir es wichtig finden, dass man auch die Freiheit hat, sich nicht an der Demokratie zu beteiligen. Zudem sind Schulversammlungen viel effektiver als Vollversammlungen. Die Teilnehmer*innen sind dort, weil sie dort sein möchten.

Wir halten es für wichtig, dass alle jederzeit über die Themen und anstehenden Beschlüsse Bescheid wissen und so informiert entscheiden können, dabei zu sein oder nicht. Es kann sehr lehrreich sein, zu bemerken, dass es für die Wahrung der eigenen Interessen vielleicht wichtig gewesen wäre, sich an der Demokratie zu beteiligen, anstatt sich für etwas – in dem Moment – Unterhaltsameres zu entscheiden. Auch hier geht es letztlich darum zu lernen, Verantwortung für das eigene Leben zu übernehmen.

# Konfliktlösungsmethoden:
## *Von Streitschlichtung und dem Lösungskomitee*

*»Durch die Konfliktlösung lernt man, Grenzen wahrzunehmen, die man in der Situation nicht gesehen hat, und gleichzeitig auch, Grenzen zu setzen.«*

PHILLIP (15)

*Bei unserem Besuch sehen wir nicht nur fröhliche Gesichter. Direkt am Eingang steht ein kleiner Junge mit Tränen in den Augen einem größeren gegenüber. Er ruft: »Streitschlichtung! Wen willst du?« Der andere Junge überlegt, nennt einen Namen und der kleine Junge zieht mit seiner Freundin los, um die genannte Person zu suchen.*

*Später am Tag sehen wir ein älteres Mädchen, das sichtlich verärgert einen Zettel ausfüllt und ihn in einen Briefkasten steckt, der mit dem Wort »Lösungskomitee« markiert ist.*

Die Infinita ist kein Hort der Glückseligkeit, in dem alle immer fröhlich sind. Es gibt Konflikte und der Umgang damit ist für eine pädagogische Einrichtung extrem bedeutsam und verdient darum einige Aufmerksamkeit.

# Konflikte als Chance:
## *Wie Konflikte uns stärken*

Es gibt alternative Schulmodelle, in denen großer Wert auf ein harmonisches, konfliktarmes Miteinander gelegt wird. Die Aufgabe der Erwachsenen ist es, den Raum entsprechend zu gestalten und den Schüler*innen Sicherheit zu geben, unter anderem durch das Gefühl, dass immer eine erwachsene Person präsent ist und jederzeit eingreifen und helfen kann und es auch wird. Auch viele Eltern haben den Instinkt, ihre Kinder entweder vor Konflikten zu schützen oder zu maßregeln, wenn sie sich streiten.

An der Infinita, wie an den meisten anderen Demokratischen Schulen, liegt der Schwerpunkt etwas anders. Natürlich ist es uns wichtig, dass es allen Mitgliedern der Schulgemeinschaft gut geht. Gleichzeitig messen wir der Freiheit der Kinder eine enorme Bedeutung zu. Es gibt Räume, in denen immer eine erwachsene Person zu finden ist. Die Schüler*innen haben aber auch viele Möglichkeiten, unbeobachtet ihr eigenes Leben zu leben, sich im Austausch und manchmal auch im Konflikt mit anderen Schüler*innen weiterzuentwickeln, ihre Grenzen auszutesten und selbst Wege des Miteinanders zu finden. Eine große Verantwortung – aber unserer Meinung nach eines der wichtigsten Lernfelder. Es bietet die Gelegenheit, sich gegen andere zu behaupten und mit verletzten Gefühlen umzugehen – den eigenen oder denen der anderen.

Ein Gespür für die eigene Verantwortung, sorgsam mit den Gefühlen anderer Menschen umzugehen, ist entscheidend, um Freundschaften pflegen zu können. Es ist die beste Basis, um ein gesundes soziales Leben zu führen. Menschen, bei denen man sich sicher fühlt, hat man gern um sich. Aber diese Empathie, gepaart mit dem Willen, entsprechend mit anderen Menschen umzugehen, lernt man nur schwer durch Instruktion und Beobachtung. Eigene Erfahrung – auch eigenes Scheitern – ist der beste Lehrmeister.

Das kann auch schmerzhaft sein. Vielleicht verletze ich eine Freundin und leide dann unter der Störung unserer Verbindung. Vielleicht werde ich ausgeschlossen und fühle mich einsam und traurig.

Aber wer weiß nicht aus der eigenen Erfahrung, dass es oft die kleinen und großen Krisen sind, deren Überstehen für das eigene Wachstum besonders bedeutsam waren? Sie fordern uns heraus, uns aus unserer Komfortzone zu begeben, über uns hinaus zu wachsen, alte Pfade zu verlassen und Neues auszuprobieren. Dürfen wir unseren Kindern die Möglichkeit nehmen, in diesem so wichtigen Bereich zu wachsen, indem wir ihre Konflikte für sie lösen, oder dafür sorgen, dass sie gar nicht erst entstehen?

Und wie sollen junge Menschen den Umgang mit der eigenen Wut, der eigenen Frustration oder der eigenen Traurigkeit erlernen, wenn wir sie ständig davor schützen, diese Gefühle zu erleben? Je perfekter dieser Schutz ist, desto unfähiger werden die Erwachsenen später sein, sich Konflikten zu stellen, sich durchzusetzen und mit den eigenen negativen Gefühlen produktiv umzugehen. Das Leben hat Höhen und Tiefen. Es ist von zentraler Bedeutung, dass Menschen früh lernen, dies als normal zu akzeptieren und einen gesunden Umgang damit zu finden. Das geschieht nicht, indem man verhindert, dass sie Konflikte erleben.

Noch schädlicher ist es jedoch, Kinder mit ihren Konflikten und Herausforderungen *allein zu lassen*. In diesem Fall kann es sein, dass sie sich als unfähig erleben, mit Konflikten und mit anderen Menschen umzugehen. Folge sind Rückzug nach innen, Angst und ein negatives Selbstbild. Sie werden versuchen, Konflikten auszuweichen oder sich auf Kosten anderer durchzusetzen, wenn sie dazu in der Lage sind. Ein Wachsen findet nicht statt und ein produktiver Umgang mit Konflikten wird nicht erlernt.

Nimmt man den jungen Menschen die Konfliktlösung aus der Hand und greift als strafende Gewalt ein, wie es leider noch die Regel an den meisten Schulen ist, findet ein anderes Lernen statt: Wenn ich mich als Schüler*in auf dem Schulhof unangemessen gegenüber jemand anderem verhalte und die Pausenaufsicht das sieht, schimpft und bestraft sie mich, schreit mich im schlimmsten Fall an oder stellt mich bloß – dann lerne ich, wie oben dargestellt, dass ich jemand bin, den man respektlos behandeln darf und dass ich nur genug Macht über andere bekommen muss, damit ich auch so handeln darf.

An der Infinita greifen wir als Erwachsene nicht in Konflikte ein, indem wir entscheiden, von wem ein Fehlverhalten vorliegt, um diese Person dann zur Rechenschaft zu ziehen oder zu strafen. Wenn wir Konflikte beobachten und das Gefühl haben, dass die Schüler*innen darunter leiden und/oder den

Konflikt nicht allein gelöst bekommen, fragen wir, ob sie Hilfe brauchen. Da die Schüler*innen oft wissen, welche Möglichkeiten sie haben, mit Konflikten umzugehen, ist es nicht selten, dass diese Frage nach kurzer Überlegung verneint wird – selbst wenn Tränen geflossen sind.

Auch wenn Schüler*innen zu uns kommen und empört vom Fehlverhalten einer Mitschüler*in berichten, greifen wir nicht einfach ein, um den Konflikt zu lösen. Damit würden wir den Kindern die Möglichkeit nehmen, sich selbst als in der Lage zu erleben, mit Herausforderungen umzugehen. Stattdessen fragen wir: »Was möchtest du jetzt damit machen?« oder »Was brauchst du?« Gerade bei jüngeren Kindern ist es dann oft wichtig, die verschiedenen Möglichkeiten aufzuzeigen. Häufig reicht es den Kindern, einmal mit ihrem Anliegen gehört zu werden. Manchmal genügen Ideen, wie sie die Sache besprechen könnten. In vielen Fällen werden aber unsere Konfliktlösungsstrukturen genutzt: Das *Lösungskomitee* oder *Streitschlichter*innen*.

# Streitschlichtung:
## *Emotionale Wunden heilen*

Fast alle Erwachsenen an der Schule sind Streitschlichter*innen. Außerdem kann sich jede*r Schüler*in in der Schulversammlung dazu wählen lassen. Wenn alle Konfliktparteien damit einverstanden sind, kann aber im Prinzip jede Person aus der Schulgemeinschaft als Streitschlichter*in tätig werden, dies kommt allerdings in der Praxis seltener vor.

Das Streitschlichtungssystem ist recht simpel. Es wird vor allem dann genutzt, wenn es gerade einen »heißen« Konflikt gibt, oft mit verletzten Gefühlen, der möglichst sofort geklärt werden soll. Jede Person der Schulgemeinschaft, die Erwachsenen eingeschlossen, hat jederzeit das Recht, eine Streitschlichtung zu fordern. Dazu muss man das lediglich der Person mitteilen, mit der man die Streitschlichtung möchte. Diese Person hat dann das Recht, eine*n Streitschlichter*in auszusuchen. Die erste Wahl kann abgelehnt werden, die zweite muss dann angenommen werden. Danach sucht man die ausgewählte Person und klärt, ob sie gerade Zeit hat und den Fall übernehmen kann. Ist eine*r der Beteiligten noch zu aufgebracht, darf man sich auch zehn Minuten beruhigen, bevor die Streitschlichtung beginnt.

Für die Klärung setzen sich die Konfliktparteien an einem Ort zusammen, an dem sie etwas Ruhe haben. Als Streitschlichter*in fragt man zunächst alle, die involviert sind, was vorgefallen ist. Dazu lässt man die jeweils andere Partei wiederholen, was sie verstanden hat, und fragt den*die Sprecher*in, ob sie findet, dass alles ihm*ihr Wichtige verstanden wurde. Fehlt noch etwas, wird das noch einmal wiederholt und gespiegelt – bis sich der*die Sprecher*in gehört fühlt –, dann wird gewechselt. Bei jüngeren Kindern ist es manchmal noch hilfreich, wenn man selbst auch nochmal formuliert, was man als Streitschlichter*in verstanden hat.

Diese erste Phase ist für die Beteiligten oft anstrengend. Schließlich hat ja wohl der*die Andere dies und das gemacht und so stimmt das schließlich alles gar nicht! Es erfordert Geduld, wirklich zuzuhören, nicht zu unterbrechen und zu wiederholen, statt sofort die eigene Meinung darzustellen. Aber so mühsam es scheint – in den meisten Fällen geschieht hier bereits die Magie der Streitschlichtung. Die Unterstützung hilft, dass nicht mehr der Wille, Recht zu haben, im Vordergrund steht. Plötzlich wird die andere Person mit ihren Bedürfnissen gesehen. Gleichzeitig fühlen sich die Beteiligten gehört. Das allein beruhigt die Gemüter und schafft die Bereitschaft, gemeinsam nach einer Lösung zu suchen. Der ewige Kreislauf von Recht haben wollen und den*die Andere*n dafür ins Unrecht setzen müssen, wird unterbrochen.

Plötzlich wird klar, dass die Bedürfnisse hinter dem Handeln der Gegenpartei völlig legitim sind und gar nicht gegen den*die Andere*n gerichtet.

Wenn nötig, schlagen die Betroffenen an dieser Stelle oft selbst eine Lösung vor oder einigen sich. Es geschieht nicht selten, dass man die Betroffenen kurze Zeit später fröhlich im gemeinsamen Spiel vertieft findet.

In den wenigen Fällen, in denen die Konfliktparteien an diesem Punkt nicht befriedigt von dannen ziehen, ist es Aufgabe der Streitschlichtung, nach möglichen Lösungen und Wünschen zu fragen. Meistens besteht die Lösung darin, dass beide Personen verstanden haben, wie ihr Verhalten für den*die Andere*n war, und versprechen, dass sie in Zukunft andere Wege wählen. In seltenen Fällen kann auch die Streitschlichtung Vorschläge machen. Die Erfahrung zeigt aber, dass die Betroffenen meist besser wissen, was sie brauchen – es sei denn, sie sind noch zu tief in ihren verletzten Gefühlen gefangen, dann war in der Regel die erste Phase nicht ausreichend lang.

Der Prozess kann langwierig wirken – gerade für junge Menschen, die viel lieber spielen und in Aktion sein möchten. Die meisten Fälle dauern fünf bis zwanzig Minuten. Diese Zeit ist aber sinnvoll investiert. Konflikte, die nicht geklärt werden und unter der Oberfläche schmoren, kosten auf Dauer alle Beteiligten mehr Energie und Zeit. Außerdem ist das Lernen, das hier geschieht, unschätzbar wertvoll. Für die Einzelnen bedeutet es, dass sie nicht nur die Erfahrung machen, dass sie Konflikte angehen und lösen können, sondern es erweitert auch ihre Fähigkeit, empathisch die Bedürfnisse anderer zu sehen. Es hilft ihnen, in ihrem Leben nicht ständig auf ihrem Recht zu beharren und so ihre Beziehungen zu anderen Menschen zu schädigen (und damit ihr eigenes Wohlbefinden). Je besser das gelernt wird, desto größer ist die Chance, eigene Bedürfnisse befriedigt zu bekommen, und desto besser wird die Qualität der Beziehungen im Leben dieser Menschen. Die Qualität der Beziehungen mit anderen Menschen ist von essentieller Bedeutung für die Qualität des eigenen Lebens. Jede Streitschlichtung – selbst wenn die Vereinbarungen nicht lange halten sollten – ist darum eine extrem bedeutsame Lernerfahrung.

Gleichzeitig hat es Auswirkungen auf die Gemeinschaft. Eine offensichtliche Auswirkung ist, dass gelöste Konflikte die Stimmung in der Schule verbessern. Außerdem lernen die Schüler*innen, Konflikte produktiver zu lösen – was dazu führt, dass auch außerhalb der Streitschlichtungsstrukturen Konflikte besser gelöst werden. Es ist also wichtig für die Einzelnen, hat aber auch eine ganz entscheidende Auswirkungen auf die Atmosphäre in der Schule.

Hier ein Beispiel aus unserem Schulalltag: Ich saß mit einem Schüler in einer Mentorenzeit zusammen. Plötzlich wurde ich gewahr, dass draußen Schüler*innen den Namen eines Mitschülers skandierten. Ich erinnerte mich an meine eigene Schulzeit und an meine Zeit als Lehrer im Regelschulsystem, wo dies Grund zur Beunruhigung gewesen wäre. Das Bild von Schüler*innen, die im Kreis um zwei sich prügelnde Mitschüler*innen stehen, drängte sich auf. Aber ich hatte nicht das Bedürfnis nachzusehen, was da los war, so sicher war ich, dass kein Grund zur Beunruhigung bestand. Die Dynamiken an der Infinita sind anders. Selbst wenn jemand in Wut geraten und Gewalt als einzigen Ausweg sehen würde – die Reaktion der anderen wäre, Maßnahmen zur Schlichtung der Situation zu ergreifen oder Hilfe zu holen, statt anzufeuern. Später fand ich heraus, dass Kinder draußen Hockey gespielt und ihre Teamkolleg*innen bejubelt hatten.

Streitschlichtung und das Lösungskomitee, um das es im nächsten Kapitel geht, sind Grundbedingung für das Funktionieren der Infinita. Sie sind in irgendeiner Form an allen Demokratischen Schulen zu finden.

Die Art der Streitschlichtung und der genaue Aufbau und Ablauf des Komitees unterscheiden sich von Schule zu Schule. Manchmal – wie zum Beispiel in Summerhill oder in der Albany Free School – dient die Schulversammlung selbst zur Klärung von Konflikten. Gemeinsam ist den Schulen aber, dass es Durchsetzungsmöglichkeiten für die eigenen Rechte und Bedürfnisse gibt, unabhängig von Alter und Körperkraft. In Schulen, in denen junge Menschen verschiedenen Alters in vielen Situationen auch ohne erwachsene Begleitung ihr Leben leben, muss es diese Sicherheit geben. Die Konfliktlösungsmechanismen machen den Unterschied: Ohne sie würde das Recht des Stärkeren gelten und eine Atmosphäre der Angst herrschen, in der die Erwachsenen ständig Polizei und Gericht spielen müssten (und zwar immer auf verlorenem Posten). Durch produktive Konfliktlösung lässt sich dagegen eine Atmosphäre von Gemeinschaft und Sicherheit fördern, in der die Kinder lernen, Verantwortung für ihr eigenes Handeln zu übernehmen.

Es bedeutet gleichzeitig, dass junge Menschen erfahren, dass ihre Bedürfnisse ernst genommen werden und dass sie ein Recht haben, für diese einzustehen. Gerade auch gegenüber Menschen, die stärker und/ oder mächtiger sind. Dadurch bietet es auch uns Lernbegleiter*innen die Möglichkeit, zu lernen und unser Handeln zu reflektieren. Etwas, das für alle essentiell ist. Wir sind fast alle in einer Welt aufgewachsen, in der Erwachsene jederzeit ihre Macht über uns Kinder ausüben durften, respektlos mit uns sprachen, uns nach eigenem Gutdünken bestraften oder maßregeln durften. Wir müssen darum bereit sein zu reflektieren, welche Verhaltensmuster wir vielleicht – trotz guter Vorsätze – unbewusst übernommen haben. Eine Situation, in der die Schüler*innen die Möglichkeit haben, unser Handeln in Frage zu stellen, bietet uns die Chance zum Lernen und Wachsen.

Eine kleine Geschichte aus meiner eigenen Erfahrung illustriert das gut: Eine damals zwölfjährige Schülerin verlangte vor einigen Jahren eine Streitschlichtung mit mir. Ich wählte einen anderen Schüler als Streitschlichter und war gespannt, worum es gehen würde. Die Schülerin schilderte nun eine Situation, in der ich Missfallen über ihr Verhalten geäußert und dann den Raum verlassen hatte, ohne ihr Gelegenheit zu geben, dazu Stellung zu nehmen. Die Situation hatte sie verletzt und noch länger beschäftigt (während ich mir gar nichts dabei gedacht und das Ganze schon fast vergessen hatte).

Es war mir sofort klar, dass sie völlig im Recht war. Weder würde ich mit meinen erwachsenen Freund*innen so umgehen, noch würde ich es schätzen, selbst so behandelt zu werden. Zwar kann ich zu meiner Entschuldigung vorbringen, dass es für uns Erwachsene oft viel zu tun gibt, sodass ich in der Situation etwas in Hektik war. Letztlich ist das aber lediglich eine Erklärung, keine Entschuldigung. Ich sehe meine Aufgabe als Pädagoge und Mentor darin, auch ein Verhalten vorzuleben, das ich mir für die Kinder wünsche. Viel wichtiger: Ich möchte keinen Menschen – schon gar nicht einen jungen Menschen – auf eine Art behandeln, die den Selbstwert dieses Menschen untergräbt.

An dieser Stelle durfte ich also eingestehen, dass ich mich nicht so verhalten hatte, wie ich es richtig finde. Ich habe mich für die Möglichkeit bedankt, mir über mein Handeln bewusst zu werden. Dann versprach ich, dass ich in Zukunft versuchen würde, auch in zeitlich angespannten Situationen besser aufzupassen, wie sich mein Handeln für Schüler*innen anfühlt. Zum Abschluss fragte ich die Schülerin noch, ob sie sonst noch etwas brauche. Sie war aber zufrieden, fühlte sich gehört und ernst genommen und die Situation war geklärt. Unsere Beziehung war auch vorher vertrauensvoll, aber dieser kurze Austausch stärkte das Vertrauen zwischen uns. Er verhinderte, dass etwas unter der Oberfläche unsere Beziehung beeinträchtigt, förderte ihr Selbstvertrauen, Konflikte anzugehen, gab ihr ein Gefühl, als Mensch gleichwürdig zu sein und hat mich in meinem Umgang mit den Schüler*innen nachhaltig beeinflusst und mir die Chance zum Wachsen gegeben.

Dass die Schüler*innen und auch die Lernbegleiter*innen lernen, produktiver mit Konflikten umzugehen, heißt nicht, dass es keine Konflikte mehr gibt. Es gibt sie jeden Tag. Ein Haus mit hundert Menschen unterschiedlichen Alters, die alle unterschiedliche Bedürfnisse haben – da ist es vorprogrammiert, dass die Bedürfnisse sich mehrmals am Tag in die Quere geraten. Vor allem bei den jüngeren Schüler*innen kann das zu dem Impuls führen, in Hilflosigkeit zu versuchen, das eigene Bedürfnis mit Gewalt durchzusetzen oder der eigenen Frustration im Affekt mit einem Schlag Luft zu machen.

Wenn Kinder in einem Moment voll mit ihrer Wut identifiziert sind, haben sie oft keine Ressourcen, um spontan anders mit einem Konflikt umzugehen. Gleichzeitig – und das ist sehr bedeutsam – lassen sich die anderen Schüler*innen das selten bieten.

Geschieht es einmal, wird es oft direkt mit einem*einer Streitschlichter*in im Anschluss besprochen. Kommt es häufiger vor, wird das Thema schnell beim Lösungskomitee landen. In jedem Fall wird ein Raum für die Reflexion der Wut geöffnet. Gleichzeitig wird deutlich, dass hier die Grenzen anderer verletzt wurden und dass ein solches Verhalten nicht in Ordnung ist und auch nicht toleriert wird. Die Kinder kommen so in eine Situation, in der sie bemerken, dass sie den Umgang mit ihrer Wut verändern müssen, und gleichzeitig wird ein Kontext geschaffen, in dem sie Unterstützung dafür erhalten. So werden Grenzen gesetzt, ohne dass Schüler*innen sich als »falsch« erleben. Ihr Verhalten war nicht in Ordnung und sie haben Unterstützung dabei, es in der Zukunft zu verändern.

Bei einigen Kindern gibt es einen Punkt in ihrer Entwicklung, an dem sie sich ihrer Wut hilflos gegenüber sehen. Dann gibt es öfter Vorfälle, bei denen sie ihre Wutanfälle nicht kontrollieren können, weswegen sie auch immer wieder vor dem Lösungskomitee sitzen. Sehr schnell wird die Konsequenz festgelegt werden, dass sie sich mit ihrem*ihrer Mentor*in zusammensetzen und das Thema Wut besprechen.

Es ist gut, wenn sie über ihre Wut sprechen können. Meist sind die Kinder selbst verzweifelt und hilflos. Als erster Schritt ist es wichtig, dass sie lernen, dass sie eine Wahl haben und ihrer Wut nicht ausgeliefert sind. Sie können die Aufgabe bekommen, ihre Wut zu beobachten oder besser noch – ihr einen Namen zu geben und so eine Disidentifikation zu erreichen: Sie können verstehen, dass sie nicht ihre Wut sind, und jeder Wutanfall kann zu einem Training werden. Mehr und mehr bleibt ein beobachtender Teil von ihnen erhalten, der ihnen helfen kann, andere Entscheidungen zu treffen und ihrer Wut auf eine Weise Luft zu machen, die andere nicht verletzt. Es kann auch hilfreich sein, Empathie mit sich selbst zu üben: Die Wut als Teil von sich zu akzeptieren, sich nicht zu verurteilen und gleichzeitig nicht blind den Impulsen zu folgen, wenn die Emotion da ist.

Sich wiederholende Vorfälle sind – wie bereits oben erwähnt – ein Fall für das Lösungskomitee. Oft wird das Lösungskomitee auch direkt herangezogen, wenn die Grenzen anderer verletzt wurden. Ansonsten liegt der Fokus des Lösungskomitees im Vergleich mit der Streitschlichtung eher auf Regelbrüchen.

# Das Lösungskomitee:
## *Regelbrüche und ihre Hintergründe*

Anders als bei der Streitschlichtung bearbeitet das Lösungskomitee Fälle nicht direkt. Es wird eher für Fälle hinzugezogen, die nicht unbedingt sofort geklärt werden müssen. Oft geht es um Regelbrüche, sodass die Situation meist weniger emotional aufgeladen ist als bei Themen, die in der Streitschlichtung geklärt werden. Die Entscheidung, wo ein Fall bearbeitet wird, liegt bei den Schüler*innen. Daher kommen manchmal auch Fälle ins Lösungskomitee, bei denen die Empörung sehr groß ist.

Beispiele für Regelbrüche sind wiederholtes Laut-Sein im Leisebereich oder das Hinterlassen eines Raumes in einem nicht akzeptablen Zustand. Sehr häufig wird das Lösungskomitee auch bei wiederholtem Verhalten, welches für andere nicht in Ordnung ist (und in den meisten Fällen ebenfalls mit einem Regelbruch einhergeht), herangezogen. Am häufigsten geht es um die »Stopp-Regel«. Diese hat den Zweck, klar machen zu können, wann eine persönliche Grenze überschritten wurde. Oft ist die Grenze zwischen Spiel und Ernst fließend. Sagt jemand »Stopp«, muss mit dem aufgehört werden, was gerade geschieht, und gemeinsam über eine Lösung gesprochen werden.

Die Schüler*innen nutzen das Lösungskomitee ebenso wie die Erwachsenen. Anders als die Streitschlichtung hat das Lösungskomitee auch die Macht, Konsequenzen zu verhängen.

Hier muss deutlich gesagt werden, dass es um die Suche nach logischen Konsequenzen geht – an Strafen glauben wir nicht. Strafen versuchen, Verhaltensveränderungen aus Angst vor Bestrafung herbeizuführen. Die Motivation ist extern und basiert auf Furcht und nicht auf Verständnis. Konsequenzen bedeuten dagegen, dass man für die eigenen Handlungen

Verantwortung übernimmt und Dinge wiedergutmacht, wenn man andere geschädigt hat. Sie helfen dabei, die Folgen des eigenen Handelns zu reflektieren:

Du hast einen Raum zum wiederholten Mal unordentlich hinterlassen? Dann hast du vielleicht das Vertrauen verspielt, dass du diesen Raum angemessen nutzen kannst und nun darfst du ihn für zwei Wochen nicht nutzen. – Du hast etwas absichtlich kaputt gemacht? Du musst es ersetzen, …

Das Lösungskomitee dient damit als eine Art *Exekutive*. Die in der Schulversammlung beschlossenen Regeln können hier durchgesetzt werden, wenn nötig.

Jede Person hat das Recht, hier angehört zu werden. Erwachsene können bei uns nicht willkürlich nach eigenem Gutdünken Strafen verteilen. Sehe ich einen Regelbruch, kann ich einfach darauf aufmerksam machen. Wiederholt sich das Ganze oder meine Hinweise werden missachtet, kann ich, wie alle anderen, einen Antrag ans Lösungskomitee schreiben. Dort trage ich vor, was ich gesehen habe, die andere Person wird ebenso gehört und im Zweifelsfall werden Zeug*innen hinzugezogen und auch die Gründe beleuchtet, warum eine Regel gebrochen wurde.

Gleichzeitig geht es im Lösungskomitee auch um verletzte Gefühle und Konflikte. Hier können Kinder jeden Alters dafür sorgen, dass es Konsequenzen hat, wenn ihre persönliche Grenze verletzt wird – ob von jüngeren, gleichaltrigen oder älteren Schüler*innen oder auch von Erwachsenen.

Eine unveränderliche Grundregel der Schule lautet: Jede*r ist dafür verantwortlich, dass sich jede*r andere in der Schule sicher fühlen kann. Kommt es also zu körperlicher Gewalt unter Schüler*innen, geht das ziemlich schnell ins Lösungskomitee.

Das Vorgehen im Lösungskomitee kann sich von Fall zu Fall unterscheiden. Manchmal ist es wichtiger, ganz deutlich zu machen, dass die von der Schulversammlung beschlossenen Regeln für alle gleichermaßen gelten und einzuhalten sind, ein anderes Mal ist es viel bedeutsamer, die Bedürfnisse hinter dem Regelbruch zu verstehen und gemeinsam zu überlegen, welche Hilfe die Person braucht, um sich in Zukunft an die Regeln halten zu können. Mehr dazu später.

Wie verschiedene Demokratische Schulen ihre Regeln durchsetzen und jedem und jeder Gleichheit vor dem Recht garantieren, ist unterschiedlich. In einigen Schulen werden Schulversammlungen dazu genutzt. In anderen gibt es ein »Justizkomitee« und in wieder anderen liegt der Schwerpunkt noch mehr auf der Lösung der Konflikte durch »Restorative Circles«[57] oder ähnliche Techniken. In der Infinita haben wir gute Erfahrungen mit unserer Form des Lösungskomitees gemacht, das eine Art Zwischenweg ist. Es sucht nach Lösungen, schafft Raum für die Gefühle und Bedürfnisse der Beteiligten und kann gleichzeitig Konsequenzen verhängen und Regeln durchsetzen. Das bedeutet jedoch nicht, dass die genaue Form nicht auch verändert und verbessert werden kann und wird.

Anders als andere Komitees wird unser Lösungskomitee in der Regel zweimal im Jahr in geheimer Wahl gewählt. Diese Wahl hat sich über die Jahre geändert. Aktuell können sich alle einen Wahlzettel holen, auf dem die Namen aller Mitglieder der Schulgemeinschaft festgehalten sind. Dann kreuzt

---

57 »Restorative Circles« oder »Kreisgespräche« sind eine von dem brasilianischen Konfliktforscher Dominic Barter entwickelte Technik der Konfliktlösung. In diesen Gesprächen kommen alle Menschen freiwillig in einem Kreis zusammen, die von einem Konflikt betroffen sind, um offen und respektvoll zu kommunizieren, Verständnis aufzubauen, Verantwortung zu fördern und gemeinsam Lösungen zu finden (vgl. Costello, Wachtel & Wachtel 2010).

man die Personen an, denen man am meisten zutraut, im Lösungskomitee einen guten Job zu machen. In einem recht komplexen System wird noch sichergestellt, dass unter den 15 gewählten Personen Menschen aller Altersgruppen sind. Zusätzlich werden noch 5 Erwachsene gewählt. Die gewählten Personen werden dann gefragt, ob sie die Wahl annehmen und sich damit für ein halbes Jahr für diese Aufgabe zur Verfügung stellen wollen. In einer gemeinsamen Sitzung aller gewählten Personen wird dann ein Team für jeden Tag zusammengestellt – jeweils mit einer erwachsenen Person und möglichst altersgemischt und so aufgeteilt, dass in jedem Team Menschen vertreten sind, die schon Erfahrung mit dem Lösungskomitee haben. Dann wird aus ihrer Mitte noch der »Lösungskomitee-Rat« gewählt, welcher für besonders schwierige Fälle herangezogen wird, über die Durchsetzung der Konsequenzen wacht und der allgemein die Arbeit des Lösungskomitees im Auge behält.

## Arbeit des Lösungskomitees:
### Schritt für Schritt zur Konfliktlösung

Wenn sich das jeweilige Team trifft, werden alle neuen Fälle aus dem dafür aufgehängten Briefkasten geholt. Dann wird geprüft, ob es noch alte (offene) Fälle gibt. Im Team wird anschließend festgelegt, wer den Vorsitz übernimmt, wer »Holer*in« ist – also die Betroffenen in der Schule zusammensucht – und wer »Verwarnungsverteiler*in« ist. Diese Person kann Verwarnungen verteilen, die auch zu Konsequenzen führen können, um für einen ruhigen und geordneten Ablauf zu sorgen, bei dem alle gehört werden können. Der*die Holer*in fragt zunächst die Person, die den Antrag geschrieben hat, ob ihr der Fall noch wichtig ist. Wenn ja, werden alle Beteiligten und eventuelle Zeug*innen zusammengesucht. Dabei können sich alle Beteiligten auch eine andere Person – ob Freund*in oder Mentor*in – als Unterstützung mitnehmen.

Unser Lösungskomitee[58] verläuft in drei Runden. Jede Runde wird explizit vom Vorsitz eingeleitet. Zusätzlich wird eine Karte mit einer Grafik, die die aktuelle Phase beschreibt, offen auf den Tisch gelegt, sodass alle immer sehen können, in welcher Runde wir uns gerade befinden.

In der ersten Runde werden die *Fakten gesammelt* – ohne Bewertungen, Meinungen oder Anschuldigungen. Dabei werden alle Beteiligten angehört. Das Lösungskomitee sorgt dafür, dass alle ausreden können, stellt Fragen und fasst zusammen, was verstanden wurde. Wenn alle Beteiligten zufrieden sind, geht es in die nächste Runde. Meistens nähern sich die Darstellungen in dieser Runde schon an oder stimmen überein. Manchmal kommt es aber auch vor, dass die Beschreibung des Geschehenen noch etwas unterschiedlich ist. In solchen Fällen werden die Zeug*innen befragt oder ggf. noch weitere Zeug*innen herangezogen. Diese Runde fällt manchmal schwer, wenn starke Gefühle im Spiel sind. Fakten von der eigenen Wahrnehmung zu trennen und zu erfahren, dass es unterschiedliche Perspektiven auf dieselbe Sache geben kann, ist ein wichtiger Baustein für die Entwicklung eines kritischen Bewusstseins. Fakten von Beurteilungen trennen zu können ist ein wichtiger Teil der eigenen Konfliktlösungskompetenz, es ist aber auch die Basis für konstruktive Diskussionen und Kooperation.

In einer zweiten Runde geht es um *Regeln und Meinungen*. Alle Anwesenden

---

58 Der Begriff *Lösungskomitee* beschreibt bei uns sowohl das Gremium als auch die Konfliktlösungsstruktur, also das Lösungsgespräch.

haben Gelegenheit zu sagen, ob ihrer Meinung nach Regeln gebrochen wurden und wenn ja, welche. Wie stehen die Beteiligten zu dieser Sache? Wie sehen die Mitglieder des Lösungskomitees den Fall? Diese Meinungen sind getrennt von der Lösungsfindung in der dritten Runde. Trotzdem wird der Fall hier oft geklärt. Gab es ein Verhalten, dass unsere Regeln verletzt hat, wird hier meistens nochmal erklärt, warum es diese Regeln gibt und welchen Zweck sie erfüllen – und warum es ein Problem ist, wenn sie gebrochen werden. Es kommt – gerade unter jüngeren Kindern – öfter mal vor, dass sie sich ungerecht behandelt gefühlt haben, in Wut geraten sind und irgendwie versucht haben, die Sache selbst in die Hand zu nehmen – und dabei die Grenzen von jemand anderem verletzt haben. Es ist eine enorm wichtige Lernerfahrung, hier eine klare Grenze gesetzt und alternative Wege, wie Streitschlichtung, aufgezeigt zu bekommen. Durch gute Erklärungen können die Kinder verstehen, was in der Schule geschehen würde, wenn einfach das Recht des Stärkeren gelten und Konflikte in Selbstjustiz geregelt würden. Da sie wissen, wie viele Ältere und Stärkere es in der Schule gibt, wird ihnen schnell das eigene Interesse an solchen Regeln deutlich.

Die Verantwortung, die mit der Freiheit in der Infinita kommt, kann nicht automatisch übernommen werden – sie wird erlernt. Diese zweite Runde bietet hierfür eine der größten Lerngelegenheiten. Den Kindern wird deutlich, welche Verantwortung sie für die Gemeinschaft haben. Nicht unbedingt beim ersten Mal im Lösungskomitee vollständig, aber jedes Mal ein Stückchen mehr. Die zweite Runde hilft auf diese Weise bei einem Perspektivwechsel. Hier wird sowohl die Erfahrung gemacht, dass sie ernst genommen werden und ihre Bedürfnisse legitim sind, als auch, dass auch andere Bedürfnisse und Gefühle zu berücksichtigen sind und was ihre Entscheidungen für die Gemeinschaft bedeuten.

Gibt es das Gefühl, dass hier alles geteilt wurde, was wichtig ist, fragt der*die Vorsitzende, ob noch jemand etwas zu sagen hat, oder ob die dritte Runde beginnen kann.

In der dritten Runde – Lösungen und Konsequenzen – können Konsequenzen verhängt werden. In den meisten Fällen ist das nicht nötig. Durch die Besprechung vertrauen die Beteiligten sich oft gegenseitig, dass nach dieser Besprechung ein ernst gemeinter Versuch unternommen wird, zukünftig die Bedürfnisse des*der jeweils anderen ernst zu nehmen. Die Sache ist besprochen, alle fühlen sich gehört. Oft ist dieses Vertrauen auch gerechtfertigt. Kommt eine Person aber wegen ähnlicher Dinge immer wieder zum Lösungskomitee, wird dieses beginnen, Konsequenzen zu verhängen.

Die Fälle werden auch festgehalten – beim ersten Vorfall ist die Konsequenz meist eine Verwarnung. Damit sagt das Lösungskomitee der betroffenen Person: Wir vertrauen dir, dass du dein Verhalten ändern wirst, darum gibt es keine Konsequenz. Sollte es aber dennoch weiter geschehen und der Eindruck entstehen, dass du die Sache nicht ernst genug nimmst, wird es in jedem Fall eine Konsequenz haben.

## Konsequenzen:
### Helfen statt bestrafen

Die meisten Konsequenzen sind darauf angelegt, der Person zu helfen, ihr Verhalten zu ändern. Oft ist es beispielsweise ein Gespräch mit der*dem Mentor*in zu dem Thema oder ein Training. Bei Regelbrüchen können aber auch andere Konsequenzen zustande kommen. Die Schüler*innen sind sehr kreativ und gleichzeitig sehr darauf bedacht, sicherzustellen, dass es nicht zu

Strafen kommt, die nichts mit der Sache zu tun haben. So wäre es eine Strafe, wenn jemand, der durchs Fenster hereingeklettert ist, einen Aufsatz schreiben müsste – hier gibt es keinen logischen Zusammenhang zwischen Tat und Folge. Eine Konsequenz wäre es, wenn die betreffende Person die Fassade reinigen muss, die durch ihre Aktion schmutzig geworden ist.

Das Lösungskomitce handelt meist in einer Geisteshaltung, die an die »Gewaltfreie Kommunikation«[59] nach Marshall Rosenberg angelehnt ist. Der Mensch steht im Mittelpunkt und seine Bedürfnisse werden gewürdigt, auch wenn es Konsequenzen für Regelbrüche gibt.

In manchen Fällen wird aber auch klar, dass es einen zwischenmenschlichen Konflikt gibt, bei dem die Regelbrüche zweitrangig sind. Es mag trotzdem wichtig sein, den Hintergrund der Regeln aufzuzeigen, aber das Vorgehen im Lösungskomitee ist dann noch klarer an die Gewaltfreie Kommunikation angelehnt.

## Beziehungen heilen:
### Verstehen statt maßregeln

Auch Konflikte, in denen das emotionale Wohlbefinden der Beteiligten im Vordergrund steht, werden vom Lösungskomitee in verschiedenen Schritten bearbeitet. Der Beginn jeder Phase wird auch hier durch das Aufdecken einer

---

59 Die Gewaltfreie Kommunikation (GFK) ist ein von Marshall Rosenberg entwickeltes Kommunikationsmodell, das darauf abzielt, Konflikte zu lösen und Verbindungen zu stärken, indem es die Bedürfnisse und Gefühle aller Beteiligten berücksichtigt. Zentrale Idee ist, dass Menschen die Verantwortung für ihre eigenen Gefühle haben und dass Gefühle die Folge erfüllter oder unerfüllter Bedürfnisse sind (vgl. Rosenberg 2015).

Karte und durch eine Ankündigung für alle Beteiligten deutlich gemacht. Welchen Weg das Lösungskomitee wählt, kann es von Fall zu Fall entscheiden. Der Normalfall sind die zuvor beschriebenen Stufen. Wenn deutlich wird, dass es eher darum geht, einen Streit zu lösen, kann auch alles abgebrochen und auf den im Folgenden dargestellten Weg umgeschwenkt werden:

In einem ersten Schritt geht es wieder um bewertungsfreie Beobachtung. Im zweiten Schritt sehen wir uns an, wie sich die Beteiligten gefühlt haben oder in diesem Moment fühlen. In einem dritten Schritt ergründen wir, welche unerfüllten Bedürfnisse die Ursachen für diese Gefühle sind oder waren. Statt mit einer Konsequenz endet das Ganze mit einer Bitte der Beteiligten aneinander. Durch dieses Vorgehen lernen die Schüler*innen nach und nach Verantwortung für ihre eigenen Gefühle und Bedürfnisse zu übernehmen. Sie verstehen auch die Gefühle und Bedürfnisse der anderen besser. Im Prinzip bauen diese Schritte direkt auf dem Ablauf der Gewaltfreien Kommunikation auf. Es gab bei uns auch schon Kurse zum Thema Gewaltfreie Kommunikation, die meisten Kinder lernen sie jedoch aus Erfahrung.

Zurzeit wird dieses Vorgehen im Lösungskomitee noch vergleichsweise selten angewendet. Das Team ist jedoch in der Gewaltfreien Kommunikation fortgebildet und lebt eine gewisse Haltung vor. Den ersten Schritt, die Trennung von Beobachtungen und Bewertungen, können die Schüler*innen in jeder Sitzung des Lösungskomitees erleben. Die Frage nach ihren Gefühlen und welche Bedürfnisse wohl dahinter stecken taucht im Schulalltag und in Mentor*innenzeiten immer wieder auf. Dadurch lernen die Kinder, zu forschen, welche Bedürfnisse ihren Gefühlen zugrunde liegen. Die Schritte der Gewaltfreien Kommunikation sind nur eine Hilfe und Gewaltfreie Kommunikation ist nicht primär als eine Technik zu verstehen, sondern als eine Haltung. Ein Beispiel soll zeigen, wie mächtig diese Haltung ist. Nehmen wir an, wir beobachten, wie der sechsjährige Max auf die siebenjährige Liv einschlägt. In jedem Fall ist es notwendig, dazwischen zu gehen, Liv zu schützen und sie auch zu trösten. Das verbreitete Vorgehen wäre jetzt, Max zumindest für sein Vorgehen zu rügen, ihm bestenfalls zu erklären, warum das nicht in Ordnung ist und im schlimmsten Fall zu bestrafen und ihn zurechtzuweisen. An dieser Stelle lohnt es sich, kurz an einen Moment zu denken, in dem wir wütend waren, und hineinzufühlen, wie offen wir in diesem Zustand für Hinweise sind, dass unser Verhalten nicht in Ordnung sei.

Die Gewaltfreie Kommunikation öffnet hier einen neuen Weg. Max schlägt Liv nicht, weil er ein böser Mensch ist. Es steckt ein unerfülltes Bedürfnis dahinter. Wenn er also Mitgefühl in unseren Augen sieht und etwas hört wie: »Oh je Max, du musst ja ganz schön wütend sein, wenn du so auf jemanden einschlägst.« – »Was ist denn bloß geschehen, das dich so wütend gemacht hat?«, gibt es eine viel größere Chance, dass er sich beruhigt. Vielleicht wird er sogar in Tränen ausbrechen. Wenn er sich dann erklärt und sich verstanden fühlt, kann man ihm mit Fragen helfen, das zugrunde liegende Bedürfnis zu spezifizieren: »Habe ich dich richtig verstanden, dass du so wütend warst, weil du denkst, dass Liv über dich gelacht hat? Du möchtest dich sicher fühlen und mit Respekt behandelt werden?« So wird Max sich gesehen fühlen, sein Selbstwert wird nicht durch Scham und Schuldzuweisungen geschädigt und er lernt, Verantwortung für seine eigenen Gefühle zu übernehmen und auch die eigenen Bedürfnisse zu verstehen. Ist er beruhigt und fühlt sich gesehen, ist die Chance viel größer, dass er hören kann, dass es wichtig ist, andere Wege zu finden, seine Wut herauszulassen und seine Konflikte zu lösen. Man kann ihm anbieten, eine Streitschlichtung mit Liv zu machen, sodass er diesen anderen Weg direkt erfahren kann. Eine Änderung des Verhaltens ist viel wahrscheinlicher, Liv und Max werden sich vermutlich auch schneller wieder mögen.

Es ist eine große Herausforderung, diese Haltung soweit zu verinnerlichen, dass wir alte Verhaltensmuster ganz ersetzen. Wir sind sicher nicht alle Expert*innen in Gewaltfreier Kommunikation. Wir sehen aber als Team den Wert für uns selbst, für die Schüler*innen und für die Schulgemeinschaft und bemühen uns darum, in diesem Bereich weiter zu wachsen.

Wir sehen einen großen Gewinn für die Schüler*innen, wenn sie die Technik verinnerlichen und diese zu einer unterbewussten Kompetenz wird. Dann beginnt man, vollständig Verantwortung für die eigenen Gefühle zu übernehmen und nach den zugrunde liegenden Bedürfnissen zu forschen, statt andere dafür verantwortlich zu machen. Zudem hilft es dabei, die Gefühle anderer nicht persönlich zu nehmen, sondern als Ausdruck von deren erfüllten und unerfüllten Bedürfnissen. Dies öffnet neue Türen für Empathievermögen.

## Demokratie sichern: Das Lösungskomitee als Garant für die Einhaltung der Schulregeln

In letzter Instanz ist das Lösungskomitee dafür verantwortlich, dass sich alle auf die Einhaltung der Regeln verlassen können. Wenn die Schulgemeinschaft in der Schulversammlung Regeln festlegt, es aber keine Konsequenzen hätte, sie einzuhalten oder nicht, würde unser höchstes Gremium damit faktisch ohnmächtig sein. Würden die Erwachsenen die Regeln allein durchsetzen und als strafende Gewalt auftreten, würde zum einen das Verhältnis zwischen Schüler*innen und Erwachsenen nachhaltig geschädigt; zum anderen wäre es undemokratisch, wenn das Team die Regeln nach eigenem Gutdünken auslegen würde. Vor allem würden die Regeln aber nicht mehr als Regeln der

Gemeinschaft erlebt, die von der Gemeinschaft durchgesetzt werden.

Das Lösungskomitee sichert, dass alle »vor dem Gesetz« gleich sind. Wie in jeder demokratischen Gemeinschaft müssen Regeln durchsetzbar sein. Auf welche Art und Weise die Regeln durchgesetzt werden, ist dabei sehr bedeutsam. Das Lösungskomitee gibt jedem Mitglied der Schulgemeinschaft die Möglichkeit, für die eigenen Rechte einzustehen. Zugleich können alle hier Verantwortung für die Gemeinschaft übernehmen und ihre eigene Verantwortlichkeit gegenüber der und für die Gemeinschaft erleben. So ist das Lösungskomitee wichtig, um Verantwortungsbewusstsein zu lernen, aber auch, um die Erfahrung der eigenen Wirksamkeit zu machen. Schüler*innen lernen, Verantwortung für die Gemeinschaft zu übernehmen und gewinnen dabei das Selbstvertrauen, dass sie dazu auch in der Lage sind. Früher oder später brechen die meisten Schüler*innen Regeln und können den Zwiespalt zwischen dem Verfolgen eigener Bedürfnisse und der Verantwortung gegenüber der Gemeinschaft erleben. Je klarer sich die Kinder und Jugendlichen als Teil der Gemeinschaft verstehen, desto seltener geschieht dies. Dies bedeutet auch, dass die Schüler*innen, die damit Schwierigkeiten haben, öfter beim Lösungskomitee sitzen und somit auch größere Lernmöglichkeiten in diesem Bereich bekommen.

Wenn jemand wiederholt Grundregeln bricht und dafür sorgt, dass es anderen in der Schule schlechter geht, kann das Lösungskomitee auch Maßnahmen einleiten, die der betroffenen Person deutlich machen: »Du musst Verantwortung für dein Handeln übernehmen und die Regeln achten, die wir als Gemeinschaft aufgestellt haben. Sonst kannst du nicht Teil dieser Gemeinschaft sein.« Zunächst wird versucht, in Gesprächen mit den Mentor*innen und Eltern zu klären, was die betreffende Person braucht, um Verantwortung übernehmen zu können. In letzter Instanz kann die Person aber auch über eine gewisse Zeit vom Schulbesuch ausgeschlossen werden oder schließlich die Schule ganz verlassen müssen. Letzteres ist noch nie geschehen. Es gab aber ältere Quereinsteiger*innen, die sehr kurz davor waren. Sie hatten in ihrer vorherigen Schulzeit gelernt, dass Erwachsene für die Durchsetzung der Regeln verantwortlich sind, und dass sie selbst auf diese Regeln keinen Einfluss haben; sie empfanden es als eine Art Rebellion gegen Fremdbestimmung, diese Regeln zu brechen. In einer Situation, in der sie plötzlich großen Vertrauensvorschuss hatten und in der es viele unbeobachtete Bereiche ohne Erwachsene gab, folgten sie alten Mustern. Sie hatten nicht gelernt, Verantwortung für ihr eigenes Handeln zu übernehmen. So lange keine Erwachsenen da waren, benahmen sie sich rücksichtslos oder einschüchternd gegenüber anderen Schüler*innen und zerstörten Schuleigentum. Sie mussten schnell lernen, dass die anderen Schüler*innen ein solches Verhalten nicht tolerierten und das Schuleigentum als Eigentum der Gemeinschaft sahen. Und so fanden sie sich wieder und wieder vorm Lösungskomitee. Dort versuchten sie zunächst, was sie gelernt hatten – sich mit Lügen aus der Verantwortung zu ziehen. Dieses Verhalten stieß auf Unverständnis. Es ist nicht so, dass einige Kinder diese Strategie nicht mal hier und da nutzen würden – vor allem wenn ihnen peinlich ist, was sie getan haben –, aber es ist die Ausnahme, nicht die Regel. Da das Lösungskomitee als Instanz erlebt wird, in der Lösungen gefunden werden – oder Konsequenzen, die die Kinder auch selbst logisch finden –, sind die meisten recht ehrlich, wenn auch manchmal mit einer etwas tendenziösen Darstellung der Dinge.

In den Fällen dieser Quereinsteiger*innen war es wichtig, dass das Lösungskomitee auch klar machen konnte: Es ist deine Entscheidung, hier an der Schule zu sein – wenn du die Freiheit willst, musst du bereit sein, die Verantwortung zu tragen. Du wirst uns wieder verlassen müssen, wenn deine

Handlungen hier zum Schaden anderer sind.

So kam es zu vielen Gesprächen, die Mentor*innen boten viel Unterstützung; es kam auch zu einigen kurzen Schulausschlüssen. Letztlich hat diese Kombination dazu geführt, dass bei allen eine Veränderung des Verhaltens eingetreten ist. Bisher hat niemals jemand auf diese Art unsere Schule verlassen müssen. Es gab allerdings einige Wenige, die sich später selbst entschieden haben zu gehen, da es ihnen schwerfiel, die Verantwortung für ihr eigenes Lernen zu übernehmen.

Es bleibt eine Diskussion in der Schule, wie konsequent das Vorgehen in solchen Fällen sein sollte. Jemanden wirklich von der Schule zu verweisen und so auch eine schwerwiegende Entscheidung für dessen Leben zu treffen, fällt uns schwer. Gleichzeitig bedeutet eine inkonsequente Umsetzung unserer Regeln, dass die Gemeinschaft nicht genug geschützt wird und das Vertrauen in unsere Strukturen sinkt. Wenn bestimmte Schüler*innen andere immer wieder ärgern oder gar bedrohen, will man herausfinden, warum das Kind so handelt, und dabei helfen, die Ursachen zu bearbeiten. Gleichzeitig müssen sich die Kinder, die unter dieser Person leiden, des Schutzes durch die demokratischen Strukturen sicher sein. Das kann eine Gratwanderung sein und je mehr man den Personen entgegenkommt, desto mehr personelle Ressourcen muss man haben und bereit sein, diese von anderen Projekten abzuziehen.

## Erwachsene und das Lösungskomitee

Auch für das Team der Schule ist das Lösungskomitee sehr wichtig. Zum einen nutzen wir es wie die Schüler*innen, wenn wir bestimmte Regelbrüche beobachten. In 90% der Fälle genügt ein Hinweis auf den Regelbruch, wenn nicht, schreiben wir ebenfalls Anträge ans Lösungskomitee. So können wir Regeln durchsetzen, ohne auf die Richtigkeit unserer eigenen Perspektive vertrauen zu müssen. Es kommt durchaus vor, dass im Lösungskomitee deutlich wird, dass wir vielleicht doch nicht alles gesehen haben, und wir verstehen die Hintergründe besser.

Gleichzeitig können Schüler\*innen Anträge schreiben, wenn sich Erwachsene ihrer Meinung nach nicht angemessen verhalten und/oder eine Regel gebrochen haben. Das geschieht nicht oft – bedeutet aber, dass das Machtgefälle zwischen Erwachsenen und Kindern deutlich flacher ist als herkömmlich. Natürlich haben Erwachsene eine andere Rolle in der Schule und einen Erfahrungsvorsprung, der uns in Diskussionen einen Vorteil verschafft, mit dem wir behutsam umgehen müssen. Trotzdem ist klar, dass in letzter Instanz Erwachsene ihr Verhalten genauso vor dem Lösungskomitee erklären müssen wie die Kinder und dass die Regeln für sie genauso gelten – manchmal sogar mehr.

Ein schönes Beispiel aus meiner eigenen Erfahrung dreht sich um einen Bartisch und einen Barstuhl. Ich hatte diese beiden Dinge vom Sperrmüll gerettet und in einen unserer größten Räume – den Saal – gestellt. Es gibt an der Infinita ein Saalkomitee, das beschlossen hatte, den Saal zu einer Art französischem Café umzugestalten. Als ich nun diese Möbel einfach in den Saal stellte, fühlten sich Mitglieder dieses Komitees übergangen. Sie schrieben einen Antrag und stellten im Lösungskomitee fest, dass ich die demokratischen Strukturen nicht geachtet hatte. Ich hatte zwar einiges zu meiner Verteidigung vorzubringen, aber letztlich hatten sie recht. Die Lösung war in diesem Fall, dass sich das Saalkomitee hinsichtlich der beiden Möbel besprechen sollte und dass ich verantwortlich sei, diese zu entsorgen, sollte die Entscheidung des Komitees gegen sie ausfallen. Und so kam es dann auch.

Wichtig ist hier natürlich nicht, was letztlich mit dem Stuhl passiert. Viel entscheidender ist, dass die Schüler*innen hier eine demokratische Vorgehensweise gegen eine gewisse Willkür eines Erwachsenen verteidigt haben. Das habe ich nicht nur respektiert, sondern im Lösungskomitee mit großer Anerkennung bedacht, unabhängig davon, wie ich zu der Sache inhaltlich stand.

Die Erfahrung, selbst Verantwortung zu übernehmen und sich diese nicht aus der Hand nehmen zu lassen, ist für die Entwicklung von Selbstvertrauen und Selbstwirksamkeitserwartung nicht zu unterschätzen. Es zeigt auch, dass die Regeln an unserer Schule für alle gleichermaßen gelten. Somit wurde hier das Vertrauen zwischen den Schüler*innen und dem Team gestärkt. Es wurde deutlich, dass wir die Demokratie und die Rechte der Einzelnen unabhängig vom Alter ernst nehmen.

Gleichzeitig bedeutet es für uns Erwachsene die Möglichkeit zu wachsen. Wir sind alle in einem System groß geworden, in dem sich Erwachsene ganz selbstverständlich über junge Menschen gestellt haben und willkürlich über sie bestimmen durften. Solche Erfahrungen hinterlassen Spuren und prägen unser eigenes Handeln heute. Was für ein Geschenk, wenn uns junge Menschen darauf hinweisen, sodass wir uns alter Muster bewusst werden und diese verändern können.

### *Herausforderungen des Lösungskomitees:*
### *Nicht perfekt, aber unschätzbar wertvoll*

Im Laufe der Jahre stellte uns das Lösungskomitee auch immer wieder vor Herausforderungen. Zum einen gab es Phasen, in denen wir Schwierigkeiten hatten, alle Fälle zu bearbeiten. Das war besonders schwierig, als wir noch keine Streitschlichtung hatten und alle Fälle vom Lösungskomitee bearbeitet werden mussten. Es kam zu Situationen, in denen Fälle so alt wurden, dass sie für die Beteiligten keine Rolle mehr spielten. Das schwächte das Vertrauen in unsere Strukturen. Heute kann es noch immer geschehen, dass einzelne Fälle lange zurück liegen, z.B. weil öfter eine*r der Beteiligten krank ist und irgendwann viele aktuelle Fälle das Lösungskomitee beschäftigen. Im Großen und Ganzen werden die Anträge aber recht schnell bearbeitet – oft am selben oder am Folgetag. Trotzdem gibt es manchmal unter den Schüler*innen den Eindruck, das Lösungskomitee »bringe nichts«. Teilweise liegt das daran, dass sich das Verhalten von Einzelnen oft nicht sofort nach einem oder zwei Fällen im Lösungskomitee vollständig ändert. Das ist aber der Wunsch – immerhin stecken die Antragsteller*innen selbst einiges an Energie in die Treffen und am Ende sieht es meist so aus, als sei die Sache geklärt und eine klare Einigung erzielt, die Bestand haben soll. Geschieht dies nicht, kann das frustrierend sein. Dass das Erlernen von verantwortlichem sozialen Handeln ein Prozess ist, ist für die Schüler*innen oft schwer nachzuvollziehen, vor allem wenn es um andere geht. Jedes Gespräch im Lösungskomitee hilft ein Stück, alte Muster, Denk- und Reaktionsweisen zu hinterfragen und schließlich auch zu ändern. Das ist leichter zu verstehen, wenn man diesen Prozess über Jahre begleitet und beobachtet, welch beeindruckende Veränderungen über die Zeit geschehen. Die Tendenz des Lösungskomitees, zu erklären, auf Einigung abzuzielen und die Einzelnen dabei zu unterstützen, ihr Verhalten zu verändern, wird dadurch manchmal mit etwas Ungeduld gesehen. Auch die Durchsetzung der verhängten Konsequenzen sicherzustellen, ist nicht immer leicht und bedarf personeller Ressourcen und einer guten Struktur. Es gibt also an einigen Stellen Verbesserungsmöglichkeiten und über die

Jahre werden wir sicher weiter an der Effektivität des Lösungskomitees arbeiten. Zugleich ist die doppelte Rolle des Komitees für die Schule absolut funktional: Als reines Mediationsinstrument könnte das Lösungskomitee nicht sicherstellen, dass die gemeinsam beschlossenen Regeln auch von allen anerkannt werden und durchsetzbar sind. Als reines Gericht hätte es nicht die Kraft, die Konfliktlösungsfähigkeit der Schüler*innen kontinuierlich zu schulen und so zu dem Miteinander beizutragen, das wir in der Schule erleben.

Eine ehemalige Schülerin, die nach der Infinita eine gymnasiale Oberstufe besuchte, berichtete, dass es nicht die hierarchische Struktur dort sei, die sie am meisten herausforderte, sondern der Umgang der Schüler*innen untereinander. »In der Infinita war es manchmal anstrengend, dass es sofort eine Streitschlichtung gab, sobald jemand jemand anderem einen Bleistift weggenommen hat. Aber in der neuen Schule ist niemand in der Lage, Konflikte zu klären. Jede*r redet über jede*n hinter deren Rücken, aber niemand wagt es, Konflikte anzusprechen und zu klären«, erzählte mir die Schülerin.

Unsere Erfahrungen zeigen, wie bedeutsam ein konstruktiver Umgang mit Konflikten in Schulen, Kindergärten und zu Hause ist. Wenn Erwachsene – wie heute leider eher noch die Regel als die Ausnahme – als strafende Macht auftreten, zerstören sie nicht nur das Vertrauensverhältnis und die Möglichkeit, gute Mentor*innen zu sein, sie nehmen den jungen Menschen auch die Möglichkeit zu lernen, Konflikte selbst zu lösen, Empathie für andere zu entwickeln und Verantwortung für das eigene Handeln zu übernehmen. Statt also einen eigenen moralischen Kompass im Umgang mit anderen Menschen zu entwickeln, wird »unerwünschtes« Handeln nur aus Angst vor Strafe vermieden. Angst ist aber keine gute Lehrmeisterin. Wenn keine drohende Strafe mehr davon abhält, die Grenzen anderer zu verletzen und Menschen selbst die Möglichkeit bekommen, Angst zu verbreiten, werden sie das tun – bewusst oder unbewusst. Dies ist der Grund, warum viele Erwachsene entsprechend mit Kindern umgehen – sie haben es selbst so gelernt. Dasselbe gilt, wenn sie in einer Hierarchie ganz oben sind: In den meisten Fällen wird ein herabschauendes, strafendes Verhältnis zu Mitarbeiter*innen ihren Ursprung darin haben, dass Menschen, von denen man als Kind abhängig war, entsprechend gehandelt haben.

In letzter Konsequenz bedeutet das: Konstruktive Konfliktlösung hat nicht nur zur Folge, dass die eigenen Beziehungen in der Zukunft eine bessere Qualität haben können, dass Freundschaften nicht durch unterschwellig schwelende, ungelöste Streitigkeiten und die eigene Unfähigkeit, die Perspektive des anderen zu verstehen, torpediert werden – es bedeutet auch für die Menschen, mit denen man zu tun hat, ein besseres Leben. Sie ist eines der einfachsten Werkzeuge, um diese Gesellschaft kooperativer und lebenswerter werden zu lassen.

# Mentorenschaft:
## *Unterstützung auf dem Weg*

*»Ich finde es wichtig, dass man noch jemanden hat, außer den Eltern. Wenn du Probleme hast – aber auch für Gutes. Jemand, mit dem man reden kann, wenn mal mit den Freunden oder Eltern etwas nicht funktioniert.«*

ADELE (15)

*Geht man auf dem Besuch nur durch die Schule und den Garten, verpasst man einen Teil des Schulgeschehens. Auf der anderen Seite der Straße befindet sich ein Spielplatz. Dort spielen einige Schüler\*innen, andere unterhalten sich in der Sonne. Wir finden eine Lernbegleiterin (Lea) und ein achtjähriges Mädchen (wir nennen sie Angelina) in ein Gespräch vertieft, während sie nebeneinander schaukeln. Als wir näher kommen, ruft uns Angelina zu: »Wir machen gerade Mentorenzeit, aber du darfst gerne zusehen, nur nicht stören.«*

*Die beiden haben gerade ein Ritual beendet, dass sie sich zusammen ausgedacht haben. Zu Beginn jeder Mentorenzeit erzählen sie sich etwas aus der letzten Woche, das toll war, etwas, das eine Herausforderung war, und einen Witz. Angelina freut sich über den Erfolg ihres Witzes und kann selbst kaum aufhören zu kichern, während sie die Beine immer höher in die Luft wirft. Eine Weile schaukeln die beiden einträchtig und ohne Worte nebeneinander her. Dann springt Angelina von der Schaukel in den Sand und fordert ihre Mentorin zu einem Schaukel-Spring-Wettkampf heraus.*

*Nach einigen Sprüngen beginnt Angelina langsamer zu schaukeln und wird etwas nachdenklich. »Weißt du, was richtig blöd war letzte Woche?« – »Was denn?«, fragt die Lernbegleiterin interessiert. Angelinas Miene verfinstert sich ein wenig, als sie sichtbar im Geist zu einer Situation zurückgeht. »Pauline und Johanna waren voll gemein zu mir.«*

*Dann beginnt sie zu beschreiben, wie aus einem gemeinsamen Spiel ein Streit entstanden ist und wie sich die anderen beiden gegen sie verbündet hätten. Außerdem wolle Johanna »immer bestimmen«. Mittlerweile hat das Schaukeln aufgehört und die beiden sitzen einfach nebeneinander. Angelina sieht etwas verbissen zu ihren Füßen im Sand.*

*Lea hat sehr konzentriert zugehört und fragt: »Wie war das denn für dich?«*

»*Richtig doof! Den Tag danach wollte ich fast gar nicht in die Schule gehen, weil ich die beiden nicht sehen wollte!*«, *antwortet Angelina und tritt halbherzig in den Sand.*

»*Das klingt ja, als wenn das echt schwer für dich war und als wenn du immer noch traurig deswegen bist, stimmt das?*«, *fragt Lea.*

»*Ja!*«, *sagt Angelina und blickt zu Lea auf.*

»*Und ein bisschen wütend auch, was?*«

*Angelina denkt nach und antwortet dann:* »*Ja, auch ein bisschen wütend, also als das passiert ist, war ich mehr wütend, aber jetzt bin ich mehr traurig.*«

»*Und die beiden sind dir ja echt wichtig und du möchtest eigentlich gern mit den beiden spielen, oder?*«

»*Ja, eigentlich ist Johanna meine beste Freundin, aber wenn Pauline dabei ist, dann ist sie manchmal voll doof.*«

*So geht das Gespräch noch eine Weile weiter. Lea befragt Angelina nach ihren Gefühlen und hilft ihr zu erforschen, was hinter den Gefühlen liegt. Zwischendurch sprudelt es nur so aus Angelina heraus und gleichzeitig hellt sich ihre Miene immer weiter auf.*

*Nachdem sie schließlich die Geschichte ausführlich erzählt hat und sich verstanden fühlt, fragt Lea sie, ob sie vielleicht auch ein bisschen bestimmen wollte. Angelina denkt nach und gibt dann zu:* »*Ja, schon. Ich streite manchmal mit Johanna, wenn wir beide bestimmen wollen.*«

*Gemeinsam überlegen die beiden nun, wie die Situation hätte anders verlaufen können und ob Freundinnen zu sein vielleicht wichtiger ist, als* »*Bestimmerin zu sein*«. *Sie besprechen Möglichkeiten, gemeinsam Ideen für ein Spiel zu entwickeln und gut darüber zu sprechen. Dann erzählt Lea, dass sie es auch manchmal schwierig findet, nach guten Lösungen zu suchen, wenn sie erstmal traurig oder wütend ist.*

*Angelina springt plötzlich von der Schaukel und sieht Lea an. »Ich glaube, Johanna war auch wütend und dann konnten wir beide nicht gut überlegen!«*

*Lea lacht und sagt: »Ja, das ist manchmal so. Da hilft es, wenn man eine Person zu Hilfe holt, die damit nichts zu tun hat. Das geht ja hier in der Schule.«*

*»Ja, ich könnte eine Streitschlichtung machen. Aber das dauert immer soooo lange und ist so langweilig!«*

*»Länger, als du jetzt Streit mit Johanna hattest?«*

*Angelina überlegt kurz: »Nein, das war ja jetzt zwei Tage lang richtig doof. Okay, wenn das wieder passiert und ich wütend bin, kann ich ja das nächste Mal eine Streitschlichtung machen.«*

*Lea blickt Angelina nochmal in die Augen und fragt, ob sie glaubt, dass sie sich das nächste Mal daran erinnern wird. Angelina bejaht, greift Leas Hand und zieht sie von der Schaukel auf eine Gruppe laufender Kinder zu. »Den Rest der Mentorenzeit will ich Ticken spielen!« ruft sie.*

In Demokratischen Schulen gibt es in der Regel keine Klassen und somit auch keine Klassenlehrer*innen.

In den meisten gibt es aber ein System von Mentorenschaft – oft mit unterschiedlichen Namen. Begriffe wie Tutor*in oder Vertrauenslehrer*in beschreiben eine vergleichbare Idee. Die Umsetzung kann unterschiedlich aussehen. Sie reicht von einer*einem Ansprechpartner*in, der*die ab und zu mal nachfragt, ob alles in Ordnung ist, bis hin zu einer festen Struktur mit wöchentlichen Treffen.

An der Infinita haben wir das Mentorenkonzept von Anfang an als ein Kernstück unseres Konzeptes verstanden. Darum haben wir feste Zeiten dafür vorgesehen und sorgen immer dafür, dass die Lernbegleiter*innen Zeit für die

Mentorenarbeit haben. Über die Jahre haben wir die Zeit noch erhöht und einen Schwerpunkt auf unsere eigene Weiterbildung gelegt. Aktuell haben die Schüler*innen das Anrecht auf ein zwanzigminütiges Treffen jede Woche. Manche entscheiden sich stattdessen, alle zwei Wochen ein längeres Treffen zu haben.

Zu Beginn des Schuljahres findet eine Mentor*innenwahl statt. Die Schüler*innen wählen unter den Lernbegleiter*innen drei Personen, die sie sich gut als Mentor*in vorstellen können. Aus diesen dreien wird von uns eine Person als Mentor*in für das Kind ausgewählt. Um eine Kontinuität zu sichern, versuchen wir es immer möglich zu machen, dass Schüler*innen bei ihren Vorjahresmentor*innen bleiben können, wenn sie das möchten.

Mit ihren Mentor*innen legen die Schüler*innen Termine für ihre Mentorenzeiten fest.

Was genau bei diesen Terminen geschieht, liegt zu einem großen Teil in der Hand der Schüler*innen. Es ist ihre Zeit. Die jüngeren Kinder nutzen die Mentorenzeiten oft zum Spielen. Sie genießen, dass sie für diese Zeit einen Erwachsenen ganz für sich haben. Es hat sich gezeigt, dass dieses gemeinsame Spielen oft die Basis für eine vertrauensvolle Beziehung bildet, die die Mentorenarbeit in den kommenden Jahren um so fruchtbarer macht. Die ungeteilte Aufmerksamkeit eines Erwachsenen allein ist für viele Kinder sehr bedeutsam. Es zeigt ihnen, dass sie ernst genommen werden, dass sie wichtig sind und dass es eine erwachsene Person in der Schule gibt, die an ihrer Seite steht. Beim Spielen ergeben sich wichtige Gespräche oft ganz von selbst und viel ungezwungener als in einer von einem Erwachsenen kontrollierten Gesprächsumgebung.

Oft dienen Mentorenzeiten auch der Verarbeitung von Herausforderungen. So kann es Gespräche über Streitigkeiten mit Freund*innen geben, über

Krankheiten in der Familie oder auch einfach über spannende Begebenheiten, Interessen und Leidenschaften. Diese Gespräche sind für uns Erwachsene auch wichtig, um zu bemerken, wenn es einem Kind mal nicht gut geht, denn nur so können wir gut unterstützen.

Unsere Rolle als erwachsene Vertraute ermöglicht uns in manchen Fällen auch Gespräche, die mit Eltern so vielleicht nicht geführt werden könnten. Hat ein Kind beispielsweise den Eindruck, dass es zu viel Computer spielt, kann es sein, dass dies mit den Eltern nicht besprochen wird, weil die Eltern dann vielleicht das Spielen einschränken würden. Wir haben hier eine gewisse Neutralität und können dadurch helfen, zu reflektieren und einen eigenen Umgang mit den Themen zu finden. Darüber hinaus kann es auch Herausforderungen mit den Eltern geben, bis hin zum Erleben einer Trennung der Eltern. Allein die Möglichkeit, mit jemand anderem über die eigenen Gefühle und das eigene Erleben sprechen zu können, kann unschätzbar wertvoll sein. Bei einer Trennung geht es darüber hinaus darum, dem Kind dabei zu helfen, nicht die Schuld für die Trennung bei sich zu suchen.

Die Mentorenzeiten in der Infinita sind vertraulich. Inhalte aus der Mentorenzeit werden nicht an andere Schüler*innen, Lernbegleiter*innen oder die Eltern weitererzählt, ohne vorher die Genehmigung der Kinder einzuholen. Dieses Recht auf Privatsphäre wird Kindern heutzutage noch zu selten zugestanden. So wird die Möglichkeit für tiefe, vertrauliche Gespräche oft verbaut. In vielen Situationen bleiben Menschen lieber mit Schwierigkeiten allein, anstatt zu riskieren, dass sie an die falschen Ohren geraten. Das gilt für Kinder und Jugendliche umso mehr, da Erwachsene Macht über sie haben.

Allein das Zugeständnis des Rechts auf Privatsphäre bedeutet, sich auf Augenhöhe behandelt zu fühlen. Gleichzeitig gibt es natürlich Informationen aus der Mentorenzeit, die mit den Eltern oder mit dem Team besprochen werden sollten. In diesen Fällen holen wir uns die Erlaubnis unserer Mentorenkinder. Bekommen wir diese nicht, versuchen wir das Ganze anders zu lösen. Nur wenn wir das Gefühl haben, dass die physische oder psychische Sicherheit eines Kindes gefährdet ist, würden wir uns auch ohne Erlaubnis mit anderen besprechen – aber auch dann nicht hinter dem Rücken des Kindes. Wir würden dem Kind mitteilen, dass wir mit jemandem sprechen werden und auch erklären, warum wir dies für unabdingbar halten.

In vielen Fällen ist aktives Zuhören – also Aufmerksamkeit und offene Fragen – genug Unterstützung. Die Aufgabe der Mentor*innen geht aber weiter. Sie kann die Form von Beratung annehmen, vor allem, wenn die Schüler*innen klar darum bitten. *Coaching* haben wir dabei als ein sehr hilfreiches Instrument entdeckt.

Die Mentorenzeit spielte für mich eine sehr zentrale Rolle. Dort hatte ich die Möglichkeit, mir Unterstützung zu suchen, um meine Reise, meinen Weg zu gehen; um Hilfe zu fragen, wenn ich nicht wusste, wie ich etwas angehen sollte, und zu reflektieren, wo ich gerade stehe und was ich erreichen möchte. Und manchmal war die Mentorenzeit auch einfach ein Spaziergang in den Wald oder eine Fahrt zum Eis essen.

Jonna, 18

## Coaching – Hilf mir, es selbst zu tun

»Hilf mir, es selbst zu tun!« – der bereits erwähnte Satz von Maria Montessori fasst in dieser Einfachheit und Kürze wundervoll zusammen, was Kinder und Jugendliche für ihre Selbstentfaltung brauchen. Allerdings unterscheiden sich die Konsequenzen aus diesem Satz in Montessori-Schulen und Demokratischen

Schulen. Für uns hat Montessori hier etwas in Worte gefasst, das sehr gut als Leitlinie unserer Mentorenarbeit gelten kann. Es bedarf viel Feingefühl, das richtige Maß an Unterstützung zu finden.

Nimmt man den Schüler*innen alles aus der Hand, stiehlt man ihnen nicht nur eine enorme Lerngelegenheit. Man verbaut jungen Menschen vor allem die Möglichkeit, eigene Erfolge zu feiern, sich selbst als Autor*innen von Veränderung zu erleben und Vertrauen in sich selbst und die eigenen Fähigkeiten zu entwickeln. Zusätzlich unterminiert man die Entwicklung der Problemlösungsfähigkeit.

Lässt man junge Menschen dagegen mit ihren Herausforderungen allein, können zu viele frustrierende Erlebnisse das Selbstvertrauen schädigen. Scheitern muss sein dürfen – aber es bedarf einer Begleitung, um aus Fehlschlägen zu lernen, anstatt aufzugeben und das eigene Selbstbild in Frage zu stellen.

Dazu ein Beispiel aus der Praxis, basierend auf verschiedenen Situationen, um das Ganze möglichst anschaulich darzustellen:

Ein achtjähriges Mädchen, nennen wir es Paula, will einen Ausflug machen. Freut sich ihr Mentor nun über das Interesse und organisiert diesen Ausflug, lernt Paula, dass sie ihre Wünsche einer kompetenten Person sagen kann, und wenn sie Glück hat, werden sie von dieser Person in die Tat umgesetzt. Paula lernt auch, dass dies eine Sache für Erwachsene ist und dass sie selbst nicht dazu in der Lage wäre. Sie freut sich zwar, aber eine Entwicklung von Selbstwirksamkeitserwartung findet nicht statt.

Fordert man Paula auf, den Ausflug selbst zu organisieren, wird sie vermutlich aufgeben, bevor sie angefangen hat – denn sie wüsste gar nicht, wie sie anfangen sollte. Im Angesicht der Überforderung würde dieses Projekt schnell ad acta gelegt. In dieser Situation erfährt Paula zwar, dass eine vertraute

Person ihr zutraut, selbst einen Ausflug zu organisieren, gleichzeitig aber erlebt sie, dass dieses Vertrauen scheinbar nicht gerechtfertigt war. Zudem würde der Ausflug nicht stattfinden. Es ist also zentral, dass Paula genau so viel Unterstützung bekommt wie nötig, um den Ausflug Realität werden zu lassen.

Darum ist Coaching für uns das Mittel der Wahl. Anders als bei herkömmlicher Beratung geht es beim Coaching darum, zu helfen, die eigenen Ressourcen zu entdecken und zu mobilisieren. Hier stehen Fragen im Mittelpunkt, die zunächst helfen, Klarheit über die eigenen Ziele und Motivationen zu bekommen. Darüber hinaus geht es darum, die Schritte zum Erreichen dieser Ziele herauszuarbeiten.

Das ist natürlich eine extreme Verkürzung der Vielzahl verschiedener Methoden, die mit dem Begriff Coaching beschrieben werden. Hier geht es vor allem darum, zu zeigen, wie und warum sich Coaching im Rahmen der Mentorenarbeit an einer Demokratischen Schule als ein so passgenaues Instrument herausgestellt hat.

In diesem Beispiel ist es zunächst spannend, mit Paula darüber zu sprechen, warum dieser Ausflug wichtig für sie ist. Was ist das Tolle daran? War sie schon einmal dort? Was hat sie besonders begeistert? Ein bisschen gemeinsam träumen: Wie es wäre, dies gemeinsam mit Freund*innen aus der Infinita zu erleben?

An dieser Stelle wird auch oft klar, ob es nur eine Idee oder ein inniger Wunsch ist. Denn ist keine Begeisterung zu sehen, ist es nicht sinnvoll, aus diesem Ausflug überhaupt ein Projekt zu machen (weil vielleicht der Mentor es toll findet).

Doch Paula ist begeistert und ihre Augen leuchten, wenn sie davon erzählt. Also wird gemeinsam überlegt, was alles nötig ist, um die Idee zur Wirklichkeit werden zu lassen. Diese Punkte werden aufgemalt und aufgeschrieben. Dann geht es darum, zu überlegen, welche die nächsten Schritte sind. Es muss geklärt werden, wie viele Kinder mitwollen, wie man dort hinkommt, wie hoch die Kosten sind und ob die Schulversammlung das bezahlen würde. Der erste Schritt ist somit, ein Plakat mit einer Liste zu malen, in die sich interessierte Schüler*innen eintragen können. Außerdem sagt Paula zu, im Freiarbeitsraum mit einem*einer Lernbegleiter*in zu recherchieren, was der Ausflug kostet. In jeder Mentorenzeit wird der gemeinsam erstellte Plan herausgeholt und der Stand der Dinge abgefragt. Ist es nicht weitergegangen, wird geprüft, ob der Ausflug weiter wichtig ist. Da dies der Fall ist, wird weiter geprüft, welche Unterstützung noch nötig sein könnte. Regelmäßige Erinnerungen? Eine Gruppe von Freund*innen, die mitorganisieren?

Nachdem schließlich die Liste gefüllt, die Anreise geklärt und die Kosten recherchiert sind, schreibt Paula gemeinsam mit ihrem Mentor einen Antrag an die Schulversammlung. Da Paula noch nicht so gut schreiben kann, schreibt sie alles, was sie selbst kann, ihr Mentor schreibt den Rest für sie vor und sie schreibt ab. Danach stellt Paula den Antrag in der Schulversammlung selbst vor und wird dabei vom Mentor nur unterstützt. Die Schulversammlung stimmt dem Antrag zu. Nun müssen noch Erwachsene zur Begleitung gefunden und ein Termin geklärt werden. Dann kann das Mädchen gemeinsam mit dem Finanzkomitee Eintritts- und Fahrkarten kaufen. Am Tag, an dem dann 20 Kinder gemeinsam auf einen Ausflug fahren, ist Paula überglücklich und stolz. Sie weiß, dass sie diesen Ausflug organisiert hat.

Sie hat dabei gelernt, wie man einen Plan für ein solches Projekt erstellt und in Schritte aufteilt, bei wem sie sich welche Unterstützung holt, wie man Preise herausfindet und ausrechnet, wie sich eine Anreise mit öffentlichen Verkehrsmitteln organisieren lässt und wie man einen Antrag an die Schulversammlung stellt. Vor allem hat sie gelernt, dass sie Träume Realität werden lassen kann, dass sie ihr Leben bewusst selbst in die Hand nehmen kann.

Dies ist ein Beispiel, das die Bedeutung von Coaching in der Mentorenarbeit zeigt: Es geht darum, junge Menschen auf dem Weg in die Selbstständigkeit zu begleiten und zu unterstützen. Die Inhalte der Mentorenarbeit sind nicht unwichtig. Von größerer Bedeutung ist meist jedoch, wie man mit diesen Inhalten umgeht.

Durch das Coaching lernen die Schüler*innen, eigene Projekte planvoll anzugehen. Sie lernen, diese Projekte zu entwickeln, durchzuführen und auch zu reflektieren. Ein Projekt kann dabei das Entwickeln eines Spieles sein oder die Suche nach einem Ausbildungsplatz. Auch ein Streit kann ein Projekt sein. Bei einem Streit mit den besten Freund*innen ist es natürlich wichtig, dass dieser beigelegt wird. Wenn die Kinder aber dabei unterstützt werden, diesen Streit *selbst* zu lösen, lernen sie den Umgang mit Konflikten und sie lernen, dass sie Konflikte selbst bearbeiten können. Zudem wird das Ergebnis oft besser sein, als wenn jemand versucht, den Streit für sie zu lösen. Bedeutsam ist vor allem, dass all diese Projekte dabei helfen können, in die eigene Kraft zu kommen, die eigenen Ressourcen realistisch einschätzen zu können und ein gesundes Selbstvertrauen zu entwickeln.

Ein Teil des Coaching ist »aktives Zuhören«. Wir haben als Erwachsene oft den Impuls, negative Gefühle bei Kindern zu vertreiben. Kinder werden abgelenkt, wenn sie traurig sind, sie bekommen ein Eis oder ein Spielzeug geschenkt oder dürfen ihre Lieblingsserie ansehen. Diese Art des Tröstens mag manchmal sinnvoll sein. Sie verhindert aber auch eine Auseinandersetzung mit den eigenen Gefühlen und stört bei der Selbstermächtigung. In der vertrauten Umgebung der Mentorenzeit teilen Kinder oft Dinge, die ihnen schwer auf der Seele liegen. Das reicht von gefühlter Hilflosigkeit über tiefe Selbstzweifel bis hin zum Tod eines Haustieres oder gar eines Familienmitgliedes. Aktives Zuhören – also die ungeteilte Aufmerksamkeit – und Fragen, die helfen, tiefer zu gehen, und deutlich machen, dass man interessiert ist, öffnen einen Raum, in dem diese negativen Gefühle sein dürfen. So kann Verarbeitung geschehen. Verständnis und Empathie sind oft wichtiger als weise Ratschläge. Das fällt Erwachsenen oft nicht leicht und »weise« Ratschläge haben sicher häufig ihren Sinn und Zweck, aber wenn vorher kein Raum für Empathie da ist, können Ratschläge auch den Eindruck erwecken, dass die Gefühle »falsch« sind und vor allem etwas zu lösen ist. Ratschläge können dann besonders gut sein, wenn man wirklich grundsätzlich verstanden hat, was in der Seele des Menschen vorgeht, dem man sie anbietet. Oft ist der Raum, in dem solche Sorgen geteilt werden können, der wichtigste Teil der Heilung. Das Mentorenkind kann so erleben, dass die eigenen Gefühle in Ordnung sind, dass sie aber auch nicht für ewig bleiben, wenn man ihnen einmal Raum gibt. Danach kann es durchaus sinnvoll sein, eigene Ideen und Perspektiven anzubieten.

Nehmen wir an, ein Kind weint und bezeichnet sich selbst als »Trottel«. Der erste Impuls könnte sein, dem Kind zu sagen, dass es auf keinen Fall ein »Trottel« sei und all die Dinge aufzuzählen, die es gut kann. Das ist gut gemeint und Trost ist wichtig. Gleichzeitig wird dem Kind hier suggeriert, dass die Traurigkeit nicht in Ordnung ist. Zudem fügt man dem ohnehin schon vorhandenen Gefühl von Unzulänglichkeit noch den Eindruck hinzu, dass überhaupt so zu fühlen oder zu denken ein weiterer Defekt ist.

Es ist also wichtiger, zunächst den Raum zu öffnen, zu fragen, wo diese Überzeugung herkommt, wie es sich anfühlt, so zu denken und vielleicht auch, wo im Körper dieses Gefühl zu spüren ist. Es ist hilfreich zu erklären, dass man dieses Gefühl kennt, über Selbstzweifel zu sprechen und auf diese Weise erstmal die Erfahrung zu validieren.

Aktives Zuhören schafft Sicherheit, ein Gefühl, nicht allein zu sein und verstanden zu werden. Bietet man in diesem so geschaffenen Raum von

189

Vertrauen dann neue Perspektiven an, ist die Chance auch größer, dass sie gehört werden. Auch hier können Fragen oft dahingehend helfen, dass das Kind die eigenen Denkmuster zu durchschauen lernt. »Bist du dir sicher, dass das die Wahrheit ist?«, »Gibt es Situationen, in denen du dich besser fühlst, in denen du anders über dich denkst?«, »Auf was bist du stolz?« und »Was macht es mit dir, wenn du so denkst?« sind einige Beispiele für hilfreiche Fragen.

Als Lernbegleiter*innen müssen wir dabei sehr genau darauf achten, an welcher Stelle wir unseren Kompetenzbereich verlassen. Schließlich ist es unsere Aufgabe, pädagogisch zu begleiten und nicht zu therapieren. Gleichzeitig ist die psychologische Entwicklung des Menschen ein wichtiger Teil des Aufwachsens. Junge Menschen in emotional schwierigen Situationen zu begleiten und zu unterstützen, ist fundamental wichtig, um stabile Persönlichkeiten mit einem gesunden Selbstkonzept aufwachsen zu lassen. Der Zusammenhang zwischen Selbstkonzept und Lernen ist weithin anerkannt. Darüber hinaus ist es einfach menschlich und eigentlich selbstverständlich.

Gleichzeitig gilt es auch hier, sehr genau hinzusehen, wann therapeutische Hilfe notwendig erscheint. Mentorenarbeit ist keine Psychotherapie und kann diese nicht ersetzen. Ein menschlicher Umgang, ein sicherer Raum und ein offenes Ohr können aber Menschen dabei helfen, psychisch gesund aufzuwachsen und als starke, selbstbewusste Personen später vielleicht weniger Notwendigkeit für eine Therapie zu haben. Zudem können in solchen Gesprächen Schwierigkeiten potentiell früher erkannt und therapeutische Hilfe kann – bei Bedarf – frühzeitig eingeleitet werden.

Auch wenn alles in bester Ordnung ist, kann Coaching sehr hilfreich sein. Dabei muss es gar kein formelles Coachinggespräch sein; es geht eher um die Geisteshaltung. Fragen können dabei helfen, das eigene Handeln zu reflektieren und dadurch bewusste Entscheidungen zu treffen. Es gibt im Prinzip zwei unterschiedliche Wege, mit der Freiheit in der Infinita umzugehen, und bei beiden kann Coaching sehr hilfreich sein.

Der erste, der vor allem bei den Jüngeren sehr verbreitet ist, kann man mit »Treibenlassen« beschreiben. Sie kommen in die Schule, sehen, was los ist und lassen sich einfach von dem inspirieren, was gerade geschieht. Sie leben fast vollständig im Moment und tun, was sie tun, solange es Spaß macht. Das ist nicht unbedingt passiv. Die Kinder besprechen, was sie tun wollen, und entwickeln ihre Aktivitäten immer weiter. Spiele entstehen genauso wie spontane Zeiten mit Selbstlernheften im Freiarbeitsraum, das Bauen von Hütten im Garten oder kreative Arbeiten im Atelier. Mal folgen sie einem eigenen Impuls (ich habe gerade Lust zu basteln und gehe ins Atelier), mal folgen sie dem Vorschlag eines*einer Freundes*Freundin und manchmal beobachten sie andere bei deren Aktivitäten und lassen sich davon inspirieren. Dieses »Treibenlassen« ist in der Regel ein sehr zufriedener und selbstbestimmter Zustand. Viele Erwachsene versuchen heutzutage mühsam, wieder präsenter im Leben zu sein und den Moment zu genießen; ist er doch das Einzige, was real existiert. Wir haben schon früh ein Leben gelebt, in dem ein großer Teil für uns organisiert und geplant war. Dadurch wird es schwerer und schwerer, wirklich präsent durchs Leben zu gehen.

Vor einiger Zeit entwickelte es sich aus diesem »Treibenlassen«, dass zwei Mädchen zu einem Orakel wurden. Man konnte sie dafür bezahlen, dass sie Fragen beantworten. Ich zahlte den stolzen Preis von einem Cent und fragte: »Was macht einen Menschen glücklich?« Das Orakel überlegte kurz und orakelte dann: »Du musst das Leben genießen ... und Schokolade.«

Das Treibenlassen, Genießen und In-den-Tag-hinein-Leben ist also von großem Wert. Je länger ich mich in meinem Leben darin üben darf, desto leichter fällt es mir später, bewusst in diesen Zustand zurückzugehen.

Ein anderer Weg, die Freiheit zu nutzen, ist die bewusste Gestaltung. Das kann sowohl die bewusste Planung und Gestaltung des eigenen Tagesablaufes sein als auch die gezielte Veränderung der Schule durch Beteiligung an demokratischen Gremien. Mit wachsendem Alter nimmt diese »bewusste Gestaltung« immer mehr zu. Es ist wichtig, deutlich zu machen, dass es sich in der Regel um selbst gemachte Pläne handelt. Es ist nicht vergleichbar mit dem fremdbestimmten Leben, das die Mehrheit der Kinder heutzutage erlebt. Der Unterschied zum Treibenlassen besteht nicht unbedingt darin, dass die Kinder weniger im Moment sind, auch wenn sich die Tendenz beim Älterwerden durchaus beobachten lässt. Bewusst selbstgewählte Aktivitäten können ebenso mit vollem Fokus, totaler Präsenz und in einem Flowzustand geschehen. Der Unterschied ist, dass die Kinder mehr zum*zur Kurator*in ihres eigenen Erlebens werden. Die Mentorenzeit kann dabei helfen.

Reflektieren die Schüler*innen ihr Leben, können sie entdecken, dass sie bestimmte Entscheidungen getroffen und ihr Leben damit in eine bestimmte Richtung gelenkt haben. Das gilt natürlich auch dann, wenn sie scheinbar keine Entscheidung getroffen haben. Haben sie *nicht* die *Entscheidung getroffen*, an der Schulversammlung teilzunehmen, haben sie *damit* entschieden, *nicht* an ihr teilzunehmen. Sind sie im Garten beim »Capture the flag«-Spiel geblieben, als drinnen der »Greifvogelkurs« losging, haben sie sich damit unbewusst gegen den Kurs entschieden. Besonders auffällig wird dies, wenn sie ursprünglich andere Pläne gemacht hatten. Sie wollten vielleicht eigentlich Tippen lernen, sind aber während des Angebotes doch beim Malen im Atelier geblieben.

Der Zwiespalt zwischen kurzfristiger Bedürfnisbefriedigung und dem Verfolgen lang- und mittelfristiger Ziele ist uns allen bekannt. Nur die Reflexion der Vergangenheit wird helfen, in der Zukunft bewusst andere

Entscheidungen zu treffen. Tatsächlich geht es weniger darum, *andere* Entscheidungen zu treffen als darum, Entscheidungen *bewusst* zu treffen. Wenn man kurz überlegt, was einem wichtiger ist, um dann eine Entscheidung zu treffen, lässt sich das eigene Leben bewusst steuern.

Es ist augenscheinlich, dass die Mentorenarbeit hier beeinflusst, wie bewusst Schüler*innen ihre Zeit an der Infinita steuern. Darüber hinaus kann die Mentorenzeit eine Rolle dabei spielen, wie sehr die Schüler*innen nach der Infinita in der Lage sind, das Leben in die eigene Hand zu nehmen.

Es ist heute sehr verbreitet, das Leben mehr oder weniger auf dem Beifahrersitz zu erleben. Man reagiert nur auf Geschehnisse und äußere Einflüsse: Ich gehe in die Schule, die für mich gewählt wurde, habe die Noten, die ich habe, gehe entsprechend in die Oberstufe und studiere dann oder mache eine Ausbildung, die gerade frei ist, habe die Menschen um mich, die ich eben auf meinem Weg kennengelernt habe … Das Leben geschieht mir.

Alternativ kann man sich bewusst werden, dass man selbst entscheidet und Verantwortung für das eigene Leben hat – man kann aktiv entscheiden. Das Ganze ist natürlich nicht so schwarz und weiß. Die meisten Menschen beeinflussen ihr Leben aufgrund ihrer persönlichen Präferenzen.

Zugleich gibt es viele Menschen, die irgendwann aufwachen und bemerken, dass sie nicht glücklich sind – und dann ihr ganzes Leben umkrempeln. Wäre es nicht wünschenswert, schon möglichst früh zu lernen, dem Leben den eigenen Stempel zu verpassen? Das heißt nicht, dass man dann immer glücklich ist. Es bedeutet aber, dass man schneller bemerkt, wenn man es nicht ist und sich dann eher in der Lage sieht, Veränderungen herbeizuführen.

Ein Teil der Selbstständigkeit ist auch, die eigenen Möglichkeiten zu kennen. Viele Schüler*innen lernen die Strukturen der Schule ganz natürlich durch Beobachtung und Erfahrungen. Eine demokratische Gemeinschaft wie unsere Schule ist ein komplexes System. Um den Schritt weiter zu gehen, die Möglichkeiten der Schule voll auszunutzen und vielleicht auch nach eigenen Vorstellungen zu verändern, ist es wichtig, sie zu kennen und richtig zu verstehen. Es ist also auch ein Teil der Mentorenarbeit, die möglichen Wege aufzuzeigen. Gibt es beispielsweise einen Streit, ist es gerade für jüngere Kinder nicht ausreichend zu fragen, was sie tun wollen. Es ist wichtig zu erklären, wie Streitschlichtung und das Lösungskomitee funktionieren. Bei Unzufriedenheiten über die Schule muss zunächst erklärt werden, wie man einen Antrag in der Schulversammlung stellt oder einem Komitee beitritt. Oft begleiten die Mentor*innen auch beim ersten Besuch zu den verschiedenen Gremien, wenn das gewünscht ist. Wenn ein Kind alle Wege kennt, kann es gezielt entscheiden, welchen es gehen will.

Coaching ist ein weites Feld und es gibt viele Quellen, um sich hier weiterzubilden. Gleichzeitig haben Lernbegleiter*innen oft viel zu tun und eine Coachingausbildung ist zeitintensiv. Hinzu kommt, dass das Coaching von Kindern und Jugendlichen nicht dasselbe ist wie das Coaching von Erwachsenen. Hier stehen Demokratische Schulen vor einer Herausforderung: Für die Schüler*innen wäre es ein Segen, wenn alle Lernbegleiter*innen auch ausgebildete Kinder- und Jugendcoaches wären. Aus den oben genannten Gründen wäre es sogar sinnvoll, Coaching festen Teil jeder Lehrer*innenausbildung werden zu lassen. Auf der anderen Seite ist es mit unseren Mitteln nicht zu leisten. Aber schon ein intensiver Wochenendworkshop kann sehr viel bewirken. Wir sind als Schule bemüht, unser Team im Coaching fortzubilden. Das bedeutet unter anderem, dass wir uns auch selbst coachen lassen – um selbst die Erfahrung zu machen und um ein paar Tricks und Werkzeuge mitzunehmen. Außerdem profitieren wir

Mentor*innen natürlich genauso von Coaching wie die Kinder. Wir stehen hier noch am Anfang und freuen uns auf das, was es in diesem Bereich noch zu entdecken gibt.

# Halbjahresgespräche – *Reflexion statt Bewertung*

Der*die Mentor*in ist die*der primäre Ansprechpartner*in für die Eltern. Für uns ist es wichtig zu hören, wenn die Eltern Herausforderungen im Leben ihres Kindes sehen. Zugleich laufen alle wichtigen Informationen aus der Schule auch bei den Mentor*innen zusammen. Dieses System erlaubt es uns, sicherzustellen, dass die Kinder trotz der großen individuellen Freiheit nicht durchs Raster fallen. Wenn jemand große Schwierigkeiten hat, bekommen wir das in der Regel mit und können helfen. Es geschieht immer mal wieder, dass Eltern sich Sorgen machen. Da wir alle nur das Regelschulsystem kennen, ist es nur natürlich, dass wir das Lernen mit diesem Maßstab messen. Sollte das Kind nicht langsam besser lesen können? Sollte es nicht mehr Angebote besuchen? Auch bei diesen Sorgen sind die Mentor*innen die Ansprechpartner*innen. Bleiben Eltern mit ihren Sorgen allein, wachsen diese oft und letztlich leiden die Kinder darunter. Sie spüren Druck von den Eltern, sich mit bestimmten Inhalten zu beschäftigen, und hören zugleich, dass es ihre freie Entscheidung ist. So entsteht eine Vermeidungshaltung, denn die Beschäftigung mit bestimmten Inhalten wird (meist unterbewusst) als fremdbestimmt erlebt. Das Team sieht Tag für Tag und über Jahre, wie sich die Kinder und Jugendlichen entwickeln. Wir erleben, was die persönliche Freiheit beim Lernen hervorbringt. Daher ist es für uns viel leichter, zu vertrauen. Die Eltern bekommen dagegen meist nur sehr begrenzte Informationen von ihrem Kind: Ein typisches Gespräch nach der Schule sieht oft folgendermaßen aus:

»Na, wie war es in der Schule?« – »Gut.« – »Und was hast du gemacht?« – »Nichts.«

Darum ist es wichtig, dass es diesen Kanal zwischen Mentor*innen und Eltern gibt – wichtig für die Eltern und letztlich für die Kinder.

Die Eltern bekommen keine Noten nach Hause, die ihnen die Illusion geben könnten, dass sie wissen, was das Kind lernt. Es gibt weder Klassenarbeiten noch Zeugnisse. Stattdessen gibt es an der Infinita die *Halbjahresgespräche*. Bei diesen Gesprächen kommen der*die Mentor*in, bestenfalls beide Eltern und die*der Schüler*in zusammen. Diese Gespräche sind in erster Linie für das Kind und darum wird *mit* dem Kind gesprochen – nicht über das Kind. Es geht darum, zurückzusehen und die eigene Entwicklung zu reflektieren. Gleichzeitig geht es in diesen Gesprächen um einen Austausch zwischen Schule und Elternhaus, um alle Bezugspersonen in die Lage zu versetzen, die jungen Menschen bestmöglich zu unterstützen.

Der Ablauf folgt einem festen Schema und das Gespräch verläuft in Runden.

In der ersten Runde wird auf das Positive des letzten halben Jahres geschaut. Gibt es neue Leidenschaften? Wurden neue Fähigkeiten erworben? Sind neue Menschen im Leben wichtig geworden? Gab es wichtige Erlebnisse oder spannende Ereignisse? Wurden Projekte begonnen/beendet oder Verantwortungen übernommen?

Jede Person bekommt einmal das Wort und teilt alles, was in diesem Bereich wichtig erscheint. Dabei geht es natürlich nicht nur um das Leben in der Schule. Gibt es eine neue Leidenschaft zu Hause, ist das für die Schule und die Mentorenarbeit auch wichtig.

In einer zweiten Runde wird auf Herausforderungen geschaut. Gibt es Dinge, die die*der Schüler*in lernen wollte, die schwierig waren? Gab oder gibt es Konflikte? Ist zu Hause etwas problematisch? Gibt es vielleicht Unzufriedenheiten mit etwas im Schulleben?

In dieser Runde ist auch Raum für die Eltern, von ihren eigenen Herausforderungen zu sprechen, die mit ihrem Kind zu tun haben. Ob Sorgen, Krankheiten oder emotionale Belastungen, die das Kind auch mitbekommt. Hat ein Elternteil den Arbeitsplatz verloren, kann das für das Kind auch eine Sorge sein. Darum ist es wichtig, dass die Mentor*innen auch über solche Dinge Bescheid wissen, um ggf. Gesprächsangebote zu machen oder bestimmte Verhaltensweisen richtig einordnen zu können. Natürlich ist es Sache der Eltern zu entscheiden, was sie teilen möchten und was nicht. Es bedarf oft einiger Überlegung zu klären, welche Fakten wichtig für eine gute Mentorenarbeit sein können. Wir bitten aus diesem Grund die Eltern, die Halbjahresgespräche gemeinsam mit dem Kind vorzubereiten. Dies führt dazu, dass die Schüler*innen selbst besser auf das letzte Halbjahr zurückschauen können und mehr Erinnerungen präsent haben.

In der letzten Runde wird überlegt, was sich aus der Reflexion der Vergangenheit für die Zukunft ergibt. Gibt es Ziele zu stecken, Pläne zu schmieden? Sollen angesprochene Dinge nochmal mit in die Mentorenzeit genommen und weiter besprochen werden? Ist vielleicht noch ein weiteres Gespräch zwischen Mentor*innen und Eltern sinnvoll?

Damit nichts verloren geht, gibt es bei diesen Gesprächen ein Teammitglied, welches Protokoll führt. Dieses Protokoll bleibt in der Schule und wird nur von den Mentor*innen eingesehen.

# Beratung in der Mentorenarbeit –
## *Die Basis für informierte Entscheidungen*

Als Erwachsene haben wir einen Erfahrungsvorsprung. Wir müssen uns darüber im Klaren sein, dass unser Wissen nur auf unseren persönlichen Erfahrungen beruht. Gleichzeitig hatten wir natürlich mehr Zeit auf dieser Welt und können einige Dinge sicher wirklich besser einschätzen. Insofern wäre es nicht nur albern, sondern auch unfair, unser Wissen nicht zu teilen. In einigen Situationen wäre es sogar fahrlässig, unsere Mentorenkinder in Schwierigkeiten geraten zu lassen, weil wir sie nicht beeinflussen möchten. Die Kinder sind eben nicht unsere Coaching-Klient*innen, sondern sie haben uns als Mentor*innen gewählt, weil sie uns vertrauen und weil unser Urteil ihnen wichtig ist. Es ist dabei ein Unterschied, ob man ein bestimmtes Vorgehen vorschreibt und als einzig möglichen Weg darstellt oder ob man sein Wissen teilt, die eigenen Schlussfolgerungen und Empfehlungen als solche vorstellt und die Entscheidung bei den Schüler*innen lässt.

Ein Beispiel, über das wir im Team oft gesprochen haben, betrifft das Schreiben. Wenn wir als Mentor*innen bemerken, dass ein Kind mit dem Schreiben begonnen hat, die Buchstaben jedoch nach eigenem Gutdünken malt, ist es sinnvoll, dem Kind zu erklären, dass es eine bestimmte Stifthaltung und eine bewährte Art gibt, die Buchstaben zu schreiben und dass es mit der Zeit schwieriger wird, die einmal erlernte Schreibtechnik zu verändern. Nicht zu sagen, dass in dieser Situation der Besuch eines Lesen-und-Schreiben-Angebotes sinnvoll ist, wäre fahrlässig.

Das Kind dagegen zu drängen, Schreiben zu lernen und ein Angebot zu besuchen, ist etwas völlig anderes. Es führt mit großer Wahrscheinlichkeit zu innerem Widerstand und schmälert die Chance, dass dieses Kind in einem

Angebot auftaucht. Schlimmer noch – es könnte sich gezwungen fühlen, zu einem Angebot zu gehen, aber eine innere Ablehnungshaltung zum Lesen und Schreiben entwickeln. Das gilt natürlich für jeden anderen Inhalt gleichermaßen.

Das Kind muss alle Informationen haben, um eine eigene Entscheidung treffen zu können. Aufrichtige, ehrliche Beratung ist darum zentral.

Mentorenarbeit ist also ein breites Feld. Letztlich geht es um eine Begleitung, um die Schaffung eines sicheren Rahmens, in dem sich die Selbstwirksamkeitserwartung immer weiter entwickeln darf. Das Potenzial von Mentorenarbeit ist kaum zu überschätzen; die Begleitung eines jungen Menschen ist eine große Verantwortung. Gleichzeitig darf man realistisch sagen, dass wir an der vollständigen Ausschöpfung dieses Potenzials immer scheitern werden. Wichtig ist, dass wir eine Richtschnur für unser Handeln haben, willens sind, immer weiter zu wachsen und uns erlauben, unsere Fehler einzugestehen und daraus zu lernen.

# Medien in der Schule

*»Alles wird gerade digitalisiert und es ist wichtig, dass Kinder schon früh einen guten Umgang damit finden.«*

KLARA (15)

Die rasante Entwicklung digitaler Medien stellt unsere gesamte Gesellschaft vor neue Herausforderungen. Das gilt für Bildung in besonderem Maße. Wir bewegen uns in einem Spannungsfeld.

Auf der einen Seite haben wir Algorithmen, die in nie dagewesenem Maße in der Lage sind, uns individuell zugeschnittene Angebote zu machen (Clickbait), sodass wir mehr Zeit vorm Monitor verbringen, als wir wollen. Zusätzlich gibt es Spiele, die unser Belohnungszentrum beständig befeuern und so unsere Entscheidungsfähigkeit über die Zeit, die wir am Rechner verbringen wollen, stark einschränken. Medienkonsum über einen bestimmten Rahmen hinaus geht mit Risiken einher, die gerade jungen Konsument*innen meist nicht bewusst sind.

Eine freie Entscheidung ist darum vielleicht gar nicht gegeben, da die Nutzer*innen zum einen stark manipuliert werden und es zum anderen sehr schwer ist, das Für und Wider angemessen abzuwägen. Hinzu kommt noch, dass Inhalte im Internet verfügbar sind, die gerade für jüngere Menschen sehr verstörend und traumatisierend sein können.

Dem gegenüber stehen die Vorteile, die neue Medien bringen. Die ständige Verfügbarkeit von Wissen, ganz neue Wege des Lernens, Kommunikationsmöglichkeiten mit Menschen auf der gesamten Welt, unzählige Werkzeuge, die das Leben erleichtern, neue Formen des kreativen Ausdrucks, Kooperation über Kontinente hinweg, eine Unmenge von neuen ortsunabhängigen Einkommensmöglichkeiten sowie ganz neue Möglichkeiten, eigene Produkte, Ideen und Perspektiven zu veröffentlichen. Die Liste ließe sich beliebig lang fortsetzen. Noch wichtiger als das Wissen um die Vorzüge ist die Erkenntnis, dass Medien in fast jedem Bereich menschlichen Lebens immer bedeutsamer werden. Wir können nicht einschätzen, wie die Zukunft unserer Schüler*innen aussehen wird, denn die Entwicklung der Medien ist unübersehbar vielfältig – aber kaum etwas anderes als der totale Zusammenbruch menschlicher Gesellschaften könnte verhindern, dass Medien noch mehr als heute eine enorm große Rolle im Leben der Kinder spielen werden.

Es ist also klar, dass ein kompetenter Umgang mit Medien fast zu 100 % nützlich, in den meisten Fällen sogar unabdinglich sein wird. Die Schüler*innen von Medien fernzuhalten und sie so in ihrer Entwicklung von Medienkompetenz aktiv zu behindern, bedeutet also nicht nur ein Risiko, sondern die Gewissheit, ihnen Schaden zuzufügen.

Alle Bildungseinrichtungen stehen hier vor einer Herausforderung, denn es gibt unüberschaubar viele Theorien und Untersuchungen, die die neuen Medien in den Himmel loben oder den Untergang des Abendlandes heraufbeschwören. Zusätzlich gibt es eine unübersehbare Anzahl von Aussagen über die unendlichen Teilaspekte von neuen Medien, sodass es kaum möglich scheint, auch nur einen Überblick zu erhalten – geschweige denn, eine Quintessenz daraus zu ziehen.

Bereits in der Gründungsphase bemerkten wir, dass auch unter uns Erwachsenen keine einheitliche Position besteht. Wir haben das so stehen lassen und uns damit abgefunden, unterschiedliche Meinungen zum Umgang mit dieser Herausforderung zu haben. Das erlaubt uns, unterschiedliche Positionen, die es in der Gesellschaft gibt, auch in die Schuldemokratie einzubringen. Bei diesem Thema gilt im Prinzip dasselbe wie auch bei allen anderen Themen: Eine perfekte Lösung zu finden ist nicht machbar und eigentlich auch nicht wünschenswert. Sie kann allein deshalb nicht existieren, weil neue technologische Entwicklungen jede Lösung irgendwann auf den Prüfstand stellen oder aushebeln. Vor zehn Jahren war gefiltertes WLAN beispielsweise eine ziemlich gute Sicherung vor dem Zugriff auf gefährliche Inhalte. Heute haben immer mehr Kinder eigene Geräte und es wird immer bezahlbarer, direkt mobile Daten zu nutzen und so das Schul-WLAN zu umgehen. Außerdem zeigt die Vielzahl von sich gegenseitig fundamental widersprechenden Wissenschaftler*innen, dass es anmaßend wäre, anzunehmen, dass wir genau wissen, was richtig ist. Aus genau diesem Grund ist es ein versteckter Segen, dass uns dieses unliebsame Thema immer wieder heimsucht. Zugegeben – es ist ein Segen, den wir so manches Mal gern losgeworden wären. Doch es ist klar, dass die Schüler*innen in ihrem Leben mit den Vorteilen und Gefahren konfrontiert sein werden. Die Auseinandersetzung in der Schule bietet die Möglichkeit, verschiedene Positionen kennenzulernen und eine eigene Haltung zu entwickeln. Es mag sein, dass sich die Haltung durch unsere Auseinandersetzungen schon ändert. Wichtiger ist aber, dass in der Auseinandersetzung im späteren Leben ein weites Feld an Perspektiven zur Verfügung steht und ein bewussterer Umgang mit Medien sowie eine offenere Haltung wahrscheinlicher werden. Durch Verteufeln der Medien oder angstvolles Fernhalten werden eher Sorge und Angst geschürt, vielleicht sogar Widerstand – und damit eine impulsive Ablehnung jedes kritischen Gedankens zu Medien provoziert. Durch bedingungsloses Hochloben dagegen fehlt der Zugang zu kritischen Gedanken und Kinder bleiben mit den Herausforderungen allein. So mühsam die Auseinandersetzung auch ist – sie ist für die Entwicklung und das Lernen des Umgangs mit diesem so wichtigen Bestandteil des Lebens heute und morgen von großem Wert.

# Demokratische Schulen und Medien

In den letzten Jahren sind Demokratische Schulen in der Frage des Umgangs mit neuen Medien unterschiedliche Wege gegangen. Schulen, die eher auf radikale Freiheit setzen, haben Medien weitgehend frei zugänglich gemacht. Auf der anderen Seite haben Demokratische Schulen, deren Fokus mehr darauf liegt, einen sicheren Raum für die Schüler*innen zu schaffen, den Zugang zu Medien weitgehend eingeschränkt oder unmöglich gemacht. Die meisten liegen irgendwo dazwischen und haben sich im Laufe der Jahre bemüht, einen möglichst sicheren Umgang mit der Technik zu finden. Es gibt keine Untersuchungen, welcher Umgang zu welchen Ergebnissen führt. Auf regelmäßigen internationalen Treffen Demokratischer Schulen wurden aber immer wieder Erfahrungen und Meinungen ausgetauscht. Es scheint, dass die völlige Freiheit weniger problematisch war, was die Konfrontation mit verstörenden Inhalten angeht, als man vielleicht vermuten würde. Eine größere Herausforderung stellte die Selbstregulation dar. Kinder verbrachten sehr viel Zeit an Geräten und einzelne Schüler*innen, aber auch das Schulleben, litten darunter. Gleichzeitig gab es aber auch sehr positive Effekte, gerade im Bereich der Selbstregulation. Oft sahen Schüler*innen bestimmte Entwicklungen kritisch und so kam es zu vielen Diskussionen innerhalb und außerhalb der Schulversammlung. Im Ergebnis kam es zu einer Art Wellenbewegung: Der Internetzugang wurde zeitweise vollständig erlaubt, dann für einige Monate vollständig verboten und dann wieder für eine Phase auf verschiedene Arten eingeschränkt.

Eine starke Einschränkung durch Erwachsene schützte dagegen das Schulleben vor starker Mediennutzung – die Kinder waren eher mit Angeboten, freiem Spiel mit Freund*innen und mit kreativen Tätigkeiten beschäftigt. Gleichzeitig kam es zu einer Spaltung zwischen den Erwachsenen und den Schüler*innen – denn die Schüler*innen hatten Interesse an Medien und sahen die Erwachsenen hier als undemokratisch und bevormundend und es wurde heimlich gespielt. Dadurch wurde die Diskussion auch stark polarisiert und Positionen verhärteten sich. Außerdem konnten die Schüler*innen ihre Medienkompetenz in der Schule kaum entwickeln und ihre Erfahrungen auch nicht begleitet machen.

# Der Weg der Infinita

Die Infinita hat ebenfalls verschiedene Phasen durchgemacht. Es gab große Sorgen um die Sicherheit der Schüler*innen und gleichzeitig nur wenig personelle Ressourcen, um sichere Lösungen zu entwickeln. Die große Anziehungskraft von Medien hat Zweifel daran aufkommen lassen, ob in der Schulversammlung Entscheidungen getroffen werden könnten, die vor allem kritische Aspekte der Mediennutzung angemessen berücksichtigen würden.

Lange Diskussionen im Team halfen, verschiedene Aspekte zu beleuchten und verschiedene Perspektiven kennenzulernen. Da es um ein Sicherheitsthema ging, mussten wir zunächst klären, ob wir als Team wirklich bereit wären, alle Entscheidungen der Schulversammlung zu akzeptieren. Letztlich stellte sich die Frage, ob wir unsere Fürsorgepflicht verletzen würden und Kinder Schaden nehmen könnten. Es kostete uns viel Kraft und viele Stunden interner Diskussion, einen Weg zu finden und den Rahmen abzustecken, in welchem die Schulversammlung entscheiden kann. Es ging uns darum, keine Entscheidung in die Schulversammlung zu geben, bei deren Umsetzung wir eine Gefahr für die Schüler*innen sehen müssten. Es war zwar nicht davon auszugehen, dass die Schulversammlung dafür stimmen würde, dass altersunangemessene Inhalte frei verfügbar würden. Es ist aber wenig demokratisch, Entscheidungen nur dann zuzulassen, wenn man davon ausgeht, dass das Ergebnis den eigenen Vorstellungen entspricht. Einen Beschluss der Schulversammlung im Nachhinein zu kippen, würde das Vertrauen in unsere Demokratie nachhaltig stören. Wir kommunizierten also ehrlich, dass es im Team Sorgen gibt und wir Zeit benötigen, um die Sicherheitsfragen abzuwägen und Möglichkeiten zu diskutieren.

In dieser Phase waren die Regeln verhältnismäßig restriktiv. Wir durften unterdessen erfahren, warum es so bedeutsam ist, dass die Regeln in Demokratischen Schulen von der Schulgemeinschaft gemeinsam festgelegt werden. Unser Vertrauensverhältnis litt, die Medienregeln wurden von vielen Schüler*innen als Fremdbestimmung erlebt, heimliche Handynutzung wurde die Regel und das Team bekam in dieser Frage mehr und mehr eine Polizeifunktion. Zeigte sich hier einfach ein großes Bedürfnis der Schüler*innen oder die große Manipulationskraft neuer Medien? Ich denke beides. Auf jeden Fall war der Zustand unhaltbar und es wurde sichtbar, wie sich Positionen verhärteten. Viele Schüler*innen suchten nur nach Argumenten, warum eine Einschränkung nicht in Ordnung sei, und waren nicht für Argumente zugänglich, die Regeln rechtfertigten, die in ihren Augen undemokratisch entstanden waren.

Schließlich wurde ein Medienkomitee aus Erwachsenen und Jugendlichen gegründet, welches einen Vorschlag erarbeiten sollte. Der über Monate erarbeitete Vorschlag wurde zunächst dem Team vorgestellt, um zu klären, ob es Sicherheitsbedenken gäbe. Anschließend wurde in der Schulversammlung über ihn abgestimmt und dann der gesamten Schulgemeinschaft in einer Vollversammlung vorgestellt.

# Medien – *Verantwortlichen Umgang lernen*

Das Medienkomitee sah sich das Thema zunächst auf einer Metaebene an. Was ist unser Menschenbild, wie ist unser pädagogisches Konzept und was sind die Ziele der Schule?

Für uns steht an oberster Stelle, die jungen Menschen bestmöglich darauf vorzubereiten, ein glückliches Leben leben zu können. Grundlegend dafür ist unter anderem, dass sie in die Lage versetzt werden, selbstverantwortlich zu handeln und selbstbestimmt zu leben. Das bedeutet auch, dass sie ihr Handeln klar reflektieren können. Sie sollen kompetent bewusste Entscheidungen treffen können und ein gesundes Selbstkonzept haben. Mit anderen Menschen kooperieren und authentisch kommunizieren zu können ist essentiell, ebenso wie die Möglichkeit zur gesellschaftlichen Teilhabe. Zudem ist die physische und psychische Gesundheit wesentlich.

Daraus ergibt sich, dass unser Medienkonzept diesen Grundlagen folgen muss. Das Medienkomitee machte sich also daran, diese pädagogischen Ziele auf unseren Umgang mit Medien zu übertragen.

Wie in allen anderen Bereichen gilt auch für Medien, dass Selbstverantwortung nur durch praktische Erfahrung erlernt werden kann. Dabei gilt es, einen Rahmen zu schaffen, in dem diese Verantwortung auch realistisch getragen werden kann. Einer Sechsjährigen einen Computer mit unbegrenztem Zugang zur Verfügung zu stellen und davon auszugehen, dass sie schon selbstverantwortlich handeln, nur altersangemessene Inhalte ansehen und ihre Zeit selbst sinnvoll regulieren wird, wäre schon sehr optimistisch. Das Medienkomitee entwickelte darum einen Medienführerschein. Der Zugang zu Medien ist nun an den Erwerb des Führerscheins geknüpft. Es gibt dabei verschiedene Stufen. Je offener der Zugang der Schüler*innen zu Medien, desto mehr Kurse haben sie besucht. Der Inhalt dieser Kurse ist so ausgesucht, dass die Teilnehmer*innen eine bessere Vorstellung von ihren Möglichkeiten und auch von den Risiken neuer Medien bekommen. Auf dem Weg zu mehr Eigenverantwortung entwickeln die Schüler*innen so ihre Medienkompetenz weiter und werden dadurch in die Lage versetzt, die Verantwortung zu tragen, die ein offenerer Zugang bedeutet. Zeigt es sich, dass die Verantwortung noch zu groß ist, kann diese Person den Führerschein verlieren. Dann wiederholt sie die Kurse entsprechend und hat so die Gelegenheit, ihre Kompetenz zu erweitern.

Die erste Stufe des Führerscheins ist ohne Kurse zu erhalten: Ein einfaches Gespräch mit dem*der Mentor*in über die Regeln (An- und Abmeldung, pfleglicher Umgang mit den Geräten und dem Raum u. Ä.) und über Medien im Allgemeinen reicht aus. Die Stufe erlaubt den selbstständigen Zugang zum Medienraum für dreißig Minuten am Tag. Dort können einige Spiele, Officeanwendungen, Bild- und Videobearbeitung und eine Vielzahl von Lernprogrammen genutzt werden. Der Internetzugang wird über eine sogenannte »Whitelist« begrenzt. Es können also nur gezielt freigeschaltete Seiten genutzt werden. Die Freischaltung weiterer Websites kann jederzeit beim Medienkomitee beantragt werden.

Die Stufen zwei und drei ermöglichen einen weitergehenden Zugang. Es können Laptops ausgeliehen oder sogar eigene Geräte (wie Handys, Tablets und Laptops) über ein dafür eingerichtetes WLAN genutzt werden. Auch bei der zeitlichen Selbstregulation wird die Verantwortung immer mehr in die Hände der Schüler*innen gelegt. Lesekompetenz ist Bedingung für diese weitergehenden Stufen, denn ein verantwortlicher Umgang mit dem Internet ist nicht möglich, wenn man gar nicht weiß, was man anklickt.

Wie sind nun die pädagogischen Ziele der Schule auf die Arbeit mit Medien zu übertragen?

Sehen wir uns zunächst den ersten Bereich an: Was bedeuten Selbstbestimmung und Selbstverantwortung – auch im Hinblick auf Medien?

Eine große Herausforderung ist, dass Selbstbestimmung durch gezielte Manipulation untergraben wird. Menschen, deren Belohnungszentrum ständig befeuert wird, deren Interessen und auch Schwächen von Algorithmen genau analysiert werden und die dann genau das angeboten bekommen, was es am wahrscheinlichsten macht, dass sie am Rechner bleiben, haben es schwer, ihren Medienkonsum bewusst zu regulieren. Viele von uns haben diese Erfahrung schon gemacht. Wir sprechen hier noch nicht einmal von Abhängigkeit und Suchtverhalten. Allein die Fähigkeit, unbeeinflusst selbst zu entscheiden, wie viel Medienkonsum sie möchten, ist bei den meisten Menschen nicht gegeben. Dies gilt umso mehr, wenn man sich mit diesem Thema nicht auseinandergesetzt hat und die Manipulationsmethoden gar nicht kennt. Es ist darum für Selbstbestimmung essentiell, dass man sich zunächst einmal bewusst ist, dass man beeinflusst wird und möglichst auch ein Grundwissen über die Methoden hat, die hier angewendet werden.

Darum ist es Teil des Medienführerscheinwissens, sowohl über die Belohnungssysteme von Computerspielen und deren Auswirkungen zu sprechen, als auch darüber, wie unser Surfverhalten analysiert und genutzt wird, um uns am Rechner zu halten. Dieses Wissen erlaubt zumindest die Möglichkeit zu erkennen, dass man manipuliert wird. Natürlich werden Daten nicht nur genutzt, um uns am Rechner zu halten. Gezielte Werbung beeinflusst unser Kaufverhalten und die an unseren »Interessen« ausgerichtete Veränderung von dem, was wir bei Facebook, Instagram, You Tube und sogar in vielen Suchmaschinen zu sehen bekommen, beeinflusst unsere

Sicht der Realität. Auch hier ist das Wissen darum der erste Schritt, um sich von Beeinflussung zu emanzipieren. In vielen Fällen ist es jedoch nicht hinreichend und wir tappen trotz unseres Wissens in dieselben Fallen. Die meisten Menschen kaufen trotzdem Dinge, von denen sie am Morgen noch nicht wussten, dass sie sie »brauchen«, spielen über Stunden Spiele, die irgendwann nur stumpfe Wiederholungen desselben sind, und sehen sich bis spät in die Nacht Katzenvideos oder Ähnliches an. Hier kommt das Thema Selbstreflexion ins Spiel. Wissen um ein Thema ist hilfreich, aber oft ist es notwendig, eine Erfahrung am eigenen Leib zu machen, um dieses Wissen wirklich zu verinnerlichen.

Lernen findet statt, wenn eine Erfahrung gemacht wird und man gleichzeitig das Wissen hat, diese Erfahrung einzuordnen:

Wenn man sich oft bis tief in die Nacht in You Tube verliert, wird man vielleicht glauben, dass es eben Spaß macht, und das eigene Verhalten verteidigen, sobald man darauf angesprochen wird. Gesagt zu bekommen, dass man etwas nicht tun soll, was man scheinbar für sich selbst entschieden hat, provoziert Widerstand. Wenn man dagegen weiß, dass man im Netz sehr gezielt Videos angeboten bekommt und dass es ein verbreitetes Problem ist, wird man mit größerer Wahrscheinlichkeit Schlüsse für sich ziehen und das eigene Verhalten verändern können, sofern es einem nicht gut tut. In diesem Fall bemerkt man, dass man etwas tut, ohne es zu wollen, und ist darum viel geneigter, das eigene Handeln kritisch zu hinterfragen. Wer fühlt sich schon gern manipuliert?

In den Führerscheinkursen geht es auch darum, Suchtverhalten verstehen zu lernen. Wenn man die Warnzeichen kennt, die Symptome versteht, kann man viel schneller selbst erfassen, wenn es Anzeichen einer Abhängigkeit gibt. Dann hat man eine ganz andere Möglichkeit zur Selbstreflexion und ist nicht machtlos ausgeliefert. Das ist keine Garantie, aber eine Chance.

Auf der anderen Seite ist es auch wesentlich, die Möglichkeiten und Vorteile von neuen Medien zu kennen, denn nur dann kann man wirklich abwägen. Im Rahmen des Führerscheins werden daher die positiven Aspekte ebenso beleuchtet. Darüber hinaus gilt es, verschiedene Möglichkeiten der aktiven Nutzung kennenzulernen, um aus der Rolle als passive*r Konsument*in herauszukommen. Eine ganze Einheit wird daher der kreativen Nutzung gewidmet – ein kleiner Einstieg in Fotobearbeitung, Videoschnitt und Audiobearbeitung. Auch das steht im Dienst der Selbstbestimmung – man kann schließlich nur bewusst entscheiden, etwas zu tun, wenn man weiß, dass es existiert. Vertiefen wird man es, während man später damit arbeitet – aber die Übersicht ist ein wichtiger Teil des Führerscheinprozesses. Die Fähigkeiten im gestalterischen Umgang mit Medien haben einen großen Einfluss auf die Möglichkeit der gesellschaftlichen Teilhabe, die neue Medien bieten. So kann man nur einen Podcast oder ein Video zu einem Thema erstellen und veröffentlichen, wenn man weiß, wie das überhaupt geht.

Um in der Lage zu sein, einzuschätzen, welche Menge von Medienkonsum einem gut tut, ist es bedeutsam, zumindest in Ansätzen die gesundheitlichen Risiken zu verstehen. Das Feld ist so groß, dass das Ziel zunächst einmal eine Sensibilisierung für das Thema sein kann. Die psychologischen Tricks der Werbeindustrie sind für die meisten von uns in ihrer Tiefe und Subtilität kaum zu erfassen. Das Wissen darum, dass es sie gibt, bietet uns aber zumindest eine Chance, sie zu durchschauen.

Selbiges gilt für das durch Medien zementierte Schönheitsideal. Die ständige Konfrontation mit bearbeiteten Bildern von Menschen, die einem generierten Ideal entsprechen, wird immer Spuren hinterlassen. Hat man aber noch nie davon gehört, dass es hier ein gesellschaftliches Problem gibt und dass ein Ideal von Schönheit auf diese Weise künstlich geschaffen wird, ist man dem hilflos ausgeliefert und wird alles für bare Münze nehmen – und dabei entsprechend über den eigenen Körper urteilen. Aus diesen Gründen ist es Ziel des Führerscheins, dass alle von diesen Dingen bereits gehört haben und so Inhalte anders bewerten können.

Selbstverantwortliches Handeln im Internet bedeutet auch, dass man weiß, wie man sich schützt. Wir haben darum eine Sitzung zu *digitaler Selbstverteidigung*. Zum einen geht es darum, zu verstehen, an welcher Stelle man Daten preisgibt und was damit gemacht wird. Wenn man weiß, dass man die Wahl zwischen verschiedenen Suchmaschinen hat, andere Browser, VPN-Server und Messengerdienste nutzen kann, die nicht mit Daten handeln, kann man die Entscheidung treffen, dies zu tun oder nicht. Man hat Mittel zur Verfügung, um sich gegen eine Manipulation zu wehren und die eigenen Daten zu schützen. Kennt man diese Mittel nicht, hilft das Wissen um die Manipulation zwar dabei, sie teilweise zu durchschauen, letztlich ist man aber trotzdem ausgeliefert. Mit entsprechendem Wissen kann man sich schützen. Unser Ziel ist also, dass unsere Schüler*innen wissen, wie ihre Daten genutzt werden, um sie zum Klicken oder Kaufen zu verleiten oder sogar ihre Meinung zu beeinflussen; und dass sie Mittel kennen, um sich gegen das Gröbste zu schützen. So ausgerüstet, bleibt es dann weiter in ihrer Verantwortung, ihren individuellen Umgang zu finden. Es ist ihr gutes Recht zu entscheiden, dass ihnen das alles egal ist und sie ihre Daten fröhlich Klick für Klick ins Netz werfen (wenn wir ganz ehrlich sind, machen das die meisten Menschen so). Wichtig ist, dass sie wissen, dass sie diese Entscheidung treffen – womit wir wieder beim Thema Selbstbestimmung wären.

Kommunikation ist ein weiterer wichtiger Baustein unseres Führerscheins. Messengerdienste, Foren und Kommentarfunktionen sowie das Hochladen eigener Videos oder anderer Produkte spielen eine immer größere Rolle im Leben junger (und erwachsener) Menschen. Es ist wichtig, dass eine Sensibilisierung für einen angemessenen Umgang geschieht. Die Möglichkeiten dieser Werkzeuge sind faszinierend und können sehr bereichernd sein. Sie bieten eine Möglichkeit, mit Freund*innen in Kontakt zu sein, die nicht in meiner Nähe leben, und erlauben sogar das Finden neuer Freund*innen über Länder- und kulturelle Grenzen hinweg. Wie bei jeder Kommunikation kann man andere Menschen begeistern, unterstützen oder auch verletzen. Die Anonymität macht dabei Letzteres leichter, als wenn ich einem anderen Menschen gegenüberstehe. Unreflektiert können Verletzungen schnell auch dann geschehen, wenn ich nur lustig sein wollte. Netiquette – also Regeln des menschlichen und respektvollen Umgangs miteinander – sowie die Folgen von Cybermobbing sollten bekannt sein, bevor diese Instrumente genutzt werden. Man sollte wissen, wie man sich selbst verhält, aber auch, wie man mit Verletzungen umgehen kann. Letztlich hat sich hier nur ein anderes Feld für Empathie und Kommunikationskompetenz geöffnet.

In diesem Bereich geht es mehr als in den anderen auch um Schutz. Durch die Thematisierung der Risiken ist es wahrscheinlicher, dass eine Person nicht völlig überrascht und hilflos mit Cybermobbing konfrontiert wird, sondern sensibilisiert ist und sich Hilfe holt, sollte sie in eine schwierige Situation geraten.

Es geht aber auch um Schutz in einem konkreten Sinn. Die Themen Datensicherheit und mediale Kommunikation werfen die Frage auf, was die Kinder über sich im Internet preisgeben. Themen wie sogenanntes »Priming« (Kinder werden von Sexualstraftätern über Internet kontaktiert und zu Treffen überredet) müssen bekannt sein und es sollte ganz deutlich gemacht werden, dass mit der Preisgabe von bestimmten Informationen sehr vorsichtig umgegangen werden muss. Zudem muss klar sein, dass das Internet nicht vergisst und Veröffentlichungen sehr genau überlegt sein wollen und lang in die Zukunft Folgen haben können.

Schließlich ist auch Teil des Führerscheins, über den Umgang mit bestimmten Inhalten zu sprechen. Hier geht es vor allem um Pornografie und Gewaltinhalte. So sehr wir versuchen, mit technischen Mitteln zu schützen, so wichtig ist es für die Sicherheit der Schüler*innen, sich inhaltlich damit auseinandergesetzt zu haben. Technische Hürden können überwunden werden und darüber hinaus wäre es blauäugig anzunehmen, dass man Menschen ihr Leben lang von diesen Inhalten fernhalten kann. Deshalb ist auch hier ein offenes Gespräch wichtig – gerade weil der erste Kontakt mit Pornografie eher nicht in der Schule geschehen wird, sondern im stillen Kämmerlein, allein und schambehaftet. In vielen Fällen wird kein Gespräch mit Erwachsenen dazu gesucht werden und junge Menschen bleiben damit allein.

Dieser Teil des Angebotes muss für jüngere Schüler*innen anders gestaltet sein als für ältere. Es ist wichtig, Kinder hier nicht mit etwas zu konfrontieren, das für sie noch lange kein Thema wäre, und damit Schwierigkeiten zu schaffen, die es sonst gar nicht gegeben hätte.

Gerade bei den Älteren kann eine Trennung in Gruppen unterschiedlicher Geschlechter sehr wichtig sein, um einen offenen Austausch zu ermöglichen. Unser Ziel ist hier nicht, in einer moralisierenden Sitzung den symbolischen Zeigefinger zu erheben. Es geht vielmehr darum, den Raum zu öffnen. So ist es wahrscheinlicher, dass nach dem Konsum von verstörenden Inhalten das Gespräch gesucht wird. Idealerweise könnten in diesem Angebot auch Erfahrungen von Schüler*innen reflektiert werden, wenngleich dies, aufgrund der zeitlichen Begrenzung, nicht der einzige Ort dafür sein kann.

Inhaltlich geht es beim Führerschein nicht darum, den Konsum von

Gewaltinhalten, das Spielen von Computerspielen, bei dem Menschen getötet werden, und das Ansehen von pornografischen Inhalten zu verteufeln und so den Eindruck zu vermitteln, dass die Schüler*innen »falsch« sind und ihr Verhalten unmoralisch. Dies wäre ein Rezept für Traumatisierung und Rückzug. Stattdessen soll darüber gesprochen werden, welche Folgen solcher Konsum hat. Es geht darum, dass die Teilnehmenden ihre eigene Einschätzung teilen können, aber auch darum, Untersuchungsergebnisse anzusehen und Fragen zu stellen. »Welchen Einfluss hat der Konsum von Pornografie auf meine eigene Sexualität?«, »Welchen Einfluss kann es auf mein Selbstbild und mein Körperbild haben?« und »Welches Geschlechterbild wird transportiert?«.

Letztlich ist das Thema Sexualität natürlich viel zu groß, um in einem Teil des Internetkurses behandelt zu werden. Hier geht es primär darum, zur Reflexion anzuregen und bei einer bewussten Entscheidung zu unterstützen. Die richtigen Fragen zu kennen, ist dabei eine wichtige Grundlage.

Für den Themenbereich »Beziehung und Sexualität« versuchen wir regelmäßig zu ermöglichen, dass externe Expert*innen Angebote machen, in denen die Schüler*innen sich frei austauschen können. Für diese Sitzung des Führerscheins versuchen wir ebenfalls externe Personen zu finden, denen wir vertrauen und zutrauen, dieses Thema angemessen mit den Schüler*innen zu besprechen, denn die Anwesenheit von Lernbegleiter*innen könnte für manche Schüler*innen ein Hindernis für einen offenen Austausch sein.

Diese Ausführungen sollen vor allem zeigen, wie wir versuchen, die Ideen von Freiheit und Verantwortung auch auf dieses komplexe Thema anzuwenden. Keinesfalls haben wir den Anspruch, hier ein mustergültiges Vorgehen gefunden zu haben, das nun die nächsten Jahrzehnte Schüler*innen ideal auf ein Leben in der digitalen Welt vorbereitet. Unser System ist vielmehr ein Ansatz, der ständig beobachtet und weiterentwickelt werden will. Er wird sich an verschiedenen Stellen als unzureichend herausstellen und unvorhergesehene neue Herausforderungen werden auftauchen. Unsere Aufgabe ist, bereit zu sein, unser Vorgehen immer wieder auf den Prüfstand zu stellen und auch im Austausch mit anderen zu lernen und uns weiterzuentwickeln. Darüber hinaus stellt der Führerschein nur einen Rahmen dar. Was genau wann und wo erlaubt sein wird, wird in den kommenden Jahren in der Schulversammlung sicherlich heiß diskutiert und immer wieder verändert werden. Diese Diskussionen werden ein Lernfeld für Schüler*innen und Lernbegleiter*innen sein, das mindestens so wichtig wie der Führerschein selbst ist.

# Erwachsene im Schulgeschehen:
## *Gemeinsam Verantwortung tragen*

*»Man wird hier als Mensch gesehen, nicht als Kind,*
*das ist echt cool!«*

FELIA (13)

# Struktur und Administration der Schule

*Bleibt man an einem Mittwoch etwas länger in der Schule, wird man sehen, wie die Schule sich am frühen Nachmittag leert und nur die Erwachsenen übrig bleiben. In verschiedenen Räumen treffen sich zunächst kleine Gruppen, später kommen alle zusammen. Auf den Tischen stehen zwischen Computern, Papieren und Stiften Tee, Kaffee, Obst und weniger gesunde Leckereien. Es dauert, bis alle zur Ruhe gekommen sind, der Schulalltag schwingt noch nach. Eine kurze geführte Meditation hilft allen, bei sich und im Raum anzukommen. Statt sofort in die Auseinandersetzung über pädagogische oder administrative Themen zu gehen, berichtet eine Lernbegleiterin, wie es ihr geht, wie ihre vergangene Woche war und welchen Herausforderungen sie sich gerade gegenübersieht. Bevor sie das Wort an den nächsten Lernbegleiter weitergibt, sagt sie: »Ach ja, mein schönster Moment«, und dann berichtet sie von einem Schüler, der in der letzten Woche im Lösungskomitee so empathisch einen Konflikt begleitet hat, dass zwei sehr aufgebrachte Schülerinnen sich gesehen gefühlt haben und anschließend sehr entspannt und zufrieden waren. Dann gibt sie weiter und eine\*r nach dem\*der anderen berichten alle kurz aus ihrem Leben und teilen einen schönen oder bedeutsamen Moment aus dem Schulgeschehen. Erst nach dieser Runde wird diskutiert, abgestimmt, geplant und schließlich – eine halbe Stunde nach dem angesetzten Endzeitpunkt – wird die Sitzung beendet und alle gehen sichtlich erschöpft nach Hause.*

Diese Beschreibung zeigt, dass wir etwas anders zusammenarbeiten, als man das vielleicht aus anderen Arbeitsplätzen oder auch von Regelschulen kennt. Zum einen arbeiten wir ohne Hierarchie in basisdemokratischen Strukturen miteinander. Dies bedeutet, dass die Verantwortung der Leitung der Schule gemeinsam getragen wird. Jede\*r aus dem Schulteam ist automatisch in einer

Führungsrolle. Zudem gestehen wir dem Wohlbefinden jedes*jeder Einzelnen eine große Bedeutung zu. Das ist uns sehr wichtig, weil eine Demokratische Schule ein Projekt ist, das viele Ressourcen und Energie braucht. Wenn wir uns im Team unwohl fühlen, können wir nicht effektiv zusammenarbeiten. Der Spaß an der Arbeit, die Zufriedenheit mit dem, was wir tun, und das Gefühl, als Gemeinschaft etwas Großes zu erschaffen, sind von unschätzbarem Wert für das Ergebnis unserer Arbeit.

Mindestens ebenso wichtig ist die pädagogische Seite. Wir sind Vorbilder für die Kinder und je besser es uns geht, desto eher können wir vorleben, dass das Leben etwas ist, das man genießen kann. Wir können nur die Kapazitäten haben, die Schüler*innen geduldig und von ganzem Herzen auf ihrem Weg zu begleiten, wenn es uns selbst gut geht und wir entspannt zusammenarbeiten können.

Das Miteinander unter den Erwachsenen ist in den meisten Demokratischen Schulen persönlicher als an vielen anderen Arbeitsplätzen. Es gibt jedoch große Unterschiede in der Organisation und auch in der Machtverteilung. Da *Demokratische Schule* zuerst einmal ein pädagogisches Konzept ist, ist die Administration der Schule nicht Teil der Definition. Einige Schulen, wie Summerhill, die Blue Mountain School (Virginia, USA) oder die Neue Schule Hamburg, sind von Privatpersonen gegründet worden. Dort sind auch Privatpersonen an der Spitze und haben zumindest in der Theorie das letzte Wort über Einstellungen, Investitionen und Ähnliches. Andere Schulen sind gemeinnützige GmbHs oder Elternvereine. Die Form sagt dabei noch nicht viel über die praktische Arbeit und darüber, wie viele Entscheidungen außerhalb des Schulteams liegen. In den meisten Schulen hat das Team weitreichende Entscheidungsmöglichkeiten. Eine Person oder eine Gruppe an der Spitze, die voll hinter dem Konzept steht, bedeutet eine gewisse

Stabilität. Zudem kann es Arbeit von den Schultern des Teams nehmen, wenn administrative Aufgaben außerhalb erledigt werden. Dadurch kann sich das Team voll auf die pädagogische Arbeit konzentrieren.

Die Infinita ist als Gemeinschaftsprojekt gleichberechtigter Menschen entstanden. Das Miteinander im Gründungsteam wurde automatisch auch zum Grundprinzip des Schulteams und es fühlt sich für uns stimmig an, dass sich die Grundprinzipien der Schule auch auf dieser Ebene widerspiegeln. Dieses Konzept führt dazu, dass es in der Infinita kaum »Angestellte« gibt, die einfach ihren Job machen. Für uns ist die Schule ein Projekt, für das wir brennen und für das wir auch noch Geld bekommen (wenn auch nicht so viel …). Das macht einen riesigen Unterschied im Miteinander. Es ist ein großes Geschenk, gemeinsam Verantwortung zu übernehmen und am eigenen Arbeitsplatz gestaltend tätig sein zu können. Gleichzeitig ist es auch eine Bürde, die nicht immer leicht zu tragen ist. Es gibt durchaus Tage, an denen es schön wäre, einfach einen Job zu erledigen und dann nach Hause zu gehen. Die Verantwortung verlangt Selbstdisziplin, vor allem wenn es darum geht, die eigenen Grenzen zu wahren und auf das eigene Wohlbefinden zu achten. In einem solchen Projekt gibt es immer etwas zu tun und immer etwas zu verbessern. Auf der anderen Seite besteht eine ganz andere Identifikation mit der Schule darin, zu wissen, dass wir gemeinsam diese Schule schaffen, bis ins kleinste Detail. Es bedeutet, dass es keine Entscheidung gibt, die wir als Team nicht treffen könnten[60] – eine große Verantwortung, aber zugleich eine

---

60 Dies gilt in dem Sinne, dass wir keine*n Arbeitgeber*in über uns haben. Natürlich ist unsere Entscheidungsreichweite dadurch beschränkt, dass wir alle Entscheidungen an die Schulversammlung geben müssen, die diese treffen kann. Zudem setzen die Bestimmungen des Ministeriums einen Rahmen, innerhalb dessen wir uns bewegen können.

große Freiheit. Es scheint auch stimmig, dass wir als Team ein demokratisches, hierarchiefreies Miteinander vorleben. Die Kinder haben genug Möglichkeiten, klassische Arbeitsplätze kennenzulernen. Eine Kooperation, wie wir sie im Team leben, ist dagegen selten.

Durch die mangelnde Erfahrung mit solchen Strukturen gibt es in vielen Köpfen die Überzeugung, dass Hierarchie und Konkurrenz alternativlos sind und alles andere zwar eine schöne Idee wäre, aber »sowieso nicht funktioniert«. Studien zeigen aber, dass Arbeitnehmer*innen in kooperativen Arbeitsplätzen ein tendenziell höheres Wohlbefinden und höhere Arbeitszufriedenheit haben als diejenigen an hierarchischen Arbeitsplätzen. Zudem zeigt sich eine höhere Produktivität und Innovationsfähigkeit an kooperativeren Arbeitsplätzen.

An der Infinita leben wir nicht nur vor, dass es funktioniert, sondern zeigen auch Möglichkeiten des »Wie« auf. Das ist bedeutsam, denn teilweise stehen kooperative Projekte vor Herausforderungen, weil Menschen wenig Vorbilder haben und ungeübt in einer solchen Zusammenarbeit sind. Die Schüler*innen an allen Demokratischen Schulen erleben Kooperation im Schulalltag. Je weiter die Demokratie sich auch in die Organisation der Schule erstreckt, desto eher können sie hierarchiefreie Zusammenarbeit auch am Arbeitsplatz als normal erleben.

Diese Form stellt uns auch immer wieder vor Herausforderungen. Aber genau dadurch können wir lernen, wo die Schwierigkeiten liegen, und Lösungen entwickeln, die wir wiederum vorleben.

Es gab wenige Vorlagen für das, was wir schaffen mussten, und viele Strukturen haben wir in teilweise langwierigen Prozessen selbst entwickelt. Prinzipiell ist es großartig zu wissen, dass wir selbst ständig verändern können, was noch nicht oder nicht mehr gut funktioniert. Zugleich sind wir mit dem Tagesgeschäft schon ziemlich beschäftigt, sodass wir Strukturen nur langsam und behutsam anpassen können. Alles in allem haben wir in den letzten Jahren jedoch eine interne Organisation geschaffen, die funktioniert, die die Werte der Schule widerspiegelt und die uns erlaubt, als Team an einem Strang zu ziehen.

Das Schulteam (oder einfach »das Team«) besteht aus allen Menschen, die in der Schule arbeiten – unabhängig davon, ob jemand primär im Büro oder in der Pädagogik beschäftigt ist. Es gibt einige Personen, die eher eine unterstützende Struktur bilden und keine Verantwortung für die Organisation, Administration und Planung der Schule haben. Das gilt für einige Aushilfen, unsere Putzkraft und einzelne Personen, die nur für bestimmte Angebote angestellt sind. Alle anderen bilden zusammen die »Teamversammlung«, in welcher basisdemokratisch entschieden wird.

## Demokratisch leiten – aber wie?

In den ersten Jahren der Schule haben wir als Team alles gemeinsam diskutiert und beschlossen. In dieser ersten Phase war alles neu und es gab viel zu lernen. Die Bereitschaft, für eine Weile über unsere Grenzen zu gehen, war groß und es war eine aufregende, aber auch anstrengende Zeit. Schnell bemerkten wir, dass wir die Schule letztlich aus dieser Pionierphase heraus- und die Arbeit auf ein gesundes Maß bringen mussten, um nicht auszubrennen. In einem längeren Prozess sammelten wir die vorhandenen Aufgaben und verteilten sie auf verschiedene Arbeitsbereiche (sogenannte Hauptbereiche), wie Administration, Pädagogik, Kommunikation und Gebäude. All diese Hauptbereiche haben wiederum zahlreiche Unterbereiche mit vielen Einzelverantwortungen.

Jede*r Mitarbeiter*in arbeitet in zwei dieser Hauptbereiche mit und alle Verantwortungen werden zu Beginn des Schuljahres fest verteilt, sodass es immer jemanden gibt, der*die sicherstellt, dass die Aufgabe erledigt wird.

Die Hauptbereiche treffen sich alle zwei Wochen vor dem Teammeeting, in dem dann aus der Arbeit berichtet wird und Anträge aus den Hauptbereichen diskutiert und beschlossen werden. So bleiben wir alle im Bilde, was geschieht, entscheiden gemeinsam, aber nicht jede*r muss an allen Arbeitsprozessen beteiligt sein.

## Gemeinsam den Überblick behalten – Agile Methoden in der Leitung und in der Pädagogik

Agile Methoden erhalten immer mehr Einzug in die Arbeitswelt, mittlerweile arbeiten bereits einige große Unternehmen auf diese Weise (beispielsweise der Otto-Konzern). Es gibt Demokratische Schulen, die vollständig auf diesen Methoden aufbauen – sogenannte »Agile Learning Center«. Auch wenn agile Methoden in den meisten Demokratischen Schulen noch keine Bedeutung haben, sollen sie an dieser Stelle erwähnt werden, denn sie sind mächtige Werkzeuge, welche hervorragend zu den Grundideen Demokratischer Bildung passen und die für das Arbeiten an der Infinita von großem Wert sind.

Die Grundidee von agilem Arbeiten ist, dass man Hierarchien abbaut und kollaborativer arbeitet. Aufgaben werden nicht mehr von oben nach unten verteilt, sondern gesammelt und selbstverantwortlich gewählt. Dazu gibt es verschiedene Werkzeuge und Strukturen. Zentral sind sogenannte »Scrum Boards« oder »Kanban Boards«, an denen die Aufgaben in einer Spalte (meist mit dem Titel »Backlog«) gesammelt und dann in andere Spalten verrückt werden, wenn sie »in Arbeit« oder »erledigt« sind. Es ist eigentlich trivial – ein Brett mit drei Spalten und Post-its, die hin und her gehängt werden können.

In sogenannten »Scrum Meetings« wird in einer überschaubaren Gruppe regelmäßig besprochen, was man erledigt hat und was man sich weiter vornimmt oder wo es hakt und Unterstützung nötig ist.

In größeren Abständen wird der gesamte Prozess reflektiert und so kontinuierlich verbessert. Dies ist natürlich eine verkürzte Darstellung der Idee. Mittlerweile gibt es viele Bücher zu diesem Thema und das Internet ist voll von Erklärungen und Hilfen.

In der Infinita haben wir gesehen, dass diese Methoden zu unserer Geisteshaltung und dem Miteinander im Team passen. Die Umstellung war darum nur eine methodische. Die Arbeit mit agilen Methoden erlaubt uns, unsere Arbeit zu strukturieren. Es vereinfacht die Zusammenarbeit und hilft uns dabei, einen Überblick über die zu erledigenden Arbeiten zu behalten und Transparenz zu sichern. So können wir weiter basisdemokratisch arbeiten und dabei darauf vertrauen, dass auch die Dinge in Arbeit sind, in die der*die Einzelne nicht involviert ist.

Es gibt eine spezielle Art von Demokratischen Schulen mit dem Namen »**Agile Learning Center**«. Diese nutzen agile Methoden in ihren Schulversammlungen. Themen werden in einer Spalte (Backlog) gesammelt. Sie werden dann diskutiert und eine Idee zur Lösung wird beschlossen. Dann wird das Ganze in die Spalte »In Practice« verschoben. Nach einer gewissen Zeit wird darüber gesprochen, ob die Umsetzung so funktioniert oder etwas Neues überlegt werden muss. Außerdem treffen sich die Schüler*innen jeden Morgen, um auf Scrum Boards zu planen, was sie an diesem Tag tun wollen. Am Ende des Tages treffen sie sich in denselben Gruppen und berichten, was sie erledigt oder nicht gemacht haben und ob es ihnen weiter wichtig ist oder nicht. Am weitesten verbreitet ist diese Form Demokratischer Bildung in Nordamerika. In Europa gibt es einige Agile Learning Center, aber zur Zeit noch keine in Deutschland.

Im Schulalltag nutzen wir Scrum Boards spontan dann, wenn sie hilfreich erscheinen, um Schüler*innen bei Planungen zu unterstützen und ihnen dabei möglichst wenig aus der Hand zu nehmen. Scrum Boards können beispielsweise bei der Übersicht, Planung und Durchführung von persönlichen Projekten einzelner Schüler*innen helfen, um zunächst alle notwendigen Schritte zu sammeln, sie dann nacheinander in die nächste Spalte zu verschieben und zu bearbeiten.

Bei Planungstreffen helfen Scrum Boards, die Diskussion zu strukturieren. Trifft sich beispielsweise ein Team von Schüler*innen für die Planung und Vorbereitung einer Halloweenfeier, kann die Arbeit mit einem Scrum Board sehr hilfreich sein. Unter anderem erleichtern die Boards dem Team, wirklich nur bei der Strukturierung des Treffens zu helfen und den Schüler*innen möglichst wenig Verantwortung abzunehmen. In der Regel sprühen die Kinder vor Ideen – auch wenn gerade ein anderes Thema besprochen wird. Das kann zu Frustrationen führen: Die konkrete Planung des Buffets wird schwierig, wenn plötzlich über das Gruselkabinett und die Preisverleihung für das gruseligste Kostüm gesprochen wird – und ob Erwachsene mitmachen dürfen oder nicht. Mit einem Scrum Board lassen sich in Ruhe alle Themen im Backlog sammeln. Kommt mitten in der Diskussion ein neues Thema auf, wird ein neuer Zettel dafür gemacht und in das Backlog gehängt. So sind alle beruhigt, dass das Thema noch behandelt wird, und zugleich kann zunächst der Punkt bearbeitet werden, der aktuell in der Spalte »in Arbeit«

hängt. Die Schüler*innen haben selbst eine Übersicht und verstehen genau, wie die Planung strukturiert und was noch zu tun ist. Zudem erweitern sie ihre eigene Planungsfähigkeit. Sie lernen, wie man sich zunächst einen Überblick verschaffen und dann Schritt für Schritt alle Aufgaben erledigen kann, ohne sich angesichts der Größe des Projektes überwältigt zu fühlen. Im pädagogischen Bereich nutzen wir agile Methoden also, um bei der Selbstorganisation zu unterstützen, während sie uns in der Verwaltung effektive Möglichkeiten bieten, gemeinsam zu entscheiden und dennoch die Arbeit gut zu verteilen. So tragen wir im Team zusammen alle Arbeit, die die Leitung einer Schule mit sich bringt.

Über dem Team steht lediglich der Trägerverein, der in der Praxis aber vor allem eine kontrollierende Funktion hat.

## Der Trägerverein

Der Trägerverein besteht aus Gründungsmitgliedern und Menschen aus dem Team. Arbeitet man zwei Jahre in der Schule und die anderen Mitglieder des Teams sind überzeugt, dass man voll hinter den Prinzipien Demokratischer Bildung steht, hat man die Möglichkeit, in den Trägerverein aufgenommen zu werden.

Wir haben uns sehr bewusst entschieden, den Trägerverein nicht für Eltern zu öffnen. In vielen Schulen führt ein Trägerverein von Eltern zu großen Reibungen, da die Eltern so zu Arbeitgebern des Teams werden und die pädagogischen Grundlagen der Schule ändern können. Oft sind die pädagogischen Vorstellungen in der Elternschaft uneinheitlich und so beginnt ein Ringen um eine neue pädagogische Richtung.

Die Infinita ist eine Demokratische Schule und die pädagogischen Grundprinzipien sind wohlüberlegt. Auf dieser Grundlage können wir Herausforderungen begegnen, ohne die Basis der Schule in Frage zu stellen – wie den Verzicht auf Noten, Altersmischung, absolute Freiwilligkeit beim Besuch von Angeboten oder Gleichheit vor den gemeinsam demokratisch beschlossenen Regeln. Durch den geschlossenen Trägerverein können sich die Eltern darauf verlassen, dass die Infinita auch am Ende der Schulzeit ihrer Kinder noch dieselbe Demokratische Schule ist, für die sie sich ursprünglich entschieden haben.

Der Vorstand des Trägervereins wird in der Regel aus Mitgliedern des Teams der Schule und/oder des Kindergartens[61] gewählt. Er hat in der Praxis keine besondere Entscheidungsgewalt, denn die Geschäfte der Schule werden von der Teamversammlung geführt. Seine Aufgabe ist es, die Geschäfte aus einer Metaperspektive zu betrachten und sicherzustellen, dass wir alle Herausforderungen im Auge haben. In der praktischen Arbeit unterschreibt der Vorstand das, was im Team demokratisch beschlossen wurde.

Der Trägerverein kann angerufen werden, wenn es Sorgen im Team gibt, dass bestimmte Entscheidungen gegen unsere Grundprinzipien verstoßen und uns vom Pfad Demokratischer Bildung abbringen könnten. Da wir im Team transparente Strukturen geschaffen haben, in denen wir über Herausforderungen – seien sie zwischenmenschlich, pädagogisch oder administrativ – miteinander im Gespräch bleiben und sie gemeinsam lösen, musste der Trägerverein diese Aufgabe noch nie erfüllen.

---

61 Der Waldkindergarten »Schatzfinder« wurde 2021 gegründet. Er funktioniert nach denselben Grundprinzipien wie die Schule. Genau wie in der Schule arbeitet das Team des Kindergartens demokratisch und der Trägerverein erfüllt primär eine Kontrollfunktion.

Im Trägerverein werden unsere Strukturen diskutiert und in die Satzung des Vereins eingepflegt. Dazu gehört beispielsweise die Frage, wo die Entscheidungsgewalt in der Schule liegt.

## *Teamversammlung und Schulversammlung*

Die Teamversammlung ist das geschäftsführende und damit das höchste Gremium der Schule. Es steht somit über der Schulversammlung. Gleichzeitig haben wir in der Satzung festgelegt, dass die Teamversammlung alle Entscheidungen, die von der Schulversammlung getroffen werden können, auch an die Schulversammlung delegiert. Vetorecht hat die Teamversammlung in Fragen, welche die Sicherheit der Schüler*innen oder der Schule in Frage stellen (so könnte die Schulversammlung nicht die Löhne verändern oder das Schulgebäude verkaufen). Ansonsten gibt es viel praktische Arbeit, die die Schüler*innen nicht tragen können und wollen. Dazu gehören Dinge wie die Organisation von Elternabenden, die Planung der Finanzen der Schule, die Zusammenarbeit mit dem Ministerium und die genaue Organisation unserer Arbeitszeit. Andere Dinge, wie die Jahresplanung (bewegliche Ferientage, Projektwochen, Tage der offenen Tür, Schulfahrt, ...) diskutieren wir vor und geben sie dann als Vorschlag in die Schulversammlung.

In die andere Richtung kann die Schulversammlung beschließen, dass sich die Teamversammlung mit einem bestimmten Thema beschäftigen soll.

Schüler*innen können jederzeit einen Antrag stellen, an der Teamversammlung teilzunehmen. Noch haben wir in der Infinita keine Kultur, in der das oft wahrgenommen wird. Es gibt Demokratische Schulen, an denen das mehr Tradition hat (und auch einige, an denen diese Option gar nicht besteht). Die Teilnahme würde den Schüler*innen noch einmal eine andere Perspektive auf die Schule eröffnen und zudem einen tieferen Einblick in unsere Arbeitsweisen erlauben. Darum ist es uns wichtig, in der Zukunft noch mehr ins Bewusstsein zu bringen, dass diese Möglichkeit besteht.

# Lernbegleiter*in an Demokratischen Schulen – *Eine besondere Aufgabe*

Dass die Erwachsenen an den meisten Demokratischen Schulen nicht *Lehrer*innen* genannt werden, ist kein Zufall und auch kein ideologisches Etikett. Auch wenn viele von uns ausgebildete Lehrer*innen sind, unterscheidet sich unsere Arbeit so grundsätzlich von den Aufgaben von Lehrer*innen, dass es einfach ein anderer Beruf ist. Die dafür gewählten Bezeichnungen sind verschieden. In manchen Demokratischen Schulen spricht man einfach von »Mitarbeiter*innen« (Staff), Learning-Consultants oder Teamern. In der Infinita nennen wir uns *Lernbegleiter*innen* (und in der besonderen Rolle der gewählten Vertrauenspersonen »Mentor*innen«). Die Kinder nennen uns aber oft auch »die Erwachsenen« oder »das Team«, wenn sie über uns alle sprechen, und einzeln sind wir einfach die Personen, die wir sind – Martin, Florentine, Ulrike oder Sebastian.

## *Was wir den ganzen Tag tun – Ein bunter Blumenstrauß an Aufgaben*

Wie bereits erwähnt, ist die Organisation und Administration der Schule ein großer Teil unserer Aufgabe. Das reicht von Renovierung des Gebäudes, Herausgeben von Newslettern, Finanzplanung und Buchhaltung,

Organisation von Infoveranstaltungen und Elternabenden über Gespräche mit dem Ministerium bis hin zur Entwicklung von Schutzkonzepten oder einem Inklusionskonzept.

Im Schulalltag machen wir viele Kursangebote. Einige davon sind sich wiederholende Kurse mit einer mehr oder weniger festen Teilnehmerschaft, andere sind so etwas wie offene Räume, in die man einfach hineinwandern kann, wenn einem danach ist. Hierzu zählen beispielsweise das Atelier, die Werkstatt und der Freiarbeitsraum.

Ein weiterer großer Teil unserer Arbeit in der Schule besteht aus der Mentorenarbeit. Je nach Arbeitszeit ist ein*e Lernbegleiter*in zugleich Mentor*in für fünf bis zehn Schüler*innen. Neben den Mentorenzeiten mit den Kindern und dem Kontakt mit den Eltern gehört dazu auch die allgemeine Unterstützung der Kinder. Steht ein Kind vor Herausforderungen, versuchen wir als erstes, den*die Mentor*in an seine*ihre Seite zu stellen.[62]

Hinzu kommen die vielen kleinen Jobs, die im Schulalltag zu bewältigen sind. Sie reichen von Hilfe beim Wählen auf dem Telefon, spontanen Gesprächen über Gott und die Welt bis zu Ausgeben von Technik oder Spielgeräten. Sie beinhalten individuelle Lernverabredungen, den Aufbau von Computern, Reparaturen am Haus, die Pflege des Gartens und Treffen mit den zahlreichen Komitees. Unsere Aufgaben sind vielfältig und nur teilweise bestimmten Personen zugewiesen, abhängig von unseren gewählten Verantwortungen.

Diese vielen Aufgaben verleiten dazu, leicht in Stress zu geraten und durch den Schulalltag zu hetzen, weil alles wichtig scheint und man gern allen Kindern bei ihren Ideen und Projekten helfen möchte. Das ist aus zwei Gründen eine Herausforderung:

---

62 Der Mentorenarbeit ist ein ganzes Kapitel gewidmet, darum hier nur ganz knapp.

Zum einen ist es wichtig, auf unser eigenes Wohlbefinden zu achten und uns vor einem Ausbrennen zu schützen.

Zum anderen sind wir Vorbilder. Wie wir uns in der Schule zeigen und verhalten, hat oft größeren Einfluss als die Dinge, die wir sagen und die Angebote, die wir machen. Imitation sowie bewusstes und unterbewusstes Übernehmen von Verhalten von Vorbild-Personen ist eine der natürlichsten Arten des Lernens.[63] In bestimmten Altersstufen ist sie sogar die primäre Art des Lernens. Wenn wir also vorleben, dass es normal ist, gestresst durch das Leben zu gehen und auf Grund anstehender Herausforderungen Schnappatmung zu bekommen, werden die Kinder dies als das normale Handeln Erwachsener erleben und zumindest teilweise übernehmen.

Ähnlich verhält es sich mit dem Klagen – also den Fokus auf Dinge zu lenken, die nicht optimal sind, negative Gefühle zu füttern und dabei zu vergessen, die Gegenwart zu genießen und somit das eigentliche Leben zu verpassen.

Umgekehrt bedeutet das: Lernbegleiter*innen, die Freude an ihren Tätigkeiten und ihrem Beruf haben und das Leben genießen, sind entsprechend ein Vorbild und können so einen sehr positiven Einfluss auf die Persönlichkeitsentwicklung der Schüler*innen haben (und damit vielleicht beeinflussen, wie diese durch ihr Leben gehen), ohne dass sie jemals explizit darüber gesprochen hätten.

Es ist natürlich viel von Lernbegleiter*innen verlangt, nie überfordert und immer entspannt zu sein und jeden Moment zu genießen. Wichtig ist es, sich der eigenen Vorbildwirkung bewusst zu sein und sich dementsprechend zu bemühen. Das heißt nicht, eine Rolle zu spielen, sondern vielmehr das eigene

---

63 Vgl. Bandura 1980.

Wohlbefinden ernst zu nehmen und im Schulalltag möglichst präsent zu sein.

Da wir uns dieser Bedeutung bewusst sind, haben wir einen Hauptbereich, der unter anderem im Auge behält, wie es um das Wohlbefinden des Teams steht. Wir beginnen unser Plenum mit einer kurzen Meditation und unsere Treffen mit einer Befindlichkeitsrunde – sodass wir zumindest in Ansätzen im Bilde sind, was bei den anderen im Leben so los ist. Es ist äußerst bedeutsam, wie wir als Team zusammenarbeiten. Allgemein sind wir uns als Menschen wichtig und bemüht, uns gegenseitig zu unterstützen. Wir geben Konflikten Raum und achten darauf, dass möglichst nichts unter der Oberfläche schwelt.

## *Unsere Rolle als Lernbegleiter\*innen –*
## *Über das Verhältnis von Erwachsenen und Schüler\*innen*

Natürlich ist es nicht nur wichtig, wie wir uns selbst fühlen, sondern ebenso, wie wir mit anderen Menschen, vor allem mit den Schüler\*innen, umgehen. Dies ist für uns nicht primär eine pädagogische Entscheidung. Letztlich halten wir es für selbstverständliches menschliches Verhalten, Kinder als gleichwertige Menschen zu behandeln. Selbst wenn man das Menschenbild der Infinita nicht teilt, sollten die pädagogischen Folgen eines solchen Miteinanders Grund genug sein, Verhaltensweisen, die wir scheinbar selbstverständlich aus der Vergangenheit übernommen haben, noch einmal grundsätzlich zu überdenken.

In der Infinita verhalten wir uns gegenüber den Schüler\*innen als Menschen, die einfach etwas mehr Erfahrung haben und sie unterstützen können. Gleichzeitig haben wir die Aufgabe, für ihren Schutz und ihre Sicherheit zu sorgen und sie in ihrem Aufwachsen zu begleiten. Eine wichtige

Richtlinie ist, dass wir versuchen, uns nichts herauszunehmen, das wir gegenüber Erwachsenen nicht tun würden. Zugleich erwarten wir, ebenso respektvoll behandelt zu werden. Geschieht dies nicht, gehen wir darüber ins Gespräch oder nutzen die Möglichkeiten der Konfliktlösung an der Infinita. Dieselbe Möglichkeit steht den Schüler*innen offen, sodass sie uns nicht ausgeliefert sind.

Da wir in einer Welt aufgewachsen sind, in der Kinder als minderwertige Personen betrachtet werden, müssen wir unser Handeln immer wieder reflektieren und uns fragen, ob wir die Kinder auf Augenhöhe behandeln. Dass uns das an vielen Stellen gut gelingt, zeigt sich an den Schüler*innen, die schon länger bei uns sind. Sie haben ein feines Gespür und äußern sehr klar, wenn sie sich von einer erwachsenen Person nicht gleichwertig behandelt fühlen. Das zeigt sich beispielsweise in Bewerbungsgesprächen. Je älter die Kinder werden, desto klarer werden die Rückmeldungen – sowohl, was den Ersteindruck bei Bewerbungsgesprächen angeht, als auch die Reflexion des Handelns von Lernbegleiter*innen, die schon länger dabei sind.

Oft sind es auch andere Momente mit den Schüler*innen, die uns helfen, unser Handeln zu reflektieren. So gab es beispielsweise ein Projekt, in dem wir mit einer kleinen Gruppe innerhalb einer Woche ein Spiel für die ganze Schule entwickeln wollten. Mir war klar, dass es viel Arbeit und wichtig ist, dass alle dabei sind. Ein jüngerer Schüler fragte mich, ob er früher gehen könnte. Seine ehrliche Erklärung: »Ich will ja gern mit meinen Freunden spielen.« Ich sagte: »Eigentlich nein – wir haben viel vorzubereiten und es ist wichtig, dass du alles mitbekommst.« Überdies fand ich auch, dass es wichtig sei zu lernen, Verantwortung zu übernehmen und Dinge durchzuziehen, auch wenn man andere Pläne hat.

Kurze Zeit später hatten sich Kleingruppen gebildet, um etwas zu besprechen. Als ich seine Gruppe aufsuchte, war er verschwunden. Auf meine Nachfrage wurde mir mitgeteilt, dass er gern spielen gehen wollte. Ich merkte, dass ich ein bisschen ungehalten darüber war. Als ich sagte, dass er mich auch schon gefragt hatte und dass ich nein gesagt hätte, ließ mich ein älterer Schüler wissen: »Wir haben darüber abgestimmt und beschlossen, dass es in Ordnung ist.« Damit war die Sache für mich mehr als geklärt. Ich habe später verstanden, wie viel in dieser Situation zu lernen war. Zudem durfte ich selbst erkennen, dass es gar nicht meine Entscheidung, sondern die Entscheidung der Gruppe war, ob alle immer dabei sein müssen. Ich war beeindruckt, wie selbstverständlich sie das in einer Abstimmung geklärt hatten. Und ich musste auch einsehen, dass es in Wirklichkeit völlig in Ordnung war, dass er nicht die ganze Zeit dabei war, und dass sein Bedürfnis, Zeit mit seinen Freunden zu verbringen, völlig legitim war. Zugleich hatte er die Erfahrung gemacht, wie man Dinge in einer Gruppe schnell und fair regeln kann, wenn jemand ein Bedürfnis hat, das sich von dem der Gruppe unterscheidet. Das Lernen war natürlich leichter, da die Entscheidung in seinem Interesse gefallen war – aber es wird in seiner Schulzeit noch viele Situationen geben, in denen er solche Abstimmungen auch verlieren und mit den Konsequenzen umgehen lernen muss. Letztlich war es seine Entscheidung zu gehen – aber die Gruppe musste entscheiden, ob er dann noch weiter dabei sein könnte. Auf diese Weise war er am nächsten Tag wieder mit viel Begeisterung dabei und ich hatte eine Erfahrung gemacht, die mein Bewusstsein dafür schärfte, wann ich noch genauer prüfen kann, ob ich sorgsam mit meiner Autorität umgehe.

Sehen wir uns die pädagogische Perspektive auf die Frage an, wie das Verhalten von Erwachsenen gegenüber Kindern deren Aufwachsen und Entwicklung beeinflusst.

Werde ich in einer Zeit, in der ich besonders prägbar bin, mit Respekt behandelt und es wird mir deutlich, dass meine Stimme gehört und ernst genommen wird, so hat das einen positiven Einfluss auf mein Selbstbild. Mein Bild von mir selbst wird immer in einem Abgleich von meinen eigenen Gedanken und den Reaktionen anderer Menschen auf mich geschaffen. Werde ich respektvoll behandelt, beginne ich zu glauben, dass ich es wert bin, mit Respekt behandelt zu werden. Dadurch festigt sich der Glaube an mich selbst und ich fühle mich eher entspannt im Umgang mit anderen.[64]

In einer Umgebung, in der Erwachsene dagegen über mich bestimmen und in der ich ihrem Willen völlig unterworfen bin, ist es oft Angst, die mich in letzter Instanz zu bestimmtem Verhalten motiviert. Ich muss Strafe befürchten – im schlimmsten Fall auch noch abhängig von der aktuellen Stimmung des Erwachsenen.

Aus Kindern, die auf diese Weise groß werden, werden leicht Erwachsene, die im Inneren verunsichert sind. Das kann sich durch besonders lautes Gehabe (Überspielen der eigenen Unsicherheit), Rückzug, übertriebene Vorsicht gegenüber neuen Menschen, aufgesetzte Überlegenheit (»ich bin cooler als du«) oder ständige Verurteilung von anderen (um den eigenen beschädigten Selbstwert zu steigern) ausdrücken. Vor allem bedeutet innere Unsicherheit, dass man sich nicht traut, sich verletzlich zu zeigen. Dies alles sind verbreitete Verhaltensmuster, die tiefere Verbindungen zu anderen Menschen erschweren. Sie haben somit einen Einfluss auf das soziale Miteinander in unserer Gesellschaft insgesamt.

Natürlich gibt es noch andere Faktoren, die beeinflussen, wie sehr Menschen in sich selbst ruhen oder wie unsicher sie sind. Man würde die Ergebnisse der

---

64 Vgl. u. a. Bandura 1977.

psychologischen und auch der neurowissenschaftlichen Forschung der letzten fünfzig Jahre ignorieren, ginge man davon aus, dass es nur ein Zufall ist, dass Kinder als minderwertig und untergeordnet behandelt werden (zu oft noch zu Hause und systematisch in der Schule) und dass wir gleichzeitig weit verbreitet Verhaltensweisen sehen, die von innerer Unsicherheit zeugen. So haben Richard Davidson und William Irwin[65] mit Hilfe von PET und fMRT untersucht, welche Hirnareale bei einer Angstreaktion aktiv werden. Dazu gehören der präfrontale Kortex, der für die Regulation von Emotionen und die Einschätzung von Gefahren verantwortlich ist, sowie die Amygdala, ein Kerngebiet, das besonders eng mit der Verarbeitung von Angst verbunden ist. Wiederholte Aktivierung des Gehirns in Bezug auf Angst kann zu emotionaler Prägung führen. Das bedeutet, dass Menschen, die während ihrer Entwicklung wiederholt intensiven Angstzuständen ausgesetzt waren, ein erhöhtes Risiko für Angststörungen und emotionale Herausforderungen im späteren Leben haben.

Darum ist ein Aufwachsen ohne Angst so bedeutsam – für die einzelnen Menschen und für die Entwicklung unseres gesellschaftlichen Miteinanders. Fühle ich mich ernst genommen, ist dies enorm hilfreich für die Entwicklung eines gesunden Selbstwertes. Dieser ist das Gegenteil von Überheblichkeit – wenn ich weitgehend in mir selbst ruhe, gibt es keine Notwendigkeit, mich über andere zu stellen, andere zu verurteilen, um mich selbst zu erhöhen, oder aus Unsicherheit und Angst mit Aggression zu reagieren. Dieser kleine Ausflug soll deutlich machen, warum es auch aus pädagogischer Sicht bedeutsam ist, dass wir Lernbegleiter*innen unseren Umgang mit den Kindern immer wieder auf den Prüfstand stellen und respektvolles, freundliches Verhalten auf Augenhöhe als Richtschnur unseres Handelns sehen.

---

65 Vgl. Davidson, Irwin 1999.

Ein weiterer wichtiger Aspekt unseres Verhaltens in der Schule betrifft die Authentizität. Es gibt heute viele Lehrer*innen im Regelschulsystem, die ihr Bestes geben, ihren Schüler*innen so authentisch wie möglich zu begegnen. Das ist eine knifflige Aufgabe in einem System, in dem ich die Schüler*innen bewerte, bestimmen kann, wie sie sich zu verhalten haben und durchsetzen muss, wo sie sich aufzuhalten und womit sie sich zu beschäftigen haben – in dem sie also in großer Abhängigkeit von mir stehen. Es bedarf einer sehr bewussten Entscheidung und ist ein Schwimmen gegen den Strom. Verbreiteter ist darum, in eine Lehrer*innenrolle zu schlüpfen. Zum einen wird damit ein künstlicher Abstand geschaffen und die Beziehung ist weniger persönlich. Es begegnen sich die Rolle Lehrer*in und Schüler*in anstatt der Menschen Petra und Nadine. Das Ganze wird mit dem Titel »professionelle Distanz« als wichtiger Teil des Lehrer*innenjobs zur Methodik erhoben. Es soll unter anderem verhindern, dass bei der Bewertung ein Gefühl von Ungleichbehandlung entsteht. Allerdings hat es auch den Hintergrund, dass durch diese Distanz einem Missbrauch vorgebeugt werden soll, indem kein zu vertrauliches Verhältnis aufgebaut wird, welches ausgenutzt werden könnte.

Der Schutz der Kinder vor Missbrauch spielt auch bei uns eine große Rolle. Wir haben darum ein Schutzkonzept entwickelt, das eine große Transparenz sichert und einen sehr klaren Verhaltenskodex enthält. Der Schutz der Kinder hat oberste Priorität. Ein Verzicht auf menschliche Verbindung und ein Rückzug in Rollen ist dagegen tragisch und an vielen Stellen sogar kontraproduktiv. Je größer das Vertrauensverhältnis ist, desto eher werden sich junge Menschen an einen Erwachsenen wenden, wenn sie Hilfe brauchen.

Die Rolle »Lehrer*in« beinhaltet oft auch ein Bild von Unfehlbarkeit, vielleicht dadurch begründet, dass die künstlich geschaffene Autoritätsrolle von den Abhängigen nicht angezweifelt werden soll und eine unausgesprochene

Legitimation dieser Autorität sich teilweise aus dem Wissensvorsprung der Lehrer*innen ableitet. Auf eine solche Unfehlbarkeit erheben wir keinen Anspruch. Ein solches Bild würde dazu führen, dass das, was wir sagen, immer für bare Münze genommen wird. Da wir nun mal nicht unfehlbar sind, können sich Unwahrheiten verbreiten – zum Beispiel, weil wir über etwas wirklich nicht richtig Bescheid wissen, oder auch nur, weil wir falsch verstanden wurden. Außerdem ist Klarheit darüber, dass nicht alles richtig sein muss, was andere Menschen sagen oder schreiben, die Basis der Entwicklung eines kritischen Bewusstseins.

Wissen wir etwas nicht, ist es ein Geschenk, dies offen zu sagen und vielleicht gemeinsam auf die Suche nach Antworten zu gehen. So kann zum einen die Suche nach Informationen geübt werden und zum anderen stehen wir nicht auf einem Sockel. Das bedeutet, dass Fähigkeiten und Wissen als etwas gesehen werden, was man sich aneignen kann. Die Folge ist ein gesteigertes Vertrauen, dass man dies selbst ebenfalls erreichen kann.[66] Bei

---

66 In einer Studie von Deci und Black wurde der Einfluss der Autonomieunterstützung von Dozent*innen auf das Lernen der Studierenden in der organischen Chemie untersucht. Die Autoren fanden heraus, dass Dozent*innen, die autonomieunterstützend handelten und die autonome Motivation der Studierenden förderten, positive Auswirkungen auf das Lernen hatten. Die Schüler*innen, die sich autonom motiviert fühlten und in einer unterstützenden Umgebung lernten, erzielten bessere Leistungen in organischer Chemie (vgl. Black & Deci 2000).
In einer neueren Studie haben Haimovitz und Dweck 2016 herausgefunden, dass nicht die Ansichten der Eltern über Intelligenz, sondern ihre Einstellungen zum Versagen einen Einfluss auf die Denkweisen der Kinder haben. Kinder, deren Eltern eine »Wachstums«-Einstellung zum Versagen hatten, sahen Intelligenz als veränderbar und entwickelten eine positive Einstellung zum Lernen. Diejenigen, deren Eltern eine »feste« Einstellung zum Versagen hatten, betrachteten Intelligenz als statisch und zeigten eine geringere Bereitschaft, sich Herausforderungen zu stellen (vgl. Haimovitz & Dweck 2016).

unfehlbaren Vorbildern werden stattdessen deren Fähigkeiten unterbewusst oft als gegeben angenommen, nicht als etwas, das sie selbst gelernt haben.

Neben dem persönlichen Verhältnis auf Augenhöhe stellt sich auch die Frage, wie wir die Schüler*innen auf ihrem Weg begleiten. Wir versuchen bei allen Herausforderungen der Schüler*innen diese nur so weit zu unterstützen wie nötig. Wie bereits dargestellt ist ein frustriertes Aufgeben selten so lehrreich wie das erfolgreiche Bewältigen einer Herausforderung.

Unterrichten ist ein Teilbereich unserer Aufgabe – sodass »Lehrer*in« ein Teil unseres Jobs ist. Vor allem begleiten wir die Schüler*innen aber auf ihrem Weg. Wenn wir uns nun von der manchmal sehr engen Sichtweise verabschieden, die Lernen auf die Aneignung von schulischen Inhalten reduziert, wird klar, dass Menschen ständig lernen. Aus dieser Perspektive scheint Lernbegleiter*in eine treffende Beschreibung.

## Die wichtigsten Menschen: *Eltern*
### *Eltern im Schulalltag – Grenzen und Ausnahmen*

Die Rollen von Eltern an Demokratischen Schulen unterscheiden sich weltweit. Es gibt Schulen, die sich eher als eine Gemeinschaft mit den Eltern verstehen und in denen Eltern auch während der Schulzeit in der Schule sein können; Schulen, in denen die Eltern Teil des Trägervereins sind, und auch Schulen, in denen die Eltern ganz aus dem Schulalltag herausgehalten werden (hierzu zählen beispielsweise Summerhill und die Sudbury Valley School).

An der Infinita hat die Schulversammlung beschlossen, dass Eltern in der Regel nicht während des Schulalltages in der Schule sein sollen. Möchten sie etwas anbieten oder gibt es gute Gründe, dass Eltern Ausflüge oder Schulfahrten begleiten, kann eine Ausnahme beschlossen werden. Hintergrund der Entscheidung ist, dass die Kinder sich weniger frei fühlen, wenn sich Elternteile in der Schule befinden. Sie fühlen sich beobachtet. Zudem gab es auch Erlebnisse mit Eltern, bei denen Schüler*innen sich nicht respektvoll behandelt fühlten.

Aus einer pädagogischen Perspektive gibt es gute Gründe, Eltern am Schulgeschehen zu beteiligen. Meist sind es sehr reflektierte Menschen, die ihren Kindern eine solche Schule ermöglichen und denen es wichtig ist, dass ihre Kinder in Freiheit aufwachsen. Sie können die Schule mit wertvollen Fähigkeiten bereichern und auch gute Vorbildfunktionen haben.

Gleichzeitig kommen Eltern von außen und kennen nicht alle Schulregeln. Sie haben im Allgemeinen keine pädagogische Ausbildung. Anders als das Team haben nicht alle dieselbe Chance gehabt, in einer freien Umgebung mit Kindern zusammenzusein und dabei auf verinnerlichte Verhaltensmuster zu stoßen, um sich von diesen emanzipieren zu können. Es ist wahrscheinlich, dass die Mehrheit von ihnen die Schüler*innen durchaus auf Augenhöhe behandeln würde, und wir können das auch immer wieder beobachten. Zugleich sind wir alle in einer Welt aufgewachsen, in der Erwachsene vollständig über das Leben von Kindern bestimmen. Davon auszugehen, dass alle Schuleltern sich vollständig davon gelöst haben, wäre eine unrealistische Erwartung.

Selbst wenn es nur eine Minderheit ist – sobald Erwachsene in der Schule beginnen, ein Verhalten gegenüber Kindern an den Tag zu legen, dem die Schüler*innen oft genug in ihrem Leben außerhalb der Schule ausgesetzt sind, würde dies einen Einfluss auf das Erleben und auf die Entwicklung des Selbstverständnisses der Kinder haben. Sie erleben sich dann als »untergeordnet«, als »weniger«.

Da gerade das positive Selbstverständnis und das Selbstvertrauen ein so bedeutsamer Teil der Persönlichkeitsentwicklung in Demokratischen Schulen sind, ist es uns enorm wichtig, diese Entwicklung nicht zu gefährden oder einzuschränken. Es gibt sicher viele Eltern, die gerne mal in der Schule wären – sie unterstützen dieses Projekt immerhin von Herzen, sie lieben ihre Kinder und wollen gern ein tieferes Verständnis für deren Leben in der Schule bekommen. Gleichzeitig bedeutet es für die Eltern aber Sicherheit, zu wissen, mit welchen Erwachsenen ihre Kinder zu tun haben und darum vertrauen zu können, dass sie als gleichwertige Menschen behandelt werden.

Darüber hinaus würde sich auch die Frage der Rolle der Eltern in der Schuldemokratie stellen: Entweder sind sie Teil der Schuldemokratie – haben also Rederecht in der Schulversammlung und dürfen mit abstimmen –, dann kann es schnell zu einer Situation kommen, in der Eltern einen großen Redeanteil in der Schulversammlung bekommen und Schüler*innen weniger teilnehmen, weil sie es weniger als ihr eigenes Gremium erleben. Hätten Eltern dagegen keine Rechte in der Schulversammlung, müssten sich aber gleichzeitig allen Regeln der Schuldemokratie unterordnen, schafft dies rechtlose Mitglieder der Schulgemeinschaft.

Aus pädagogischer Sicht gibt es ein noch bedeutenderes Argument gegen die regelmäßige Anwesenheit von Eltern im Schulalltag: Die Intuition der Schüler*innen bei diesem Beschluss ist sehr ernst zu nehmen. Sie bemerken, dass sie sich nicht gleich wohl in der Schule fühlen, wenn Eltern anwesend sind – sie fühlen sich weniger frei. Was steckt dahinter?

Wir alle beginnen in unseren ersten sechs Jahren eine Persönlichkeit zu entwickeln und eine bestimmte Rolle im Familiengefüge einzunehmen. Wenn wir unsere Beziehung mit unseren eigenen Eltern ansehen, werden die meisten von uns eingestehen, dass diese Rolle oft noch gespielt wird, wenn wir schon längst erwachsen sind. Demokratische Schulen wie die Infinita bieten einen zweiten Lebensraum, in dem die jungen Menschen sich noch einmal neu entdecken und auch neu definieren können.

Oft sind Eltern über die Unabhängigkeit ihrer Kinder in der Schule überrascht und fragen sich, warum sie zu Hause nicht so viel Verantwortung übernehmen. Die Kinder sind zu Hause weiter in der oft bequemen abhängigen Rolle, die sich ganz natürlich aus der Bedürftigkeit in den ersten Lebensjahren entwickelt. Die Abhängigkeit ist auch per se nichts Schlechtes. Im Gegenteil, wir entwickeln unser Urvertrauen nur dann, wenn wir in dieser ersten Phase erleben, dass wir umsorgt werden und dass Menschen da sind, die uns bedingungslos lieben und alles für uns tun würden. Gleichzeitig haben Menschen ein inneres Streben nach Unabhängigkeit – nach Machterweiterung. Um unsere Macht zu erweitern, also unsere Einflusssphäre zu vergrößern, lernen wir. Wir lernen beispielsweise laufen, sprechen und später Fahrrad fahren und lesen.

Die Möglichkeit, sich in einer Umgebung ohne Eltern neu zu definieren, ist enorm hilfreich auf diesem Weg.[67] Wer schon alleine längere Zeit auf Reisen war, wird sehr wahrscheinlich Folgendes erlebt haben: Durch das Lösen von den Menschen, mit denen man gemeinsam das Bild von sich selbst geschaffen hat, entsteht ein Raum für Neuorientierung. In diesem kann man sich teilweise sehr grundsätzlich neu definieren.

Demokratische Schulen bieten einen solchen Raum. Sie übergeben den Schüler*innen die Verantwortung für das eigene Leben und helfen dabei, diese

---

67 Natürlich bieten auch Regelschulen diesen Freiraum. Oft wird jedoch die Bedeutung und die Verantwortung nicht klar gesehen. Die Umgebung, in welcher ich mich neu definieren kann, ist entscheidend dafür, *welches* neue Bild ich von mir schaffe.

Verantwortung zu übernehmen. Sind nun die eigenen Eltern oder auch nur die Eltern von Freund*innen in der Schule, werden die Kinder viel leichter in ihre alte Rolle zurückfallen. Das kann zwar komfortabel sein, steht aber der Entwicklung der Persönlichkeit im Weg.

Es gibt gute Argumente hinter unserem Beschluss, dass Eltern in der Schule eher die Ausnahme als die Regel sind. Gleichzeitig ist es uns sehr wichtig, dass die Eltern sich als Teil der Schulgemeinschaft erleben.

Wir sehen uns als Verbündete der Eltern bei der Unterstützung der jungen Menschen auf ihrem Weg in die Unabhängigkeit. Es ist heute ein großer Schritt, Kinder in Freiheit aufwachsen zu lassen. Es gibt immer mehr gute, fortschrittliche Literatur für Eltern, aber sowohl die Entscheidung für eine freiere Schule als auch für einen anderen Umgang zu Hause stellt noch immer ein großes Abweichen von der Norm dar. Dabei entstehen auch Fragen und Sorgen.

Inwieweit sich die Eltern mit der Schulgemeinschaft vernetzen, ist ganz ihnen überlassen. Eine größere Vernetzung kann sehr hilfreich dabei sein, sich weniger allein auf dem Weg zu fühlen, sich zu unterstützen und voneinander zu lernen. An der Infinita gibt es einen Förderverein und verschiedene Arbeitskreise, in denen die Eltern die Schule unterstützen können. Diese Unterstützung ist natürlich gut für die Schule. Zugleich ermöglicht es den Eltern, sich als Teil der Schule zu fühlen, und schafft eine Verbindung mit anderen Eltern. Zusätzlich bieten wir Spieleabende an und machen regelmäßige Treffen zu pädagogischen Themen, auf denen ein Austausch möglich ist. Wir sind auch schon mit einer größeren Gruppe von Eltern auf eine internationale Konferenz für Demokratische Bildung (IDEC) nach Finnland gefahren.

Bundesweit und international gibt es eine Vielzahl an Treffen und Konferenzen zu Demokratischer Bildung. Sie bieten tolle Möglichkeiten, sich mit anderen Eltern und interessierten Menschen zu vernetzen und auch etwas gemeinsam zu erleben und zusammen zu wachsen.[68]

## *Eltern zu Hause – Die andere Seite*

Die größte Aufgabe der Eltern bleibt natürlich die Begleitung ihrer Kinder zu Hause. Hieraus ergeben sich aus der Perspektive Demokratischer Bildung Konsequenzen für das Miteinander zu Hause.

Auch wenn wir weit davon entfernt sind, dass alle Kinder Deutschlands zu Hause mit Respekt behandelt werden, so hat sich der private Bereich in den letzten Jahrzehnten doch schneller bewegt als das Schulsystem. Es gibt eine große Bandbreite an Literatur und Elternratgebern sowie einige sehr fortschrittliche Fortbildungen für Eltern. All dies kann dabei helfen, über das hinauszuwachsen, was wir selbst erlebt haben. Es würde den Rahmen dieses Buches sprengen, zu erörtern, wie Demokratische Bildung zu Hause aussehen kann. Wir verlangen von Eltern nicht, dass sie zu Hause einen Familienrat etablieren oder Gewaltfreie Kommunikation lernen (obwohl beides ganz sicher hervorragende Werkzeuge sind).

Wichtig ist vor allem der Wille, ihre Kinder als gleichwürdige Menschen zu behandeln und ihnen zu vertrauen, ihre eigenen Entscheidungen über

---

68 Sowohl Aktivitäten mit den Familien als auch gemeinsame Fahrten zu Treffen und Konferenzen sind wertvoll, fallen aber an vielen Demokratischen Schulen, auch bei uns, oft hinter anderen wichtigen Dingen zurück. Auch hier gibt es Raum zum Wachsen.

ihr Lernen zu treffen. Das allein ist eine große Herausforderung, da es noch immer so weit vom Status Quo abweicht und sich in 99,9 % der Fälle von dem unterscheidet, was wir selbst als Kinder erlebt haben. Die Idee, dass Kinder zum Lernen bestimmter Lerninhalte gezwungen werden müssen und spezielle Dinge in einem spezifischen Alter können oder wissen müssen, ist in den meisten Köpfen fest verankert.

Es wäre sehr viel von den Eltern verlangt, immer respektvoll zu sein und nie zu zweifeln. Entscheidend ist ein *Bewusstsein* über die eigene Konditionierung und die eigenen Zweifel. Wer sich seiner Zweifel bewusst ist, kann sie als eigene Konditionierung durchschauen und so auf die Suche nach Antworten gehen, anstatt alles unreflektiert an die Kinder weiterzugeben.

Was bedeutet das praktisch?

Ein beliebtes Beispiel ist das Lesen und Schreiben. Wir haben alle gelernt, dass dies etwas ist, das man zu Beginn der Schulzeit lernt, also zwischen sechs und sieben (oft wird sogar davon abgeraten, dass Kinder sich früher damit beschäftigen, damit sie sich nicht in der Schule langweilen und »auffällig« werden). Wenn nun das eigene Kind mit neun Jahren zwar Faszinationen an einer Vielzahl von Dingen an den Tag gelegt hat und vor Fantasie sprüht, aber scheinbar keinerlei Interesse am Lesen und Schreiben an den Tag legt, führt das oft zu einer gewissen Nervosität auf Elternseite. Man möchte ja vertrauen, aber die Freund*innen des Kindes, die auf Regelschulen gehen, können schon lange lesen und vielleicht spürt man auch die Skepsis über diesen »Mangel« bei den eigenen Freund*innen und Eltern.

Ein dringender Rat ist, diese Nervosität ernst zu nehmen. Wird sie verdrängt, kann sie im Untergrund zu tiefen Zweifeln heranwachsen.

Eltern benötigen in einem solchen Fall Empathie – von der Schule, von einander und vor allem von sich selbst. Das nötige Vertrauen zu schenken ist nicht leicht, denn die meisten von uns sind nun einmal anders sozialisiert. Es ist normal, wenn der Verstand Sorgen und Zweifel produziert. Letztlich sind diese aus Liebe geboren, aus dem Wunsch, dass die eigenen Kinder möglichst glücklich werden. Dies alles gilt es wertzuschätzen. Insbesondere ist es wichtig, dass die Eltern dies in sich selbst zu würdigen.

Gleichzeitig erlaubt diese Wertschätzung, nicht blind zu glauben, was man denkt. Stattdessen können so die Sorgen als Ergebnis der eigenen Erfahrungen und Prägung verstanden werden. Dann kann man sich auf die Suche machen, das verlorene Vertrauen wiederzugewinnen.

Darum ist es uns so wichtig, dass wir als Mentor*innen auch Ansprechpartner*innen der Eltern sind. Für uns ist es viel einfacher zu vertrauen, denn wir sehen viele Kinder über Jahre und beobachten immer wieder, wie alle irgendwann Lesen lernen. Diese Erfahrung können wir mit den Eltern teilen und oft ist es auch einfach wichtig, dass jemand die Sorgen anhört und ernst nimmt.

Die reflektierte Auseinandersetzung ist darum so bedeutsam, weil damit die Beschäftigung des Kindes mit klassischen Schulinhalten steht und fällt. Man kann Menschen zur Auseinandersetzung mit Inhalten zwingen. Dann bleibt bei manchen einiges davon hängen, bei anderen nicht und wieder andere entwickeln einen Widerstand, der jede weitere Beschäftigung mit diesem Inhalt sehr schwer und damit unwahrscheinlicher macht.

Wenn wir aber jungen Menschen in der Schule sagen, dass sie selbst entscheiden dürfen, was sie lernen wollen, sind die Folgen von Druck aus dem Elternhaus noch brisanter. Es ist eine grundmenschliche Eigenschaft, dass wir uns instinktiv gegen Zwang wehren (unser Grundbedürfnis nach Autonomie ist dann nicht erfüllt).

Wenn Eltern nicht Verantwortung für ihre eigenen Ängste und Sorgen übernehmen, geschieht in der Regel eines von zwei Dingen. Entweder wird die Sorge unreflektiert als gerechtfertigt hingenommen – das eigene Denken bleibt unhinterfragt. In diesem Fall wird man, weil man ja das Beste für das Kind will, deutlich klar machen, dass es sich in der Schule langsam mal mit Lesen und Schreiben (oder Mathematik, Englisch, Computern, Physik, Geografie, Geschichte …) beschäftigen sollte.

Wird die Sorge dagegen verdrängt, weil man ja eigentlich vertrauen will, wird sie sich vermutlich doch immer wieder Bahn brechen. Dann wird das Kind immer wieder Dinge hören wie: »Wenn du lesen könntest, könntest du das jetzt allein machen ...«, »Hast du gesehen, wie gut die Lisa schon lesen kann?« oder »Willst du nicht mal den *Lesen-und-Schreiben-Kurs* besuchen?«. Auch in diesem Fall werden fast alle Kinder den Wunsch ihrer Eltern spüren und somit auch einen Druck.

In beiden Fällen kommen sie in die Schule und hören dort, dass es völlig ihre Entscheidung und ihre Verantwortung ist, ob und wann sie sich mit welchen Inhalten beschäftigen wollen. Zum einen schafft das innere Verwirrung und Zerrissenheit. Es ist tief in uns verankert, dass wir den Eltern gefallen und ihnen keine »Sorgen machen« wollen. Ein sinnvoller Instinkt, denn Kinder sind abhängig von ihren Eltern und wissen das unterbewusst. Gleichzeitig haben alle Menschen einen starken Wunsch nach Selbstbestimmung und Autonomie – der Erfüllung unseres psychologischen Grundbedürfnisses.

Im Ergebnis sehen sich diese Kinder oft großen inneren Widerständen gegenüber. Das Thema wird als »von außen aufgedrängt« erlebt und es wird schwierig, eine *eigene* Entscheidung für die Auseinandersetzung damit zu treffen. So sind sie nicht begeistert oder stolz, dass sie sich mit einem Thema beschäftigen und etwas für sich dazulernen, sondern sie fühlen sich, als ob sie nachgeben und für jemanden anderen lernen. Eine intrinsische Motivation (also ein Lernen aus innerem Antrieb heraus) kann man mit Glück *trotz* des gefühlten Druckes entwickeln, niemals durch ihn.

Hier werden dem jungen Menschen also zwei Hürden in den Weg gelegt: Zum einen werden Widerstände geschaffen, überhaupt einen Kurs zu besuchen oder andere Wege des Lernens zu finden. Zum anderen wird das Lernen an sich erschwert, denn es ist intrinsische Motivation, die Lernen spannend, freudevoll und effektiv macht.

Aus diesen Gründen sind Vertrauen und Selbstreflexion die vielleicht größten Aufgaben, denen sich Eltern an Demokratischen Schulen gegenübersehen.

## *Wer entscheidet sich für eine Demokratische Schule? – Die soziale Zusammensetzung der Elternschaft*

Eine wichtige Frage, die immer wieder gestellt wird, ist die nach der sozialen Schicht der Elternschaft. Es ist eine entscheidende Überlegung und in den siebziger Jahren war es vor allem diese Auseinandersetzung, an der sich die Free-School-Bewegung in den USA spaltete. Was damals im Raum stand und auch heute steht, ist die Frage, ob freie Schulen letztlich nur ein weiteres Privileg für eine ohnehin privilegierte Schicht der Gesellschaft bedeuten.

Es ist nicht von der Hand zu weisen, dass zumindest in Deutschland die meisten freien Schulen einen überdurchschnittlich hohen Anteil von Akademiker*innen in der Elternschaft haben. Im Umkehrschluss bedeutet dies, dass der Anteil der Kinder aus Arbeiter*innenfamilien oder mit

Migrationshintergrund oft unterdurchschnittlich ist. Zugleich ist in der Regel der Anteil der Eltern aus den oberen Einkommensschichten ebenfalls unterdurchschnittlich. Vermutlich, weil in diesen Schichten oft die Vorstellung vorherrscht, dass die eigenen Kinder, als Teil der zukünftigen Eliten des Landes, ein Gymnasium besuchen sollten.

Die soziale Zusammensetzung der Elternschaft der Infinita sieht ähnlich aus wie die vieler Freier Schulen. Die Schule befindet sich auf dem Land und nicht in einem sozialen Brennpunkt in der Stadt. Dies erklärt zumindest teilweise den geringeren Anteil von Kindern mit Migrationshintergrund, denn der ist auf dem Land niedriger. Weitere Hintergründe zur sozialen Zusammensetzung sind etwas spekulativ. Es liegt aber nahe, dass eine gewisse kritische Auseinandersetzung mit Bildung notwendig ist, damit man sich auf die Suche nach Alternativen macht. Hat man nun selbst länger in einem organisierten Bildungsprozess gesteckt, hatte man potentiell mehr Zeit, diesen zu hinterfragen. Außerdem ist universitäre Bildung, vor allem vor der Einführung des Bachelor/Master-Systems, deutlich selbstbestimmter als die Schulzeit – sie bringt die Erfahrung, wie viel spannender und leichter Lernen sein kann, wenn man sich für die Inhalte interessiert und sie im besten Fall selbst gewählt hat.

Es ist keineswegs so, dass Eltern aus Arbeiter*innenfamilien weniger daran interessiert sind, dass ihre Kinder glücklich sind. Eine Vorsicht gegenüber alternativen Lebenswegen ist oft gerade aus der Liebe zu ihren Kindern geboren. Es sollen keine Experimente mit ihnen gemacht werden, denn sie sollen Chancen auf einen Job und es »einmal besser« haben.

Darum werden sie in dieselbe Mühle wie alle anderen geschickt, in der Hoffnung, dass sie innerhalb dieses Systems gut genug abschneiden, um einen gewissen Wohlstand erreichen zu können.[69]

Je geringer die Mittel, die Eltern selbst zur Verfügung haben, desto weniger sehen sie sich in der Lage, die Kinder finanziell aufzufangen. Aus dieser Sicht scheint es ein noch größeres Risiko, einen anderen Bildungsweg zu wählen als praktisch alle anderen Eltern.

Ein kleiner Faktor mögen auch unterschiedliche Strategien auf der Suche nach Glück und Zufriedenheit sein. Zahlreiche Studien zeigen heute, dass größerer materieller Wohlstand nicht zwangsläufig zu mehr Zufriedenheit führt.[70] Gleichzeitig ist die Vorstellung, dass ein Anhäufen von Besitz eine sinnvolle Strategie (wenn nicht sogar die wichtigste) zum Glücklichsein darstellt, noch immer vorherrschend. Solange Menschen unter einer gewissen

---

69 Sieht man sich die soziale Mobilität in Deutschland an, zeigt sich, dass diese Hoffnung in den meisten Fällen eine Illusion ist. So zeigt der Datenreport der Bundeszentrale für politische Bildung (BpB), dass vor allem in Arbeiter*innenfamilien sehr begrenzte soziale Aufstiegschancen für die Kinder bestehen. Die meisten Kinder aus Arbeiter*innenfamilien bleiben in dieser Schicht. Die Aufstiegschancen für Kinder mit Migrationshintergrund sind ebenfalls sehr begrenzt (vgl. Bundeszentrale für politische Bildung 2021). Die Idee, dass soziale Aufstiegschancen durch die Schule verbessert würden, legt die Verantwortung auf die falschen Schultern. »Die Menschen strengen sich eben in der Schule nicht genug an«, ist der verbreitete Irrglaube. Es handelt sich vielmehr um ein systemimmanentes Problem und auf dieser Ebene ist nach Lösungen zu suchen.

70 Der World Happiness Report von 2012 zeigt beispielsweise, dass Einkommen zwar durchaus ein Faktor für gefühlte Zufriedenheit ist, das Einkommen allein aber nicht ausreicht, sondern Faktoren wie psychische Gesundheit, soziale Unterstützung und Eingebundenheit und viele mehr von entscheidender Bedeutung sind (vgl. Sachs 2012).

Grenze leben, erscheint ihnen diese Strategie noch glaubwürdiger. Haben sie dagegen selbst die Erfahrung gemacht, dass ein höheres Einkommen nicht automatisch zu mehr Zufriedenheit geführt hat, werden eher andere Faktoren in die Überlegung einbezogen, wie die eigenen Kinder glücklich werden könnten. Aus dieser Sicht scheint eine Demokratische Schule dann vielleicht noch attraktiver.

In einigen Ländern existieren Demokratische Schulen nur als Privatschulen und so entsteht zusätzlich eine finanzielle Hürde, die es Menschen mit niedrigeren Einkommen erschwert, ihre Kinder an diese Schulen zu schicken. In Deutschland gibt es nur sogenannte »Schulen in privater Trägerschaft«. Sie unterstehen dem Bildungsministerium und bekommen einen Teil der Förderung von Regelschulen. Trotzdem bleibt ein gewisses Schulgeld zu zahlen; auch wenn dies oft nicht hoch ist, macht es doch einen großen Unterschied, ob man ohnehin mit knappen Ressourcen haushalten muss oder das Schulgeld nicht stark einschränkt. In vielen Fällen wird bereits die Idee, Schulgeld zu zahlen, davor abschrecken, sich näher mit einem alternativen Schulkonzept zu beschäftigen.

Die genannten Aspekte sind einige spekulative Hintergründe, die zudem stark verallgemeinert sind. Es gilt, eine Tendenz zu erklären, denn es gibt genug Eltern aus Arbeiter*innenfamilien, die sich für freie oder Demokratische Schulen für ihre Kinder entschieden haben.

Warum ist die Situation unbefriedigend? Zum einen könnte man aus einer Gerechtigkeitsperspektive argumentieren. Gerade Kinder aus einkommensschwachen Familien könnten den Vorteil auf dem Arbeitsmarkt brauchen, den der Erwerb von Kompetenzen wie Teamfähigkeit, Problemlösungsfähigkeit und Kreativität bedeutet. Sie haben auch weniger finanzielle Ressourcen, um eigene Projekte und Träume umzusetzen, und sie bekommen potentiell durch ihr Elternhaus weniger Inspiration, autonom etwas zu schaffen, als beispielsweise Kinder von Selbstständigen. Sie können also von einer hohen Selbstwirksamkeitserwartung besonders profitieren. Werte wie Kooperation und Solidarität sind in der Arbeiterbewegung schon immer hochgehalten worden, um gemeinsam für sozio-ökonomische Verbesserung eintreten zu können.

Zudem ist es natürlich gerecht, wenn alle jungen Menschen, ungeachtet des Elternhauses, den gleichen Zugang zu Demokratischer Bildung haben.

Genauso bedeutsam ist aber, dass die Erfahrung von Schüler*innen davon geprägt wird, wer die Schule mit ihnen besucht. Während des Aufwachsens versuchen wir, die Welt zu verstehen. Wir tun dies unter anderem dadurch, dass wir unsere Erfahrungen mit denen von Menschen in unserem Umfeld abgleichen. Wir unterhalten uns. In Demokratischen Schulen ist viel Raum für Gespräche. Die Kinder erzählen sich aus ihrer Welt. Kommen alle Kinder aus derselben sozialen Schicht, befinden sie sich in einer Blase, in der sie nur theoretisch ein Wissen um soziale Unterschiede bekommen können. Es ist etwas anderes, wenn die beste Freundin erzählt, dass ihr Vater arbeitslos ist, oder wenn der beste Freund in einer kleinen Mietwohnung lebt und sein Zimmer mit Geschwistern teilt, als wenn ich es in einem Buch lese. Je mehr die Schülerschaft die gesellschaftliche Realität widerspiegelt, desto eher können die Schüler*innen aus ihren eigenen Gesprächen und Erlebnissen ein akkurates Bild der Realität konstruieren (soweit dies überhaupt je möglich ist). Daran geknüpft ist die Entwicklung eines Gerechtigkeitssinns, eines Empathievermögens und eines tieferen Verständnisses der sozialen Realitäten.

Aus all diesen Gründen sind wir bemüht, die Schule für alle Kinder offen zu halten. Es gibt Demokratische Schulen, wie die Albany Free School in New York oder die Demokratische Schule FLeKS in Hamburg, die ganz gezielt in

Stadtteilen mit niedrigem Durchschnittseinkommen eröffnet haben.[71] Über die Albany Free School hat Chris Mercogliano, der dort über Jahrzehnte gearbeitet hat, ausführlich berichtet. Er beschreibt in seinen Werken lebendig, wie das Konzept das Miteinander, das Selbstbewusstsein und die Solidarität unter den Kindern stärkt und für Kinder, die teilweise einiges an Gepäck mitbringen, mindestens ebenso bereichernd ist wie für andere. In seinem Buch »Teaching the Restless«[72] beschreibt er, wie »verhaltensauffällige« Kinder, die in Regelschulen sicher mit dem Label ADS oder ADHS versehen worden wären, ohne Medikamente in der Schuldemokratie ihren Platz gefunden haben.

Ansonsten sind die Hebel, die Demokratische Schulen haben, um für Eltern aus allen Schichten offen zu sein, begrenzt. Gemeinsam ist allen, dass sie versuchen, auf verschiedenen Wegen zumindest die finanzielle Hürde zu minimieren.

Es ist gut, dass alles versucht wird, um die Schulen für alle offen zu halten. Gleichzeitig stehen die vielen kleinen Schulinitiativen aufgrund der wenigen Schulplätze dennoch nur einer kleinen Minderheit offen. Darum ist es so wichtig, dass unsere Ansätze und Ergebnisse eine breite Öffentlichkeit erreichen. Letztlich kann nur eine Demokratisierung des staatlichen Schulsystems einen gleichen und breiten Zugang für alle sicherstellen.

---

71 Zumindest im Falle der Albany Free School hat sich dies nach 50 Jahren zu einem zweischneidigen Schwert entwickelt, da die Schule Menschen mit höherem Einkommen in die Gegend gelockt und somit einen Prozess von Gentrifizierung unterstützt hat. Gleichzeitig hat sie mit einem kreativen Finanzierungskonzept für Generationen von Kindern eine fantastische Schulzeit und damit auch den Weg in ein selbstbestimmteres Leben ermöglicht, welche sich diese sonst niemals hätten leisten können.

72 Mercogliano 2004.

# *Das liebe Geld –*
## *Die Finanzierung der Schule als Gemeinschaftsprojekt*

Bei der Finanzierung von freien Schulen durch das Bildungsministerium gibt es eine etwas widersprüchliche Praxis. Zum einen ist das durchschnittliche monatliche Schulgeld gedeckelt, um eine soziale Selektion zu verhindern. Gleichzeitig werden Schulen in freier Trägerschaft nur zu einem Teil finanziert (der Anteil ist von Bundesland zu Bundesland unterschiedlich und liegt derzeit zwischen 65 und 80 % dessen, was Regelschulen pro Kind erhalten). So sind die Schulen gezwungen, Schulgeld zu erheben und dadurch unweigerlich eine soziale Hürde zu schaffen.

Um die Schule für alle offen zu halten, haben wir ein solidarisches System einer anderen Schule übernommen und für uns angepasst. Es war uns wichtig, keinen riesigen bürokratischen Aufwand zu schaffen, den eine feste Einkommensstaffelung bedeuten würde (Offenlegung von Einkommen, Vergleichbarkeit, …).

Stattdessen setzen wir auf Freiwilligkeit. Wir treffen uns jedes Jahr mit allen Eltern und legen unsere Finanzen und die Einkommen der Lernbegleiter*innen offen. Dann bitten wir alle Familien, gut zu überlegen, was sie geben können, und ein (anonymes) Gebot abzugeben. Wir rechnen die Gebote zusammen und gehen meist in eine zweite und wenn nötig in eine dritte Bietrunde. Bisher ist es uns gelungen, jedes Mal genug zusammenzubekommen, um die Schule zu finanzieren, auch wenn wir manchmal kleine Abstriche machen mussten.

Dieses System basiert auf dem Vertrauen, dass die Eltern genau überlegen, was sie geben können, um dieses Projekt, das einen großen Teil der täglichen

Lebenswelt ihrer Kinder darstellt, am Leben zu erhalten.[73] Der Mehrheit der Eltern ist sehr viel an der Schule gelegen und sie sehen die große Bedeutung für ihre Kinder. Der »Schulgeldelternabend« erfüllt die wichtige Funktion, die Schulgemeinschaft zu erleben und gemeinsam die Finanzierung zu sichern.

Wir alle sind in einer Gesellschaft aufgewachsen, die auf Konkurrenz basiert und in der es wichtiger ist, mehr zu haben als die anderen. So sehr wir uns davon emanzipieren wollen, Reste davon bleiben meist zurück. Es stünde darum zu erwarten, dass Menschen in einer solchen Situation eine andere Haltung an den Tag legen würden. »Die anderen sollen mehr zahlen, ich zahle ja schon genug.« »Die anderen geben bestimmt nicht so viel, wie sie können, und jetzt soll ich für die mitbezahlen?«

Es ist vielleicht nicht so, dass diese Gedanken niemals auftauchen. Es ist aber deutlich, dass die Schulgeldelternabende die Gemeinschaft eher zusammenschweißen, als dass sie sie auseinanderreißen. Die meisten Eltern gehen mit dem Gefühl, als Gemeinschaft etwas geschafft zu haben, und dass sie dazu beigetragen haben.

Trotz dieses positiven Effektes wäre es natürlich wünschenswert, wenn all das nicht nötig wäre und wir vom Ministerium das bekommen würden, was staatlichen Schulen zur Verfügung steht.

---

73 Für den Fall, dass dies nicht klappt, haben wir eine einkommensbasierte Schulgeldordnung. In den zehn Jahren, die wir uns mit diesem Konzept finanzieren, ist es jedoch nie nötig gewesen, darauf zurückzugreifen. Das Vertrauen in die Elternschaft erweist sich als gerechtfertigt.

# Vom Abschluss und Abschlüssen:
## *Vorbereitung auf die Zeit danach*

*»Ich fühle mich gut aufs Leben vorbereitet. Du lernst hier, Entscheidungen zu treffen, weil du hier ständig selbst große Entscheidungen treffen musst.«*

KLARA (15)

Nach zehn Jahren verlassen die meisten Kinder die Infinita. Es ist wichtig, eine Schule nicht nur daran zu messen, was am Ende herauskommt. Dass die Schüler*innen ihre Schulzeit genießen konnten, ist an sich schon unschätzbar viel wert. Viel zu oft wird diese Zeit zu einem Werkzeug degradiert, das die Kinder »aufs Leben vorbereitet«. Unsere Schulzeit beträgt aber durchschnittlich zwischen 10 und 15 Prozent unserer Zeit auf dieser Welt – sie ist Lebenszeit. Zusätzlich ist es eine besondere Zeit, in der wir viele Dinge zum ersten Mal erleben und in der unsere Begeisterungsfähigkeit am größten ist. Diese Zeit so wundervoll wie möglich zu gestalten, ist das größte Geschenk, das wir unseren Kindern machen können. Darüber hinaus prägt unser Erleben der Kindheit und Jugend unser ganzes Leben. Sind wir in dieser Zeit glücklich, werden wir mit einem anderen Gemüt in die Zukunft gehen und das Leben mit anderen Augen betrachten. Das wiederum beeinflusst unsere Wirkung auf andere. Glückliche, lebensbejahende Menschen lösen positive Gefühle in anderen aus.[74] Dies führt zu positiveren Erlebnissen mit den Mitmenschen. Die Chancen auf freundliche und offene Begegnungen sind erhöht und auch die Chance, dass sich durch die so entstehenden Begegnungen mehr Türen öffnen.[75] Auf diese Weise werden also Erlebnisse geschaffen, welche wiederum die positive Weltsicht immer wieder bestätigen und stärken. Eine positive Feedbackschleife, die das ganze Leben lang wirken kann.

Zugleich wissen wir heute, dass es eine starke Verbindung zwischen

---

74 Eine Langzeitstudie zur Wirkung von glücklichen Menschen in sozialen Netzwerken hat u. a. gezeigt, dass diese das erlebte Glück ihrer Freunde (die in der Nähe leben) um ~25 % erhöhen (vgl. Fowler & Christakis 2008).

75 Studien zeigen einen klaren Zusammenhang zwischen Glück und Erfolg. Sie zeigen, dass es die Eigenschaften glücklicher Menschen sind, die zum Erfolg führen. Sie sind also nicht nur glücklich, weil sie Erfolg haben, sondern Erfolg ist ebenso eine Folge von Glücklichsein (vgl. Lyubomirsky, King & Diener 2005).

gefühltem Glück, Zufriedenheit und körperlicher und psychischer Gesundheit gibt.[76] Studien zeigen sogar, dass glückliche Menschen länger leben.[77]

Neben der realen Veränderung ändert sich auch die Sicht auf das, was das Leben uns anbietet. Sie macht das Leben schöner, bunter und lebenswerter. Selbst Schicksalsschläge, die in unserem menschlichen Dasein unvermeidlich sind, können ganz anders wahrgenommen und verarbeitet werden.

Nun ist diese Zeit in der Infinita irgendwann zu Ende und die Frage, wie gut man auf das Leben vorbereitet ist, ist natürlich eine berechtigte. Welche Kompetenzen in der Infinita erlernt werden können, haben wir gesehen. Vor allem ist von einer großen Selbstwirksamkeitserwartung, einem gesunden Selbstvertrauen, Empathiefähigkeit, Kooperationsfähigkeit und Konfliktfähigkeit auszugehen. Diese Kompetenzen sind nur schwer messbar und alle Menschen sind unterschiedlich. Natürlich sind nicht alle Menschen, die von Demokratischen Schulen abgehen, mit einer besseren Selbstwirksamkeitserwartung ausgestattet als die anderen. Vielmehr ist es so, dass derselbe Mensch einfach bessere Chancen hat, all diese Fähigkeiten in einer Demokratischen Schule zu entwickeln, als in einer Umgebung, die von Stress und Unterordnung geprägt ist.

Bisher fehlen Untersuchungen von Absolvent*innen Demokratischer Schulen in Deutschland. Die Sudbury Valley School in Massachusetts, die mittlerweile über fünfzig Jahre existiert, hat bereits umfassende Studien durchgeführt.[78] In einer Erhebung wurden beispielsweise 119 Ehemalige gefragt, ob sie das Gefühl haben, Kontrolle über ihr Leben zu haben. 105 von ihnen bejahten diese Frage.

---

76 Vgl. u. a. Marsland, Pressland & Cohen 2007.

77 Vgl. Diener & Chan 2011.

78 Greenberg & Sadowsky 1992, 2005.

Auf die Frage, ob sie zufrieden mit ihrem Leben seien, antworteten lediglich neun, dass sie aktuell unzufrieden seien und von diesen neun gaben fünf an, dass sie gerade dabei seien, dies zu verändern.

Gespräche mit Absolvent*innen in Deutschland zeichnen ein ähnliches Bild. Es zeigt sich also, dass Demokratische Schulen tatsächlich gute Voraussetzungen für ein glückliches Leben bieten – unabhängig davon, wie es nun mit Abschlüssen und Weiterbildung aussieht.

»Aber wie ist es denn mit Abschlüssen und kommen die Jugendlichen an der Oberstufe dann überhaupt klar?«, werden nun einige fragen. Unser Bild, wie ein glückliches, erfolgreiches Leben aussieht, ist eben von unseren eigenen Erfahrungen geprägt. Es vergeht kaum eine öffentliche Veranstaltung zu Demokratischer Bildung, in der nicht irgendwann diese Frage gestellt wird. Hier soll nicht bezweifelt werden, dass Abschlüsse ihren Wert haben und vieles im Leben einfacher machen können. Darum werden wir uns im Folgenden auch diesen Aspekt genauer ansehen. Es ist aber wichtig voranzustellen, dass diese Abschlüsse nicht der eigentliche Zweck der Infinita sind. Es geht uns nicht darum, Schule ein bisschen zu verändern, weil man frei besser lernt und dann entsprechend bessere Abschlüsse schafft. Zwar entspricht eine freie Bildung aktuellen Lerntheorien, dem heutigen Stand der Hirnforschung und den Ergebnissen der pädagogischen Psychologie und kann darum auch zu besseren Abschlüssen führen. Der Kern dieser Schulform ist jedoch die Persönlichkeitsentwicklung, welche letztlich viel bedeutsamer für empfundenes Glück und Zufriedenheit ist, sowie die Selbstwirksamkeitserwartung, die ein Verfolgen der eigenen Träume so viel wahrscheinlicher macht. Ein hervorragender Abschluss ebnet den jungen Menschen vielleicht den Weg. Er ist aber völlig irrelevant, wenn sie sich nicht trauen, ihn zu gehen. Vertrauen sie dagegen auf sich selbst und können bewusst und motiviert den Weg zu den eigenen Zielen planen und gehen, wird in den meisten Fällen auch mit der Hürde eines fehlenden Abschlusses umgegangen werden können.

Aus diesen Gründen bleibt es die freie Entscheidung der Jugendlichen, ob sie einen Abschluss machen wollen oder nicht. Streben die Schüler*innen ein Studium an, ist in den meisten Fällen ein Abitur erforderlich. Für den Übergang an eine staatliche Oberstufe ist ein Schulabschluss notwendig, für die Suche nach einem Ausbildungsplatz ist er zumindest sehr hilfreich. Wir beraten entsprechend.

Es gab aber durchaus auch Fälle, in denen sich Jugendliche gegen einen Abschluss entschieden haben. Mit einer Schülerin habe ich mich deswegen zusammengesetzt. Ich ließ sie wissen, dass ich ihre Entscheidung akzeptierte, dass es mir aber wichtig war, sicherzustellen, dass sie sich über die Tragweite ihrer Entscheidung im Klaren wäre. Dass ich sie also nicht überzeugen wollte, sondern sie mit allen Argumenten konfrontierte, damit sie diese einbeziehen und eine informierte Entscheidung treffen könnte. In einem einstündigen Gespräch überzeugte mich die Schülerin in jedem Punkt. Sie hatte nicht nur alles genau durchdacht, sie zeigte mir auch deutlich auf, dass sie ihre Entscheidung aus einer tiefen Überzeugung heraus getroffen hatte, und half mir, Perspektiven zu sehen, die ich bis dahin übersehen hatte. Ich verließ dieses Gespräch mit der absoluten Überzeugung, dass diese junge Frau ihren Weg gehen würde. Ich hatte selbst schon einige Bewerbungsgespräche geführt und konnte mir sehr gut vorstellen, welchen Eindruck ihre Klarheit, ihre Überzeugung und ihre Ausstrahlung auf zukünftige Arbeitgeber*innen in einem Bewerbungsgespräch machen würde. Darüber hinaus sah ich eine Begeisterung für viele verschiedene Bereiche. Diesen Enthusiasmus zu behalten, zu pflegen und ihm zu folgen, war wichtiger als die Auseinandersetzung mit einigen Prüfungsthemen, die sie in ihrem Leben nie wieder brauchen würde.

Und das Wissen über Themen, die sie zukünftig brauchen wird, wird sie sich zweifellos aneignen, sobald es an der Zeit dafür ist.

Die große Mehrheit der Schüler*innen entscheidet sich jedoch dafür, einen Abschluss zu machen.

## Staatliche Abschlüsse – *Selbstbestimmt zur Prüfung*

*Unser Schulbesuch führt uns an einigen Postern vorbei, die zu Vorträgen zu den unterschiedlichsten Themen einladen. Es geht beispielsweise um »Massentierhaltung«, »Osmosekraftwerke«, »Feuer«, »Die französische Revolution«, »Die Geschichte der Frauenbewegung« und »Neuronale Netzwerke«. Zu den Vorträgen wird in den »Saal« eingeladen. Dort steht eine Schülerin vor einem Publikum aus Lernbegleiter*innen und Schüler*innen verschiedenen Alters, die sich ihre Präsentation ansehen wollen. Die Schülerin hält die selbst erstellte Präsentation zunächst ein wenig zögerlich, dann immer selbstbewusster, beantwortet im Anschluss Fragen; schließlich bekommt sie ein Feedback von Schüler*innen und Erwachsenen. Sie macht sich ein paar Notizen, packt ihren Laptop ein und macht Platz für den nächsten Schüler. Eine Durchsage kündigt den nächsten Vortrag an, einige Schüler*innen verlassen den Raum, andere kommen hinzu und die nächste Präsentation beginnt …*

Als genehmigte Ersatzschule kann die Infinita nicht selbst Abschlüsse erteilen. Die Schüler*innen haben die Möglichkeit, an staatlichen Prüfungen teilzunehmen. Diese Prüfungen stehen allen Menschen offen, die den entsprechenden Abschluss noch nicht haben. In unserem Fall bereiten sich die

Schüler*innen an der Schule auf die Abschlussprüfungen vor. Die Prüfungen bestehen aus drei schriftlichen Arbeiten in den Hauptfächern (plus einer sprachpraktischen Prüfung in Englisch) sowie drei mündlichen Prüfungen in Nebenfächern. Beim *Mittleren Schulabschluss*[79], der für den Zugang zur Oberstufe und zur Zulassung zum Abitur notwendig ist, kommen noch mündliche Prüfungen in den Hauptfächern Deutsch und Mathematik hinzu.

Wie sich die Jugendlichen bei uns darauf vorbereiten, ist ihre eigene Entscheidung. Eine vollständige Selbstorganisation ist theoretisch denkbar. Da sich unsere Angebotsstruktur aus den Bedürfnissen und Wünschen der Schüler*innen ergibt, werden in den letzten drei Schuljahren aber Prüfungsvorbereitungskurse angeboten. Diese Kurse helfen sowohl bei der inhaltlichen Vorbereitung in allen Prüfungsfächern als auch bei der Selbstorganisation. Es ist eine lange Zeit der Vorbereitung und es liegt in den Händen der Schüler*innen, zu Kursen zu gehen und/oder sich in der Schule oder zu Hause anderweitig vorzubereiten. Das ist eine große Verantwortung und verlangt ein gewisses Maß an Selbstdisziplin und Selbstorganisation. Die jungen Menschen haben sich hier ein Ziel gesetzt, das langfristiges Durchhaltevermögen und eine gewisse Planung verlangt. Unsere Aufgabe ist es, sie dabei zu begleiten. Wie in den Jahren vor der Prüfung ist es auch hier unser Anliegen, niemandem die Verantwortung aus der Hand zu nehmen, aber gleichzeitig genug Unterstützung und ehrliches Feedback anzubieten, um keinen ins offene Messer laufen zu lassen. So gut wir können, versuchen wir ein Bild davon zu vermitteln, was für die Abschlussprüfungen zu leisten ist, wo die Schüler*innen in ihrer Vorbereitung stehen und was entsprechend

---

79 MSA, ehemals Realschulabschluss. Die Details unterscheiden sich von Bundesland zu Bundesland, aber im Großen und Ganzen gleicht sich der Ablauf der Prüfungen.

nötig ist, um die Prüfungen bestehen zu können.

So ist der Abschluss letztlich ein Projekt wie viele andere, die sie in ihrem Leben angehen können. In der Prüfungsvorbereitung kann also gelernt werden, wie man ein so langfristiges Projekt gut plant, einen Überblick behält, mit inneren Widerständen umgeht und eine Motivation auf lange Zeit aufrechterhält. Es wird trainiert, sich selbst zu organisieren, an sich zu glauben und mit sich selbst gnädig zu bleiben, wenn man selbstgesteckte Ziele nicht ganz erreicht. Die Entwicklungen in diesen Bereichen mögen für einige in der Zukunft wichtiger sein als die Prüfung selbst.

Zudem taucht eine Herausforderung auf, der andere Kinder schon in frühen Jahren ausgesetzt sind: Noten. Die Zeit an der Infinita hat die Schüler*innen sicherlich innerlich gestärkt. Trotzdem besteht die Gefahr, dass der Selbstwert in Frage gestellt wird.

Während sie in den Jahren zuvor allen anderen einfach als Freund*innen oder Mitschüler*innen begegnet sind, taucht hier plötzlich ein Vergleich auf. Sie schneiden vielleicht schlechter in Probeklausuren ab und fühlen sich dadurch minderwertig. Auf einmal messen sie den Selbstwert an ihrer Fähigkeit, Englisch zu sprechen oder Matheaufgaben zu lösen. Es ist wichtig zu unterscheiden, ob jemand nur ambitioniert ist und gern gute Ergebnisse haben möchte, wenn sie*er schon so viel Arbeit in etwas steckt, oder ob jemand ihren*seinen Selbstwert an die Ergebnisse hängt, beginnt, sich kleiner zu fühlen, sich in Frage zu stellen und weniger aufrecht durchs Leben zu gehen. Es bleibt im Leben nicht aus, sich mit anderen Menschen zu vergleichen. In dieser Phase ist darum ein wichtiger Teil unserer Mentorenarbeit, die Schüler*innen auf die möglichen Gefühle und Sorgen vorzubereiten und ihnen dabei zu helfen, einen Realitätsabgleich zu machen. Die Prüfung ist nur eine Prüfung. Sie kann wiederholt werden und in ein paar Jahren wird sie vermutlich niemanden mehr interessieren. Ihr Selbstvertrauen und ihre Selbstliebe sind dagegen die Basis für ihre Zufriedenheit im Leben.

Ein schlechtes Selbstbild und mangelnde Selbstliebe bedeuten, dass jede Kritik einen aus der Bahn wirft – dass man nicht ertragen kann, im Unrecht zu sein. Man kann nur alles von sich weisen, um sich nicht noch schlechter zu fühlen. Ist man dagegen zufrieden mit sich, ist es einfacher einzugestehen, dass man in bestimmten Bereichen Raum für Wachstum hat. So kann Entwicklung geschehen.

Dasselbe gilt für diese Prüfungen. Es gilt, einen Mittelweg zu finden, der die Schüler*innen realistisch sehen lässt, was sie noch zu tun haben. Wenn dagegen der Selbstwert von der Performance in einem Fach abhängt, werden sie sich innerlich sträuben, sich damit auseinanderzusetzen – wer fühlt sich schon gern unfähig oder dumm? Darum ist es sehr wichtig, die Prüfung ernst, aber nicht zu wichtig zu nehmen. Wir wissen, dass Noten im Extremfall sogar Menschen in den Selbstmord treiben können. Das zeigt, wie stark der Selbstwert von ihnen abhängen kann. Es ist keine leichte Aufgabe, auf der einen Seite ehrlich zu sagen, wenn man der Meinung ist, dass mehr Anstrengung vonnöten ist, und gleichzeitig dafür zu sorgen, dass die Prüfung nicht zu hoch gehängt wird.

Das gilt insbesondere, da die Prüfungsvorbereitungsphase eine eigene Dynamik entwickelt. Die Schüler*innen sind viel damit beschäftigt und unterhalten sich entsprechend häufig darüber. Sie haben sich eine Aufgabe gestellt und es ist ihnen wichtig, wie sie abschneiden – also tauschen sie sich darüber aus. So hören sie zunehmend, welche Ergebnisse die anderen erzielen, und erleben in Angeboten, dass andere etwas besser können.

Die Situation ist für uns als Team und Mentor*innen durchaus herausfordernd. Gleichzeitig ist die Auseinandersetzung mit dem eigenen

Selbstwert ein wichtiges Lernfeld für die Schüler*innen und bietet spannende Gesprächsmöglichkeiten. Die Jugendlichen sind alt genug, um sich sehr bewusst mit dem Selbstwert auseinanderzusetzen; es steht während der Pubertät ohnehin bei vielen auf der Tagesordnung.

Es ist sehr hilfreich, dass die Jugendlichen über Jahre in einem System gelebt haben, in dem kooperatives Miteinander die Regel ist. So bleibt auch die Prüfungsvorbereitung etwas, das gemeinsam erlebt wird. Auch wenn es Momente gibt, in denen sich die Schüler*innen mit anderen vergleichen – im Wesentlichen lernen sie miteinander und voneinander. Sie stehen nicht in Konkurrenz zueinander. Es ist unwahrscheinlich, dass sich einzelne über andere stellen oder sich gar über Freund*innen lustig machen, weil sie etwas schlechter können. Bisher konnten wir eher beobachten, dass sich die Jugendlichen gegenseitig aufgebaut haben, wenn jemand Schwierigkeiten hatte.

Eine weitere Veränderung für die Schüler*innen in der Prüfungsvorbereitung ist, dass sie die Inhalte nicht selbst wählen können. Auch das sollte offen kommuniziert werden. Der Impuls kann sein, sich in eine Protesthaltung zu begeben und sich permanent zu beschweren, dass man dies oder jenes für die Prüfung braucht, es aber gar keine Relevanz fürs Leben zu haben scheint. Eine menschliche Reaktion. Leider ändert sie weder etwas an den Inhalten, noch macht sie das Leben leichter. Neben der vielen Arbeit in der Prüfungsvorbereitung wird nur zusätzliches Leid für sich selbst geschaffen. Außerdem wird der eigene Widerstand, sich mit bestimmten Themen auseinanderzusetzen, ungleich größer und somit das Lernen schwieriger. Es ist völlig in Ordnung, sich mal zu beschweren und dem eigenen Ärger Luft zu machen. Und selbstverständlich ist es wichtig, solche Gedanken auch äußern zu dürfen und dann in der Gruppe damit zusammen zu sein, anstatt allein im Kopf diese Diskussionen zu führen. Wichtig ist, dass man diese Prozesse versteht und weiß, dass man letztlich das eigene Leiden mit Jammern nur verstärkt. Richtet man die Anstrengung eher darauf, an den Themen inhaltlich Interesse zu entwickeln, ist das Lernen deutlich einfacher und die Motivation größer.[80] Ist dies nicht möglich, gilt es zu akzeptieren, dass man diesen Weg gewählt hat und diese Inhalte ein Teil davon sind. Beides gelingt natürlich nicht immer, es ist jedoch hilfreich, die psychologischen Hintergründe zu verstehen und eine mehr oder weniger bewusste Entscheidung zu treffen, ob man in den Widerstand gehen will oder akzeptiert, was ist, und daran wächst.

Die Angebote zur Prüfungsvorbereitung an der Infinita sind unterschiedlich aufgebaut. So können die Schüler*innen in der Zeit bis zu zehn eigene Projekte verfolgen. Sie wählen Themen und recherchieren selbständig dazu. Am Ende gibt es Möglichkeiten für die Schüler*innen, ihre Ergebnisse vor kleinen Gruppen oder auch vor der gesamten Schulgemeinschaft zu präsentieren. So kann eigene Faszination für Themen eingebracht werden und es ist eine wichtige Übung für einleitende Vorträge bei den mündlichen Prüfungen.

Vor anderen Menschen etwas vorzutragen, ist für viele nicht einfach, denn es bedeutet, die *Komfortzone zu verlassen*. Die Erweiterung derselben

---

80 Eine vollständig *intrinsische* Motivation ist in diesem Zusammenhang fast unmöglich. Die Prüfung ist das Ziel und ein Großteil der Schüler*innen beschäftigt sich mit den meisten Inhalten primär, um die Prüfung zu schaffen, sie ist also *extrinsisch* motiviert. Die Selbstbestimmungstheorie zeigt jedoch, dass die Wahrnehmung einer Handlung nicht nur als sinnvoll und relevant, sondern auch als kongruent mit den tief verankerten persönlichen Überzeugungen und Zielen zu starker Identifikation mit der Handlung führt. Man betrachtet sie als Ausdruck des authentischen Selbst, was zu einem hohen Maß an Selbstbestimmung und Eigeninitiative führt und das Lernen ungemein erleichtert. Es ist die höchste Form der extrinsischen Motivation.

kann jedoch nur durch Übung geschehen. Durch das Halten von Vorträgen in der Schule wird es nach und nach alltäglicher und weniger herausfordernd, vor Menschen zu stehen und etwas zu erzählen oder Fragen zu beantworten. Je größer die Gewohnheit, desto geringer die Chance, dass jemand in der Prüfung zu viel Angst bekommt und in den Kampf-oder-Flucht-Modus gerät und dadurch eigentlich vorhandenes Wissen nicht mehr abrufen oder anwenden kann.

Letztlich geht es aber nicht nur um das Ergebnis. Im Laufe eines Projektes ist es zentral, einen Zeitplan zu entwickeln und diesem zu folgen. Dafür sind Planungsfähigkeit und eine gewisse Selbstdisziplin nötig. Zusätzlich sind das selbstständige Beschaffen von Informationen und die Aufarbeitung für ein Publikum für viele zu Beginn noch schwierig. Hier werden Kompetenzen erlangt, die für die Prüfung hilfreich und essentiell für das gesamte weitere Leben sind. Auf diese Weise wird die Vorbereitung für die Prüfung ebenfalls ein Feld zur Erweiterung der eigenen Selbstständigkeit und der eigenen Kompetenzen für die Zukunft, ebenso für die Vergrößerung des eigenen Wissens.

Während der drei jährlichen Projektphasen, die jeweils drei Wochen dauern, haben die Schüler*innen durchgehend die Möglichkeit, sich Unterstützung zu holen. Jeden Tag gibt es Räume, in denen Lernbegleiter*innen zur Verfügung stehen, um bei der Planung zu unterstützen, bei der Recherche zu helfen, Inhalte zu erklären, bei der Organisation der Ergebnispräsentation zu helfen oder Feedback zu geben. So sind die Schüler*innen nicht allein auf ihrem Weg, sondern können sich die Unterstützung holen, die sie brauchen. Zudem können die Schüler*innen, die neu in die Prüfungsvorbereitungsphase kommen, von den erfahreneren Freund*innen lernen. Zugleich bleibt es die Verantwortung der Einzelnen, Hilfe in Anspruch zu nehmen oder die Projekte überhaupt durchzuführen.

Ein weiterer positiver Effekt der Prüfungsvorbereitung ist, dass die gesamte Schulgemeinschaft ständig Vorträge zu Themen aus allen Lebensbereichen hören kann. So lernen wir alle dazu.

Prüfungen zu schreiben und sich auf sie vorzubereiten, ist eine Fähigkeit. In den Hauptfächern werden darum Prüfungen aus den Vorjahren besprochen. Gemeinsam wird geschaut, welche Themen in den Prüfungen behandelt werden. Dann wird ein Plan für das Schuljahr aufgestellt und gegen Ende werden einige Probeklausuren geschrieben. Dadurch können die Schüler*innen ein Gefühl für ihre Zeiteinteilung während der Prüfung bekommen. Zudem können sie einschätzen, was sie schon können und was es noch zu lernen gibt. Die Probeklausuren helfen sowohl dabei, ihren aktuellen Stand realistisch einzuschätzen, als auch, sich darin zu üben, ihre Konzentration über die drei Stunden der Prüfung aufrechtzuerhalten.

# Demokratische Schulen und Abschlussprüfungen –
## *Chancen und Herausforderungen*

Letztlich bemühen wir uns, einen Weg zu finden, der die Jugendlichen dabei unterstützt, das selbstgesteckte Ziel zu erreichen und dabei unserem Konzept treu zu bleiben. Der Umfang der Prüfung stellt uns an dieser Stelle vor Herausforderungen. Diesen Herausforderungen sehen sich alle Demokratischen Schulen in Deutschland gegenüber. Der Fokus auf die Prüfung bedeutet für viele Schüler*innen, dass weniger Raum für die freie Bestimmung ihrer Zeit in der Schule bleibt. Dadurch sinkt die Beteiligung der älteren Schüler*innen an der Schuldemokratie und es ist schwieriger für sie, selbst Angebote zu machen oder zu Angeboten zu gehen, die nicht direkt auf die Prüfung vorbereiten. Natürlich bleibt auch weniger Zeit für Spiel und Unterhaltungen. Aus Regelschulsicht ist das völlig in Ordnung – sie sollen schließlich lernen und nicht quatschen. Aus unserer Sicht ist es ein großer Verlust.

Die Zeit zwischen dreizehn und sechzehn bedeutet riesige Veränderungen im Leben der Jugendlichen. Mit der Pubertät gehen nicht nur körperliche Veränderungen einher, sondern auch große psychische. In dieser Zeit der Neuorientierung, dem Wandel vom Kind zum Erwachsenen, in der zusätzlich noch die Hormone verrückt spielen, werden so viele Fragen aufgeworfen. Es ist die Zeit der ersten großen Liebe, mensch fragt sich vielleicht, was es bedeutet, Frau oder Mann zu sein oder nicht so genau zu wissen, ob man sich überhaupt klar einordnen kann. Oft kommt es zu größeren Auseinandersetzungen mit den Eltern und auch im Freundeskreis steht manchmal eine Neuorientierung an. Ohne sich dessen unbedingt bewusst zu sein, steht irgendwo die Frage »Wer bin ich überhaupt?« auf der Tagesordnung.

Wie sehen mich die anderen? Wie sehe ich mich selbst? Das eigene Aussehen wird plötzlich wichtiger und oft tauchen Unsicherheiten auf. Gleichzeitig eröffnen sich ganz neue Möglichkeiten und eine größere Unabhängigkeit – die genossen werden will, sowie neue Verantwortung mit sich bringt.

All diese Dinge müssen verarbeitet werden. Eine wichtige Form der Verarbeitung stellt der Austausch mit Menschen dar, die sich in derselben Situation befinden. Wenn es mal schwierig wird, kann auch ein Gespräch mit vertrauten Erwachsenen sehr hilfreich sein. Das kann u. a. dabei unterstützen, sich der Veränderungen bewusst zu werden und bestimmte Prozesse gezielter zu durchleben. Leicht werden große Unsicherheiten aus dieser Zeit mit ins Erwachsenenalter genommen und ewig mit sich herumgeschleppt.

Wir sehen es darum durchaus als Verlust, dass sowohl den Jugendlichen als auch uns so viel weniger Zeit für den Austausch bleibt. Oft drehen sich selbst die Mentorenzeiten um die Prüfung und im Schulalltag bieten sich weniger Gelegenheiten für spontane Unterhaltungen. Hinzu kommt, dass auch wir Erwachsenen durch die Prüfungsvorbereitung stärker eingebunden sind und weniger Zeit haben.

Für unseren Alltag an der Schule ist es bedauerlich, dass ausgerechnet die ältesten Schüler*innen weniger am Schulleben teilnehmen können. Diese jungen Menschen haben schon viele Jahre Demokratische Schulerfahrung und könnten die Schule in diesem Alter viel aktiver gestalten. Sie könnten Angebote machen, Bauprojekte durchführen, Ausflüge organisieren, Schulfahrten planen und die Schule an vielen Ecken und Enden bereichern. Auf der anderen Seite könnten sie auch die Möglichkeiten der Schule ganz anders nutzen als in ihrer Kindheit. Ein Raum, den sie nach eigenen Wünschen formen können, während sie gleichzeitig organisieren, in die Welt hinauszugehen und von einer sicheren Basis aus neue Interessen zu erforschen. Sie könnten mit einem Segelboot über die Ostsee fahren, einen kleinen Bauernhof oder eine Gärtnerei gründen, nach Frankreich wandern, einen bundesweiten Skatecontest organisieren und Demokratische Schulen im In- und Ausland besuchen. Die Möglichkeiten sind unbegrenzt – die Zeit leider nicht.

Ein Schüler, der sich gegen eine Prüfung entschieden hatte, hat beispielsweise einen unserer Bauwagen entkernt, neu ausgebaut und dieses Projekt für ein persönliches Portfolio dokumentiert. Es entstünde natürlich noch eine ganz andere Dynamik, wenn eine größere Gruppe von Jugendlichen gemeinsam Projekte entwickeln und sich gegenseitig inspirieren könnte.

Die Jüngeren sehen aktuell die älteren Schüler*innen sehr fokussiert auf ihre Prüfungen statt als Inspirationen für tolle Projekte, die man unternehmen kann. Dies schafft bei ihnen potentiell ein Bild davon, dass die Prüfungen der eigentliche Zweck der Schule seien. Dadurch können sie beginnen, eigene Aktivitäten danach zu bewerten, ob sie für die Prüfungen am Ende sinnvoll und damit »wertvoll« sind oder »nur zum Spaß«. Das schränkt die Freiheit im Kopf ein und torpediert unser Konzept, wenn wir nicht gegensteuern. Aus diesem Grund versuchen wir, dieses Thema immer wieder aufzugreifen.

Diese Schwierigkeiten bedeuten nicht, dass wir nur widerwillig bei der Vorbereitung auf die Prüfung unterstützen. Es ist nur wichtig, die Hintergründe im Kopf zu behalten und zu prüfen, ob unsere eigentlichen Ziele aus dem Fokus geraten. So können wir unsere Prüfungsvorbereitungsphase immer dahingehend verändern, dass sie im Dienste der Freiheit, der persönlichen Entwicklung und des Trainierens von wichtigen Kompetenzen steht. Auf diese Weise können wir es schaffen, die Zeit nicht zu einer bloßen Vorbereitung auf eine Abschlussprüfung verkommen zu lassen. Wir versuchen, Räume zu schaffen, in denen Zeit für andere Themen bleibt. Einer davon ist die sogenannte Jev-Fahrt.

# Jenseits der Abschlüsse –
## *Erwachsen werden ist kein Kinderspiel*

Irgendwann hat sich die Abkürzung »Jev« für die Prüfungsphase eingebürgert. Sie steht für »Jede*r erfährt viel«. Ursprünglich war es ein Begriff für die Prüfungsvorbereitung, doch er wurde schnell zu einem Überbegriff für alles, was im letzten Drittel der Infinitazeit geschieht. Die Schüler*innen entscheiden selbst, wann sie dazugehören wollen, und für die meisten ist dies zu Beginn des achten Jahres an der Infinita.

Innerhalb dieser Zeit haben alle die Möglichkeit, einmal auf ein besonderes Wochenende zu fahren. Natürlich steht es den Schüler*innen frei, so viele Fahrten zu organisieren, wie sie möchten. Dieses Wochenende ist jedoch besonders. Die Vorbereitung liegt beim Team und der Fokus der Fahrt liegt auf der Transformation vom Kind zum Erwachsenen. Sie schafft einen Raum, in dem dieser Übergang bewusst reflektiert und gemeinsam erlebt werden kann.

Die Schüler*innen haben die Verantwortung, das Essen für die Fahrt zu organisieren. Sie planen – allein oder in Gruppen – die einzelnen Mahlzeiten, berechnen die Kosten, kaufen ein, kochen während des Wochenendes und sind auch für die Organisation der Mahlzeiten verantwortlich – vom Tischdecken bis zum Kücheputzen. Die Herausforderung ist, weitgehend ohne Hilfe von Erwachsenen gemeinsam zu planen und zu organisieren und die Verantwortung für das Wohlergehen der Gruppe zu übernehmen.

Die Aktivitäten selbst sind ein kleines Geheimnis für die Jugendlichen. Das verleiht dem Wochenende eine gewisse Spannung. Da das Ziel der Fahrt ist, den Prozess des Erwachsenwerdens bewusster zu erleben, gibt es dort Zeit zurückzuschauen und wertzuschätzen, was wichtig und schön war und auch, was davon vielleicht erhalten und mitgenommen werden soll. Dann geht es um eine Momentaufnahme. Die Schüler*innen können miteinander teilen, was sie aktuell beschäftigt und wie sie diese Lebensphase erleben. Schließlich geht es auch darum, einen kleinen Blick in die Zukunft zu werfen und vielleicht mehr Klarheit über die eigenen Träume und die eigenen Pläne zu bekommen. Hier kann auch ein tieferes Verständnis dafür erwachsen, mit welchem Ziel sie die Prüfung ablegen wollen oder was sie stattdessen vorhaben.

Übergänge sind besondere Punkte in unserem Leben. Sie sind wert, ein bisschen Aufmerksamkeit zu bekommen. In fast allen Gesellschaften gab oder gibt es bestimmte Rituale, die den Übergang zum Erwachsenenleben begleiten.

In der westlich-christlichen Gesellschaft sind vor allem Konfirmation und Firmung übrig geblieben. Dies sind christliche Feste und nicht mehr für alle zugänglich. Wo sie noch begangen werden, sind sie meist vor allem auf kirchliche Inhalte fokussiert. Manchmal sind es einfach Familienfeste, bei denen man Geld sammelt, mit der Familie zusammenkommt und lecker zusammen isst. Wie früher gelten sie als Initiationsrituale ins Erwachsenenleben, doch eine tiefere Reflexion des eigenen Prozesses ist heute eher die Ausnahme als die Regel. Aus diesen Gründen bekommen nur wenige junge Menschen die Gelegenheit, diesen Übergang zu einem bewussten Erlebnis zu machen. Die Schule kann diese Gelegenheit schaffen.

Bei unserer Fahrt ist Selbstbestimmung zentral. Zum einen, weil es den Schüler*innen natürlich freigestellt ist, an der Fahrt teilzunehmen oder sich dort an den Aktivitäten zu beteiligen. Vor allem aber, weil sie durch Bewusstmachung der eigenen Situation und durch den Austausch darüber in die Lage versetzt werden, gezielt Weichen zu stellen.

Das Wochenende schafft oft auch eine tiefere Verbundenheit zwischen den Schüler*innen. Verbundenheit erhöht das Gefühl von Sicherheit und Geborgenheit. Sie schafft dadurch einen Raum, in dem ein Austausch leichter stattfinden kann. Wenn man beispielsweise einmal gehört hat, dass andere sich auch Gedanken über ihren Körper machen oder sich auch manchmal einsam oder verwirrt fühlen, ist man viel eher bereit, das Thema irgendwann mal anzuschneiden, statt damit allein zu bleiben. Auf diese Weise werden bei dem Wochenende an einigen Stellen Türen für weitere Gespräche und Reflexionen geöffnet. Eine Gruppe Mädchen hat beispielsweise auf einer Jev-Fahrt beschlossen, dass es weitere Mädchenkreise für einen Austausch geben soll.

Der Ursprung der Fahrt war der Wunsch einer Gruppe von Schüler*innen, etwas zu erleben, das sie als Gruppe näher zusammenbringt. Eine solche Fahrt oder ähnliche Rituale sind nicht Teil Demokratischer Schule. Es gibt allerdings einige Schulen, die bestimmte Strukturen entwickelt haben, um Jugendliche in dieser Phase zu unterstützen, einen Austausch zu fördern und einen Raum für Reflexion und Visionsbildung zu schaffen.

Sollte eine Mehrheit in der Schulgemeinschaft irgendwann beschließen, dass diese Fahrt nicht mehr stattfinden oder durch etwas anderes ersetzt werden soll, wird das geschehen. Es bleibt die Aufgabe von uns Erwachsenen, weitere Angebote zu machen und Räume zu schaffen, in denen die Jugendlichen sich austauschen können und ihre Schritte ins weitere Leben bewusster gehen. Bisher haben Schüler*innen diese Fahrt jedoch sehr positiv bewertet. Eine ehemalige Schüler*in hat sie beim Verlassen der Infinita im Rückblick als eine der tollsten und wichtigsten Erfahrungen ihrer Schulzeit bezeichnet.

Die Form ist austauschbar. Wichtig ist es, dass Jugendliche die Möglichkeit bekommen, bewusst zu reflektieren, woher sie kommen und wohin sie gehen. Übergangsrituale können zu dieser Reflexion anregen. Studien zeigen, dass solche Rituale helfen können, in die neue Rolle hineinzuwachsen und die eigene Identität zu formen. Sie können Selbstvertrauen und Selbstwahrnehmung fördern und durch das bewusste Gehen dieses Schrittes kann ein Gefühl von Kontinuität und Stabilität entstehen.[81] Oft tauchen in dieser Lebensphase, bewusst oder unbewusst, große Fragen auf. In der Kindheit leben Menschen eher in den Tag hinein und denken nicht zu viel darüber nach, wer sie sind. Sie erleben eher und ziehen daraus unterbewusst Rückschlüsse, die das Selbstbild formen. Mit der Pubertät beginnt dann eine

---

81 Vgl. Cushing 1998.

verstärkt kognitive Auseinandersetzung mit Fragen wie: »Wer bin ich?«, »Wie sehen mich andere?« und »Was will ich mit meinem Leben anfangen?«. Das kann sehr herausfordernd und verwirrend sein.

Sich gemeinsam mit anderen bewusst mit diesen Themen auseinanderzusetzen, schafft ein Gefühl von Gemeinschaft: Ich bin nicht der*die Einzige auf diesem Weg.

Darum ist es uns wichtig, im Schulalltag neben der Vorbereitung auf Prüfungen weiter für tiefere persönliche Gespräche da zu sein und gleichzeitig besondere Aktivitäten anzubieten, in denen Zeit und Raum für eine Auseinandersetzung mit den großen Themen der Pubertät sind.

# Aufrecht in die Welt –
## *Abgänger*innen von Demokratischen Schulen*

Noch haben wir erst wenige Jahrgänge, die die Infinita vom ersten bis zum letzten Schuljahr durchlaufen haben. Anhand der Abschlussprüfungen, an denen unsere Schüler*innen teilgenommen haben, können wir bisher sehen, dass die Prüfungen unsere Schüler*innen zwar vor eine Herausforderung stellen, dass sie aber im Durchschnitt mindestens so gut abschneiden wie Schüler*innen an Regelschulen. Die meisten Schüler*innen machen am Ende der 9. Klasse den »Ersten Allgemeinbildenden Schulabschluss« (ESA) und dann am Ende der 10. den »Mittleren Schulabschluss« (MSA).[82] Dadurch haben wir nun von zwei Jahrgängen ESA- und von einem Jahrgang auch

---

82 Diese Abschlüsse entsprechen in etwa dem früheren Hauptschul- (ESA) und Realschulabschluss (MSA), wobei ein MSA mit einem gewissen Schnitt dann den Zugang zur Oberstufe ermöglicht.

MSA-Abschlüsse, die wir vergleichen können. Das ist nicht besonders viel, die Ergebnisse decken sich aber mit den Erfahrungen anderer Demokratischer Schulen in Deutschland. Die Abschlüsse lagen im Schnitt immer oberhalb des Landesdurchschnitts. Beim ESA 2021 lagen unsere Schüler*innen 1,33 Noten über dem Landesdurchschnitt, beim ESA 2022 0,32 Noten über dem Landesdurchschnitt und beim MSA 2022 0,79 Noten über dem Landesdurchschnitt.

Das allein ist ein interessantes Ergebnis, denn es zeigt, dass Menschen in Freiheit, selbstbestimmt und ohne Unterrichtszwang aufwachsen können und trotzdem dasselbe Ziel erreichen – selbst wenn sie erst in der achten Klasse mit einer Prüfungsvorbereitung beginnen. Dies deckt sich mit der eingangs erwähnten Selbstbestimmungstheorie von Edward L. Deci und Richard M. Ryan. Die Selbstbestimmungstheorie bietet eine wichtige Erklärung dafür, warum selbstbestimmtes Lernen effektiver ist. Sie zeigt, dass Lernende, die die Autonomie haben, ihre eigenen Lernziele zu setzen und ihre Lernstrategien auszuwählen, ein besseres Verständnis des Gelernten erreichen und das Wissen nachhaltiger abspeichern. Dies wiederum führt zu schnellerem und effektiverem Lernen, da das Lernen für selbstbestimmt Lernende befriedigender ist und ihre kognitiven Ressourcen effektiver nutzt. Unsere Erfahrungen belegen dies und zeigen, dass es Zeit wird, sich von der Vorstellung zu verabschieden, man müsse junge Menschen ab einem Alter von sechs Jahren täglich stundenlang dazu zwingen, sich in von Erwachsenen geplantem Unterricht aufzuhalten, damit sie lernen, was sie im Leben brauchen. Es ist wissenschaftlich nicht haltbar und unsere Schüler*innen beweisen, dass man sich das notwendige Wissen in verhältnismäßig kurzer Zeit aneignen kann, wenn man selbst die Entscheidung trifft, dies zu tun. Vielleicht wird nicht jedes Detail aus den Rahmenlehrplänen gelernt, aber das trifft gleichermaßen auf alle Schüler\*innen in Regelschulen zu.

Wie erwähnt sind diese Abschlüsse aber nicht das primäre Ziel der Infinita. Bedeutsamer ist es, zu betrachten, welche Persönlichkeiten von Demokratischen Schulen abgehen. Wer einmal eine internationale Konferenz für Demokratische Bildung besucht und die Gelegenheit bekommen hat, mit derzeitigen und ehemaligen Schüler\*innen verschiedener Demokratischer Schulen zu sprechen, wird eine Gemeinsamkeit feststellen: Diese jungen Menschen, die aus so unterschiedlichen kulturellen Hintergründen kommen, verbindet etwas, das nur schwer in Worte zu fassen ist. Eine Mischung aus Offenheit, Lebensfreude und Selbstvertrauen ist eine Beschreibung, die dem zumindest nahe kommt. Sie scheinen weniger Notwendigkeit zu spüren, sich darzustellen, sondern strahlen eine entspannte Authentizität aus, wie sie in diesem Alter selten ist. Sie haben weniger Scheu, offen auf andere Menschen zuzugehen, und begegnen Erwachsenen weder mit übertriebener Vorsicht noch versuchen sie, durch Coolness Unsicherheiten zu verstecken. Sie begegnen Erwachsenen einfach als Menschen.

So sehr alle Menschen unterschiedlich und Demokratische Schulen weltweit verschieden sind: Die Tendenz zu einer solchen Haltung ist besonders deutlich. Vielleicht ist das nicht ungewöhnlich, sondern eigentlich normal, wenn Menschen angstfrei aufwachsen.

An der Infinita sehen wir dieselben Tendenzen in unseren Schüler\*innen und den ersten Abgänger\*innen. Wir sehen viele reflektierte, fröhliche Persönlichkeiten. Wir sehen junge Menschen, die das Leben genießen, die freudig in die Welt hinausgehen und sanfter mit den Gefühlen anderer Menschen umgehen, als es heutzutage die Regel ist. Einige verlassen die Schule mit klaren Zielen, andere sind noch unentschieden, was sie mit diesem Leben alles anfangen wollen. Gemein ist ihnen aber eine besondere innere Stärke.

Wenn sie sich großen Herausforderungen gegenüber sehen, zeigt sich diese Kraft sehr deutlich.

Wir sehen ein großes Selbstvertrauen und eine enorme Selbstwirksamkeitserwartung. Sie wissen vielleicht mit sechzehn noch nicht alle, wohin die Reise geht, aber sie glauben genug an sich, um die nächsten Schritte selbstbewusst zu gehen. Sie treten mit dem Gefühl ins Leben, den Herausforderungen, die da kommen mögen, gewachsen zu sein.

Wir erleben junge Menschen, die es gewohnt sind, Verantwortung für ihr Leben zu übernehmen, und dies darum ganz selbstverständlich tun. Zugleich scheinen Themen wie soziale Gerechtigkeit und Ökologie den meisten von ihnen sehr am Herzen zu liegen und viele engagieren sich auch entsprechend.

Planungsfähigkeit und Projektkompetenz konnten sie im Laufe ihrer Schulzeit immer wieder üben und ausbauen. Kooperation mit anderen war ihre gesamte Schulzeit über ganz normal – vom freien Spielen über Komitees und Kurse bis hin zur Schulversammlung. Zugleich sind demokratische Prozesse für sie meist ebenso natürlich wie eine demokratische Diskussionskultur, in der man sich gegenseitig zuhört und gemeinsam Lösungen entwickelt.

Sowohl in diesen Diskussionen als auch bei der Gestaltung der Schule allgemein hatten sie jahrelang die Gelegenheit, nach kreativen Wegen zu suchen, und konnten ihre Innovationsfähigkeit entwickeln.

Nicht zuletzt haben sie ihr Leben lang geübt, sich Wissen anzueignen. Sie konnten ihre Neugier erhalten und sind darum weiter gespannt auf Neues und bereit, ihr Leben lang weiter zu lernen.

Was wir an den meisten der älteren Kinder beobachten können, ist eine Reife, die deutlich über der anderer Jugendlicher in ihrem Alter liegt. Zugleich waren sie nie gezwungen, kindliche Freude abzulegen, um respektiert zu werden, denn sie wurden bereits als Kind ernst genommen. So können sich viele eine Leichtigkeit bewahren, die gepaart mit Selbstvertrauen, Verantwortungsbewusstsein und Ernsthaftigkeit eine besondere Kombination ergibt.

Die Kinder verlassen die Schule also als Menschen, die mit beiden Füßen auf dem Boden stehen und das Rüstzeug haben, ihr Leben sehr bewusst selbst zu gestalten. Gleichzeitig nehmen sie zwischenmenschliche Fähigkeiten mit, die ihnen dabei helfen werden, Freundschaften zu knüpfen und zu pflegen.

Sie gehen mit einer inneren Einstellung von der Schule, die es ihnen erleichtern wird, ihr Leben zu genießen.

# Demokratische Schulen als Anfang, nicht als Ende

*»Du lebst hier einfach, hast Spaß und bereitest dich aufs Leben vor – ohne dass du es mitbekommst.«*

KLARA (15)

Nach diesem ausführlichen Gang durch die Infinita und die Welt Demokratischer Bildung stellt sich am Ende die Frage: Wozu das alles? Demokratische Schulen gibt es nur wenige, die meisten Leser*innen werden vermutlich nur schwer einen Platz für ihre Kinder ergattern können. Wie eingangs erwähnt, geht es darum, zu zeigen, dass die Idee und Praxis Demokratischer Bildung bei der notwendigen Weiterentwicklung unseres Bildungssystems eine Rolle spielen sollten. Unsere Erfahrungen zeigen eine Richtung, in die zu gehen vielleicht noch schwierig erscheint, die aber für die Zukunft unserer Gesellschaft notwendig ist und unseren Kindern gut tun wird.

Ich möchte die grundlegenden Gedanken und Erkenntnisse noch einmal zusammenfassen und zeigen, wie Demokratische Bildung den verschiedenen Funktionen von Schule gerecht wird. Denn nur, wenn sie dies tut, kann Demokratische Bildung ein Vorbild für die Umgestaltung des Schulsystems darstellen.

Unsere Erfahrungen der letzten zehn Jahre legen nahe, dass die Infinita tatsächlich die Ergebnisse hervorbringt, für die wir sie ursprünglich gegründet haben. Auch wenn es aktuell nur unsere eigenen Beobachtungen sind, so stehen diese doch sowohl in Übereinstimmung mit dem, was Untersuchungen an anderen Demokratischen Schulen zeigen[83], als auch mit dem, was der aktuelle Stand der Wissenschaft in Pädagogik, Psychologie und Hirnforschung erwarten lässt.[84]

Die drei eingangs erwähnten Funktionen sind: die Vorbereitung aufs Leben, insbesondere auf den Arbeitsmarkt; die Basis für ein glückliches Leben

---

83 Greenberg & Sadofsky 1992, 2005, 2011, 2016; Gray 2011; Danford 2018; Gray & Riley 2018; Kim 2018.

84 Vgl. u. a. Bandura 1977, 1980; Spitzer 2003 und Deci & Ryan 2017.

zu schaffen und schließlich die Ausbildung kommender Generationen, um die Gesellschaft weiter zu verbessern und gesellschaftlichen und ökologischen Herausforderungen kompetent begegnen zu können.

Wie dargestellt, meistern Demokratische Schulen die erste Funktion hervorragend. Die Schüler*innen eignen sich in Eigenverantwortung die nötigen akademischen Fähigkeiten und das Wissen an, das sie für ihre weitere Ausbildung und für ihr Leben brauchen. Bei den Abschlüssen können sie mit Schüler*innen von Regelschulen mindestens mithalten. Es ist faszinierend zu sehen, wie einfach und effektiv Lernen sein kann, wenn es intrinsisch motiviert und von der eigenen Faszination geleitet ist. Wissenschaftlich sind die schädlichen Auswirkungen von Noten, Tests und Zwang längst bekannt. Gleichzeitig hält sich der Irrglaube aufrecht, dass diese Maßnahmen ein notwendiges Übel und im Interesse der Schüler*innen sind – dass sie zum Lernen akademischer Inhalte und damit »zu ihrem Glück« gezwungen werden müssten.

Demokratische Schulen und andere freie Schulmodelle zeigen deutlich, dass dies schlichtweg falsch ist.

Es ist nicht nur so, dass diese Maßnahmen unnötig sind: Der Fakt, dass die Schüler*innen effektiver und in kürzerer Zeit lernen, wenn sie nicht gezwungen werden und wenn sie keine externen »Anreize« wie Noten haben, deutet darauf hin, dass all diese Maßnahmen dem Lernen eher im Weg stehen, als es zu fördern.

Selbst wenn wir gute Abschlüsse und akademisches Lernen als die primäre Aufgabe von Schule betrachten, lässt sich also kaum begründen, warum wir an völlig veralteten Methoden festhalten, die so viel Potenzial haben, jungen Menschen seelische Schäden zuzufügen, anstatt zu überlegen, wie wir unser heutiges Wissen über das Lernen sinnvoll auf unser Schulsystem übertragen können.

Wichtiger als das Aneignen bestimmten Wissens ist, dass Schüler*innen Demokratischer Schulen *kreative und kognitive* Fähigkeiten trainieren, welche ihnen das Erschließen von neuen Bereichen vereinfachen. Vor allem aber behalten sie ihre Neugier, ihre Faszination und damit ihren Wunsch, sich weiterzuentwickeln und zu lernen. Sie erleben Lernen als etwas, das sie für sich selbst tun und das sie auch jederzeit tun können: Sie werden zu lebenslang Lernenden.

Dies ist in der heutigen Welt so wichtig wie nie zuvor in der Geschichte der Menschheit. Wissen ist ständig verfügbar und wird mit der Entwicklung künstlicher Intelligenz noch leichter für alle Menschen erreichbar werden. Die Fähigkeit, sich neues Wissen in jedem Moment anzueignen, zu dem man es gerade benötigt, ist darum so entscheidend wie noch nie. Die Kompetenzen, um auf dem heutigen Arbeitsmarkt erfolgreich zu sein, können in einer selbstbestimmten Schulzeit viel besser erworben werden als in einem Zwangssystem. Selbstverantwortung, Planungsfähigkeit, Kreativität, kritisches Denken, Kooperationsfähigkeit, Flexibilität, Führungsfähigkeiten und vor allem die Fähigkeit, sich ständig weiterzubilden, sind heute die Schlüssel zum Erfolg.[85] Demokratische Schulen erfüllen also diese Funktion deutlich besser als herkömmliche Bildungseinrichtungen.

Kooperationsfähigkeit und andere soziale Kompetenzen sind aber viel mehr als eine bloße Vorbereitung auf den Arbeitsmarkt. Fasziniert von der Welt zu sein und sich freudig weiterzuentwickeln, schafft viele Möglichkeiten, ist allein aber nicht der Schlüssel zu einem glücklichen Leben. Damit kommen wir also zur zweiten Funktion. Aus Sicht der Schüler*innen betrachtet, könnte sie lauten: Bereite mich so vor, dass ich ein möglichst glückliches und zufriedenes Leben leben kann.

---

85 Vgl. OECD 2018 sowie World Economic Forum 2020.

Zunächst ist das Aufwachsen in einer Demokratischen Schule weitgehend glücklich, frei und unbeschwert.[86] Natürlich haben die Kinder ihre Herausforderungen und ihre Konflikte. Demokratische Schulen stehen nicht außerhalb der Gesellschaft, auch bei uns gibt es Schüler*innen, die Selbstzweifel, Ängste und Sorgen entwickeln. Der entscheidende Unterschied ist, dass sie in einem schulischen Umfeld groß werden, das ihnen hilft, mit ihren Herausforderungen umzugehen, anstatt zusätzlichen Druck, Angst oder Stress für sie zu schaffen. Die Folge davon sind psychisch stabilere junge Menschen mit einem gesunden Selbstvertrauen.

Eine wichtige Basis für Zufriedenheit ist, die Welt zu verstehen, in der Lage zu sein, den eigenen Lebensunterhalt zu verdienen und möglichst viele berufliche Wege zur Auswahl zu haben.

Gleichzeitig wäre ein Auftrag an Schule aus dieser Perspektive, dass sie ihr Bestes geben sollte, um die psychische Gesundheit der jungen Menschen zu fördern. An der Infinita erleben wir, wie hilfreich es ist, Mentor*innen an der Seite zu haben, mit denen man das eigene Leben reflektieren kann. Zu erleben, dass man ernst genommen und mit Respekt behandelt wird und dass die eigene Stimme zählt, ist ebenso wertvoll wie der Verzicht auf Druck, Zwang und unerwünschte Bewertung, um an sich zu glauben und eine innere Stärke zu entwickeln, mit der man den Herausforderungen des Lebens begegnen kann. Außerdem machen die Kinder automatisch das, was ihnen hilft, sich in dieser Hinsicht weiterzuentwickeln, wenn man sie lässt: Sie spielen viel und unterhalten sich.

Ein weiteres Element zum Glücklichsein sind die oben genannten sozialen

---

86 Das könnte als eine vierte Aufgabe von Schule betrachtet werden, denn es ist auch ein Selbstzweck, dafür zu sorgen, dass diese wichtige Zeit ausgiebig genossen werden kann.

Fähigkeiten, die sich u. a. durch Spielen entwickeln; Empathievermögen, Kooperationsfähigkeit, Solidarität und Konfliktfähigkeit erlauben es Menschen, Beziehungen zu pflegen, und eine höhere Qualität von Freundschaften zu haben. Darüber hinaus machen sie sich auch beliebt, denn es ist angenehm, Menschen mit diesen Fähigkeiten um sich zu haben. All diese Kompetenzen entwickeln sich bei uns sowohl im Spiel als auch in den demokratischen - sowie den Konfliktlösungsstrukturen.

Ein wichtiger Teil des Lebens sind Liebesbeziehungen. Diese können erfüllend sein und stellen gleichzeitig viele Menschen vor große Herausforderungen, zerbrechen oft und verkommen in vielen Fällen zur Quelle für Unzufriedenheit, Frustration und Depression. Beziehungen führen und pflegen zu können, ist nicht angeboren. Die Entwicklung von sozialen Kompetenzen, der Wille, an Herausforderungen zu wachsen sowie ein gesundes Selbstvertrauen sind eine wichtige Grundlage für glückliche Beziehungen. Die Fähigkeit, gesunde Partnerschaften zu führen und Freundschaften zu pflegen, wird selten als eine Aufgabe von Schule betrachtet. Aus der Perspektive, dass Schule auf das maximale Glück der Schüler*innen ausgerichtet sein sollte, ist dies schwer nachzuvollziehen.

Und schließlich ist ein Schlüssel zu Glück und Zufriedenheit die oft erwähnte Selbstwirksamkeitserwartung: der Glaube an sich selbst und das positive Selbstbild, gepaart mit Problemlösungsfähigkeit und Planungskompetenz. Es geht schlicht darum, inwieweit man in der Lage ist, das Leben nach den eigenen Wünschen zu gestalten.

Diese Fähigkeiten können in Demokratischen Schulen an vielen Stellen trainiert werden. Letzten Endes geht alles auf die Möglichkeit zurück, schon früh Verantwortung für das eigene Leben zu übernehmen und die eigene Lebenswelt mitgestalten zu können.

Es scheint angemessen, Schule als Dienstleistungsinstitution für die Schüler*innen zu sehen. Schule sollte für die Schüler*innen da sein. Die Frage, wie diese möglichst glücklich werden können, muss einen viel höheren Stellenwert bekommen. Wenn das Schulsystem hier nur den ersten Faktor berücksichtigt, also die Vorbereitung auf den Arbeitsmarkt (und auch dies mehr schlecht als recht), bei der Förderung psychischer Gesundheit, Beziehungsfähigkeit und Selbstwirksamkeit aber scheitert, erfüllt sie nicht den Auftrag der Menschen, für die sie da sein sollte.

Schule ist aber auch eine Institution der Gesellschaft und hat gesellschaftliche Aufgaben zu erfüllen. Es ist legitim, in Frage zu stellen, ob es nur um das Glück des*der Einzelnen gehen darf. Betrachten wir Schule aus gesamtgesellschaftlicher Perspektive, kommen wir schnell auf die dritte Funktion von Schule zu sprechen. Wir müssen überlegen, welchen Herausforderungen sich die Gesellschaft heute gegenübersieht, und dann darüber nachdenken, wie wir die nächsten Generationen ausbilden müssen. Wir wissen, dass der gegenwärtige Kurs die Erde in knapp achtzig Jahren über einen Punkt bringen wird, an dem die Erderwärmung ein Selbstläufer und von Menschen nicht mehr aufzuhalten ist (Hothouse-Earth-Szenario).[87] Obwohl wir wissen, was zu tun wäre, geschieht derzeit eher das Gegenteil: Anstatt das Problem zu lösen, wird es aktuell eher weiter verschärft. Auch die

---

87 Hier gibt es unzählige Studien. Beispielsweise »Trajectories of the Earth System in the Anthropocene« von Steffen et al. (2018). Selbst wenn diese Studien sich als falsch herausstellen sollten, bedeutet dies lediglich, dass die Erderwärmung weniger schnell unumkehrbar ist. Die Folgen, wie Dürren, Überschwemmungen, Hitzewellen, Hungerkatastrophen, soziale und ökonomische Zusammenbrüche, bleiben trotzdem zu erwarten, wenn wir und die nächsten Generationen keinen grundlegenden Kurswechsel herbeiführen. So oder so sollte sich die Dringlichkeit dieser Aufgabe im Schulsystem niederschlagen.

Weiterentwicklung künstlicher Intelligenz wird von vielen Experten als eine Gefahr eingeschätzt, die dem Klimawandel in nichts nachsteht. Darüber, wie viel Zeit bleibt, um die Entwicklung in gute Bahnen zu lenken, gibt es unterschiedliche Einschätzungen. Hinzu kommt die weiter existierende Bedrohung durch Krieg und Atomwaffen.

Welche Fähigkeiten muss unser Schulsystem in jungen Menschen hervorbringen und pflegen, um die kommenden Generationen in die Lage zu versetzen, mit all diesen Herausforderungen umzugehen? Unabhängig davon, welche Bedrohung am schwerwiegendsten erscheint: In jedem Fall braucht unsere Welt junge Menschen mit den Fähigkeiten, deren Entwicklung in Demokratischen Schulen gefördert wird. Allen voran benötigen sie eine hohe Selbstwirksamkeitserwartung, um sich den Herausforderungen stellen zu können. Sie benötigen die Fähigkeit, kritisch zu denken und zu hinterfragen, zu planen, miteinander zu kooperieren und Konflikte zu lösen. Gebraucht werden Menschen mit Führungsqualitäten, die bereit sind, zusammenzuarbeiten, und die sich trauen, grundsätzliche Veränderungen herbeizuführen. Wir brauchen Generationen mit Verantwortungsbewusstsein für sich und die Gesellschaft, sodass sowohl individuelles Konsumverhalten geändert als auch gesamtgesellschaftliche Veränderungen herbeigeführt werden können.

Wenn wir jungen Menschen nicht die Verantwortung für ihr Leben in die Hand geben, sondern sie weiter in einer Umgebung groß werden lassen, in der sie bevormundet und kontrolliert werden, wie können wir dann erwarten, dass sie sich zu Menschen entwickeln, die in der Lage und willens sind, Verantwortung für sich und andere zu übernehmen? Das Schulsystem wurde ursprünglich entwickelt, um Untertanen zu produzieren. Mit denselben Methoden zu versuchen, verantwortliche, kritische, starke junge Menschen hervorzubringen, ist zum Scheitern verurteilt. Die Lage ist mehr als ernst und eine grundsätzliche Reform des Schulsystems überlebensnotwendig.

Glücklicherweise haben Wissenschaft und Forschung uns das Wissen darüber, wie junge Menschen gefördert werden können, an die Hand gegeben. Demokratische Schulen wie die Infinita zeigen, wie dieses Wissen umgesetzt werden kann. Natürlich gibt es auch ein Fachwissen, das für die Bewältigung der bevorstehenden Aufgaben wichtig ist. Wenn Menschen ihrer Neugier folgen können und sich aus eigenem Antrieb und aus Überzeugung mit Themen auseinandersetzen, ist die Chance ungleich größer, dass Expert*innen heranwachsen, die mit Begeisterung in der von ihnen gewählten Richtung arbeiten und forschen. Neugierde und Forscherdrang können in Freiheit aufblühen. Unter Zwang stirbt diese Neugier und der Gesellschaft gehen vielleicht große Denker*innen verloren.

Selbst wenn man es nicht als Aufgabe von Schule betrachtet, kommende Generationen für den Umgang mit dem Klimawandel zu rüsten, so sind die Ergebnisse von Freiheit, Demokratie und Verantwortung für die Vorbereitung auf den Arbeitsmarkt und ein glückliches Leben Grund genug, sehr genau zu prüfen, wie die Methoden Demokratischer Bildung breit auf das Schulsystem angewendet werden können. Allein die Größe von Regelschulen bedeutet, dass nicht alle Strukturen Demokratischer Schulen eins zu eins übertragbar sind. Es müssen demokratische Strukturen gefunden werden, die allen Schüler*innen eine Beteiligung ermöglichen – vermutlich in kleineren Einheiten innerhalb der Schule. Es müssten viele kleine Räume geschaffen werden, die die Schüler*innen nach ihren eigenen Bedürfnissen gestalten können. Gleichzeitig bietet die Größe auch gewaltige Möglichkeiten. Wie viele verschiedene Angebote könnten zur Auswahl stehen und wie viele gemeinsame Projekte durchgeführt werden? Es ist eine zu bewältigende Aufgabe mit einem riesigen Potenzial.

Die Erfahrungen Demokratischer Schulen sind nur ein Anfang und weiterzuentwickeln. Sie sind auf den Ideen und Erfahrungen von wenigen kleinen Schulen gewachsen, die lange Zeit nicht gut vernetzt waren und sich wenig austauschen konnten.

Wenn selbst das Ergebnis von so verhältnismäßig geringer Erfahrung zu Schulen geführt hat, welche die Schüler*innen (und die Lernbegleiter*innen) lieben, wo sie voll Freude leben und lernen und Fähigkeiten entwickeln, die so essentiell für ihr Leben und die gleichzeitig für die Gesellschaft überlebensnotwendig sind – was könnten wir dann erreichen, wenn sich staatliche Schulen auf den Weg machen würden, veraltete und schädigende Strukturen über Bord zu werfen, sich von Zwang und unerwünschter Bewertung zu verabschieden und die Schüler*innen zu einem Teil des Gestaltungsprozesses für etwas Neues zu machen? Demokratisierung und gemeinsame Gestaltung öffnen die Türen für eine kontinuierliche Verbesserung und Weiterentwicklung. Erfahrungen von Tausenden von Schulen könnten geteilt, unzählige verschiedene Modelle entwickelt, beständig verbessert und den Bedürfnissen der jeweiligen Gemeinschaft angepasst werden.

Erwachsene, Kinder und Jugendliche würden gemeinsam Wege finden, an die wir heute noch nicht einmal denken. Sie würden an ihren Aufgaben wachsen und eine Explosion von neuen Ideen und Innovationen wäre die Folge. Wir könnten Lehrerfortbildung darauf ausrichten, die jungen Menschen als Mentor*innen auf ihrem Weg zu begleiten, bei ihrer neugierigen Erforschung der Welt an ihrer Seite zu stehen und sie in ihrer persönlichen Entwicklung zu unterstützen.

Eine so grundsätzliche Reform ist eine große Aufgabe. Aber wir haben Modelle, von denen wir lernen, und Wissenschaftler*innen, die uns auf dem Weg begleiten können; die Abkehr von Tests, Noten und Unterrichtszwang würde in kürzester Zeit enorme Ressourcen von Tausenden Lehrer*innen und Abertausenden Schüler*innen freisetzen.

Die Aufgabe ist groß, aber Demokratische Schulen zeigen, was es zu gewinnen gibt. Ein Verhältnis zwischen Erwachsenen und Schüler*innen auf Augenhöhe, das nicht nur für die Kinder und Jugendlichen wohltuend ist, sondern auch für die Lehrer*innen eine neue Identifikation und Zufriedenheit mit ihrer Aufgabe schafft. Psychische Gesundheit, Spaß an der Schule und am Lernen, Empathievermögen, Konfliktfähigkeit und kritisches Denkvermögen können bei den Schüler*innen in nie dagewesenem Maße wachsen.

Demokratische Schulen können zur Zeit nur einer kleinen Anzahl von Schüler*innen dienen. Sie können die Probleme der Welt nicht lösen, sondern nur ein Beispiel sein. Wir sind einen Weg vorausgegangen und haben gezeigt, was möglich ist.

Eine so breite Entwicklung von Selbstwirksamkeitserwartung, Selbstvertrauen, Kooperationsfähigkeit, Kreativität und Verantwortungsbewusstsein, wie die Demokratisierung des Schulsystems ermöglichen würde, könnte eine ungeahnte Welle von Innovationen auslösen. Dies würde die Grundlage dafür schaffen, die ökologische und sozial-ökonomische Katastrophe nicht nur abzuwenden, sondern diese Welt bewusst so neu zu gestalten, dass unser Wissen zum Wohl von Mensch und Natur eingesetzt wird und kommende Generationen ein lebenswertes Leben leben können.

Selbst wenn es nur um eine schöne Schulzeit und ein glückliches Leben für all diese Menschen ginge, wäre es wert, diese Aufgabe in Angriff zu nehmen. Es geht aber um viel mehr. Es geht um alles.

*Nach unserem Besuch schleichen wir uns in der Nacht nach dem letzten Schultag noch einmal in die Schule. Aus einem Fenster beobachten wir die Schüler*innen, die dieses Jahr die Schule verlassen. Nach einer Abschlussfeier, die sie natürlich selbst organisiert haben, stehen die Jugendlichen Arm in Arm* *vor der Schule. Sie blicken auf das Schulgebäude, das ihnen ein Zuhause war, und sie spüren ihre Verbindung zu den Menschen, die diesen Weg mit ihnen gegangen sind. Einige Tränen dürfen fließen, denn eine wunderschöne Zeit geht zu Ende. Gleichzeitig gehen sie aufgeregt, aber selbstbewusst in das Abenteuer, das nun auf sie wartet ...*[88]

---

88 Auch dies hat genau so stattgefunden, auch wenn die Beteiligten sich unbeobachtet wähnten.

# Meine Zeit an der Infinita:
## *Schüler\*innenperspektiven*

*»Ich werde aus der Schule mitnehmen, dass, wenn ich irgendwas nicht schaffe, ich es einfach weiter versuche – bis ich es schaffe!«*

BENTE (9)

Ein wenig konnte hoffentlich nachempfunden werden, wie es sich anfühlt, an einer Demokratischen Schule aufzuwachsen.

Im Zentrum stehen die Schüler*innen. Sie sind sowohl die Menschen, für die die Schule gemacht ist, als auch Mitgestalter*innen. Darum ist es nur angemessen, ihnen das letzte Wort zu geben. Die folgenden Texte sind auf die offene Frage an ältere und ehemalige Schüler*innen entstanden, wer Lust hätte, etwas über die eigene Schulzeit zu schreiben. Inhaltlich gab es keine Vorgaben, nur einige Ideen, welche Themen Leser*innen vielleicht interessieren könnten. Die Texte sind weitestgehend unverändert, lediglich an ein paar Stellen gekürzt. Sie geben die Meinung der Jugendlichen wieder, so wie sie sich ausgedrückt haben.

## Mein Leben an und nach der Infinita

*Jonna (18)*

Ich glaube, mich hat wenig mehr geprägt als meine Schulzeit an der Infinita. 2013 bin ich zur Infinita gekommen und war somit Schülerin der ersten Stunde. Da war ich gerade acht Jahre alt.

In meiner gesamten Zeit als Schülerin und auch später in meiner Zeit als Bundesfreiwilligendienstleistende habe ich die Infinita immer als einen Ort des Lernens, aber vor allem auch des Lebens wahrgenommen. Ein Ort, an dem miteinander experimentiert, gespielt, gegessen, gelacht, gestritten und sich wieder vertragen wird, Raum ist für Emotionen, Gedanken und Ideen.

Klar habe ich Dinge wie Rechnen und Rechtschreibung gelernt und das ist im späteren Leben auch sehr praktisch. Wofür ich aber besonders dankbar bin, und ich glaube, an anderen Schulen hätte ich das so nicht annähernd gelernt, sind die sozialen und zwischenmenschlichen Aspekte: Wie kann ich Konflikte lösen? Wie gehe ich mit meinen Mitmenschen um? Wie leite ich eine Versammlung? Wie organisiere ich meinen Tag? Wie kann ich gut mit anderen ein Projekt umsetzen? Und so vieles mehr.

Die Möglichkeit, einen Raum zu haben, mit anderen Ideen zu entwickeln und umzusetzen, ist meiner Meinung nach eine der wichtigsten Eigenschaften dieser Schule.

Ein Beispiel: Das alte Gebäude auf dem Grundstück der Schule sollte abgerissen werden, damit dort der Neubau gebaut werden konnte. Mit ein paar Leuten hatten wir die Idee, die Situation zu nutzen und ein Graffiti-Projekt zu machen. Wir hatten nur eine Woche Zeit von der Idee über die Umsetzung bis hin zum Abriss. Wir haben eine Umfrage gestartet, wer Interesse hat mitzumachen, haben Farbe und Masken besorgt, die Richtlinien mit der Versicherung geklärt und dann mit knapp 20 Schüler*innen eine gesamte Hauswand kreativ gestaltet.

Ich glaube, es sind Erfahrungen wie diese, die einem zeigen, dass es möglich ist, seine eigenen Ideen und Wünsche Wirklichkeit werden zu lassen.

Dass mensch in einer Schule etwas lernt, sollte wohl keine*n überraschen. Doch was und vor allem wie gelernt wird, ist für mich an der Infinita ein entscheidender Punkt. In meiner Schulzeit konnte ich die Dinge lernen, die mich wirklich interessiert haben, und das auf eine Art und Weise, welche für mich auch tatsächlich funktioniert, und nicht auf die Art und Weise, die jemand anders gerade für richtig empfindet. Lernen findet sowieso immer statt, Lernen passiert nicht nur, wenn vorne eine Person an der Tafel steht, Lernen passiert nicht nur, wenn ich mit Stift in der Hand über ein Heft oder Buch gebeugt sitze. Lernen passiert, wenn Menschen in verschiedenen Altersstufen aufeinander treffen, zusammen reden, spielen, streiten, sich vertragen und diskutieren. Das ist auch der Punkt, an dem starke Freundschaften entstehen und mit Freude gelebt und gelernt wird. Durch diese Art des Zusammenseins können auch die Erwachsenen von den Kindern und Jugendlichen lernen.

Als wir alle gerade neu an der Schule waren und auch die Schule selbst noch ganz neu war, hatten unsere Eltern es am Nachmittag oft schwer, uns überhaupt zum Nach-Hause-Gehen zu bewegen. Wir wollten in der Schule bleiben, und wenn die Ferien anstanden, traf das nicht unbedingt auf Begeisterung.

Die Infinita ist eine Schatzkammer, ein Ort der Möglichkeiten, wo jede\*r die Chance bekommt, sich frei zu entfalten, ihren\*seinen eigenen Weg zu gehen. Das ist zwar nach der Schulzeit nicht viel anders, doch ist die Infinita ein guter Ort, sich mit sich und seinen Fähigkeiten vertraut zu machen – eine Art Safe Space.

Nach meiner Schulzeit und meinem Bundesfreiwilligendienst (BFD) an der Infinita habe ich die Ausbildung zur Permakulturdesignerin begonnen. Dort ist viel Selbstorganisation gefragt, um Projekte umzusetzen und sich zum Teil das Wissen selbst zu erarbeiten. Ich habe immer mal wieder von anderen gehört, dass es ihnen schwerfiel, sich mit der Eigenverantwortung und Selbstorganisation zu arrangieren. Für mich war das nicht wirklich neu, denn meinen Schulalltag hatte ich ja vorher auch selbst in der Hand. Die Fähigkeiten, mir eine Struktur zu schaffen und für mein Lernen Verantwortung zu übernehmen, welche ich mir dadurch angeeignet habe, kamen mir später bei meiner Ausbildung und generell in vielen Lebensbereichen sehr zugute.

Ich bin dankbar für die vielen Erinnerungen, Erfahrungen, für alle Erkenntnisse, für gute Freundschaften und für das Netzwerk an tollen Menschen um die Infinita herum, die ermöglichen, dass sich junge Menschen in der Schule frei und selbstbewusst entfalten können.

# Offenheit und Neugierde

*Luzi (17)*

Ich bin eine sehr neugierige Person und auch sehr wissbegierig.

Ich glaube, dass meine Erfahrungen dazu beigetragen haben, dass ich neugierig geblieben bin und nicht den Spaß am Lernen verloren habe. Sie haben eher mein Interesse, meine Offenheit und Begeisterung für verschiedenste Themen gefördert und geweckt. An einer Regelschule wäre ich vielleicht zu einem weniger interessierten Menschen geworden und hätte Abneigungen entwickelt.

Mathe ist ein gutes Beispiel. Ich mag Mathe. Wer weiß, ob ich es nicht total doof gefunden hätte, wäre ich von Anfang an auf eine Regelschule gegangen. Ich kann mir vorstellen, wie das für die anderen an meiner neuen Schule (Oberstufe) ist. Mir fällt auf, dass dort die Leute viel mehr negative Beziehungen zu Fächern oder Themen haben als ich. Oder einfach eine Unlust. Das macht es öfter auch schwierig für mich, weil ich mich da einfach nicht so mit den anderen identifizieren kann und so ein Sich-gemeinsam-Aufregen über etwas auch verbindet. Da fühle ich mich öfter ein bisschen außen vor.

Ich habe das Gefühl, dass ich irgendwie flexibler bin als viele meiner Mitschüler*innen. Ich kann Situationen oft so akzeptieren, wie sie eben gerade sind (gleichzeitig lasse ich mir auch nicht alles gefallen), und ich kann mich für viele Themen begeistern, mich interessiert eigentlich fast immer irgendwas am Unterricht.

Und das ist für mich der wesentliche Punkt. An der Infinita konnte ich die Dinge tun, die mich interessiert haben, und wurde nicht dazu gezwungen, bestimmte Dinge zu tun oder zu »lernen«.

Ich hatte wirklich Lust und Freude am Lernen. Weil es einfach frei war und das ist die natürliche Art, wie es sein sollte. Es herrschte nicht der Glaube daran, dass man das Lernen einfach in irgendeinen zeitlich begrenzten Block quetschen kann. Ich habe gelernt, dass wir auf natürliche Weise die ganze Zeit lernen und dass das nie stoppt: Keine Freizeit ohne Lernen. So habe ich mich auf ganz natürliche Weise für Dinge interessiert. Und habe gelernt, dass Lernen etwas Tolles ist und Spaß macht, anstatt es abzulehnen. Ich meine nicht, dass mich alles interessiert. Aber ich würde mich als grundsätzlich offenen und interessierten Menschen bezeichnen. Dieses Interesse und diese positive, »ungestörte« Beziehung zum Lernen hat die Infinita auf jeden Fall mit beeinflusst.

## Nicht immer angenehm – aber wertvoll

*Phillip (15)*

Ich bin 2015 eingeschult worden und jetzt in der neunten »Klasse«. Ich freue mich, einer der wenigen zu sein, die das Glück haben, auf eine Demokratische Schule wie die Infinita zu gehen. Ich bin sehr dankbar, dass ich diese Schule besuchen darf, da ich hier sehr viele, nicht immer angenehme, aber unheimlich wertvolle Erfahrungen machen darf.

Als ich eingeschult wurde, und auch noch zwei Jahre danach, war ich sehr zurückhaltend. Ich wollte gar nicht so viel Kontakt zu anderen Menschen haben, aber wenn doch, habe ich mich nicht getraut, jemanden anzusprechen. Ich wurde zu nichts gedrängt und hatte die Möglichkeit, viel zu beobachten. Dadurch konnte ich mich orientieren und die Menschen finden, mit denen ich in Kontakt gehen und Freundschaften schließen wollte. Auch den Kontakt zu den Lernbegleiter\*innen habe ich damals sehr genossen.

305

Es begegnen sich hier alle, ob Schüler*in, Lernbegleiter*in, Bürokraft oder Bufdi, auf Augenhöhe. Das heißt, keiner fühlt sich wichtiger oder schlechter als andere und keiner hat mehr oder weniger zu sagen als andere. Wir leben in einer angenehmen Duzgemeinschaft. Es fühlt sich an wie eine riesige Familie, was natürlich nicht heißt, dass jeder jeden mag. Das alles hat mich aus mir herausgelockt und mich zu dem Menschen gemacht, der ich jetzt bin.

Mit jedem Jahr fühlte ich mich wohler in dieser riesigen Familie und ich kam immer mehr an, weil ich einfach gelassen wurde.

In einer Familie hilft man sich gegenseitig. Wenn also irgendwo ein weinendes Kind sitzt, gehen die wenigsten einfach vorbei. Man versucht, diesem Kind zu helfen. Das bedeutet: Ich habe gelernt Verantwortung zu übernehmen – nicht nur für andere, nein, auch für mich und meine Taten.

Ich habe auch lernen dürfen, mich darum zu kümmern (die Verantwortung zu übernehmen), wenn mir etwas wichtig war. Ich habe gelernt, dass Dinge dann entstehen, wenn ich sie in die Hand nehme. Dadurch durfte ich lernen, zu unterscheiden, was mir wichtig ist und was nicht, und ob es mir wert ist, meine wertvolle Zeit dafür zu verwenden.

Manche stellen mir die Frage, ob es nicht anstrengend sei, mich um alles selbst kümmern zu müssen. Diese Frage beantworte ich meistens mit sowas wie: »Ja klar, was soll es sonst sein?« Es ist halt anstrengend. Dadurch lernt man ja zu entscheiden, was man mit seiner Zeit und Energie anfangen möchte.

Es ist auch anstrengend, diese ganzen Erfahrungen, die man hier macht, zu verarbeiten. Beispielsweise durfte ich lernen, dass Menschen meist ganz anders sind als das Bild, das man von ihnen hat, und dass man die tiefen Ähnlichkeiten erst entdeckt, wenn man sich miteinander beschäftigt. Anstrengend kann es auch sein zu lernen, dass Stress entsteht, wenn man sich um etwas nicht gekümmert hat. All diese Erfahrungen konnte ich in einem geschützten Umkreis machen. So kann ich sie mir später ersparen oder habe zumindest gelernt, damit umzugehen.

Neben den Dingen, die ich in Angeboten gelernt habe, nehme ich viel mit, was ich mir einfach durch das Leben hier aneignen konnte. Zum Beispiel weiß ich, wie man mit Diskussionen/Streit umgeht, wie man sich um Finanzen kümmert, wie man ein Protokoll schreibt, Feste organisiert, mit anderen Menschen als (SV-) Leitung umgeht, und ein paar Sachen über die Arbeit mit Holz, durch Projekte wie den Bau eines Pavillons.

Heute kann ich gut mit Menschen umgehen, übernehme Verantwortung in der Schule und der Schulversammlung und habe eine mir wichtige Gruppe von Freund\*innen. Ich bin froh, dass ich Zeit und Raum hatte, mich zu dem zu entwickeln, der ich heute bin.

Wie wertvoll das alles ist und dass dies nur für mich »normal« ist, habe ich erst jetzt verstanden. Ich würde immer wieder auf diese Schule gehen und sie an jeden weiterempfehlen.

# Auf dem Weg nach draußen – *Ein Blick zurück*

*Charlotta (15)*

Jetzt, wo ich in der neunten Klasse bin, wird mir richtig klar, wie viel mir die Schule bedeutet und wie sehr ich sie vermissen werde. Ich sehe, wie viel ich gelernt und erfahren habe, und ich sehe deutlich, was für ein Glück es ist, in so einer Schule sein zu dürfen.

Auf der Infinita zu sein, bedeutet, seine Kindheit genießen zu können, sich selbst zu finden und zu entdecken, Dinge zu erforschen, die einem wichtig sind und Spaß machen.

Ich habe vieles gelernt, was mich zu der macht, die ich bin. Ich habe verstanden, wie wichtig es ist, mit welcher Einstellung man durchs Leben geht und was eine schöne Kindheit ausmacht.

Ich bin der Meinung, dass Kreativität und Interesse unglaublich wichtig sind und ich bin froh, dass ich diese beiden Dinge so sehr leben kann.

Unsere Schule bietet so viele Möglichkeiten, Verantwortungsbewusstsein und Selbstvertrauen zu bekommen. Man lernt bei allem, was man tut und erlebt, man lernt auch, füreinander da zu sein und zu sagen, was einen stört. Es ist sehr wichtig, seine eigene Meinung zu entwickeln und sie auch sagen zu dürfen. Mit anderen diskutieren, Probleme zu lösen und für das einzustehen, was einem wichtig ist – das alles muss man erstmal lernen und das habe ich auf der Infinita gelernt.

So viele Dinge, die man so dringend braucht.

Ich bin dankbar, dass ich Teil der Infinita bin.

## Demokratische Schule – *Was nehme ich mit?*

*Siri (22)*

Mit elf habe ich das Demokratische Schulsystem kennengelernt. Für mich war es die Befreiung. Raus aus der Waldorfschule, in der ich eingesperrt war, keine Freiheiten hatte, die Dinge zu tun, die ich tun wollte. Und viel wichtiger: Gezwungen wurde zu Sachen, die ich nicht machen wollte. Mit der Demokratischen Schule ging für mich die Sonne auf. Voller Möglichkeiten und Freiheiten. Endlich konnte ich die Dinge selber in die Hand nehmen, kreativ werden und eigene Ideen umsetzen.

In den Jahren, in denen ich auf Demokratischen Schulen war, zuerst auf der Neuen Schule Hamburg, danach auf der Infinita, habe ich das meiste gelernt, was ich heute kann. Soziale Kompetenzen, selber zu erschaffen und nicht nur schon Erschaffenes zu wiederholen. Dass ich eine Stimme habe, die zählt, und noch so viel mehr. Ich habe mich selbst gefunden und bin zu einem Menschen mit Leidenschaften und Interessen geworden. Das ist für mich eine der wichtigsten Fähigkeiten der Demokratischen Bildung. Dass sie Menschen hervorbringt, die wissen, was sie lieben, wissen, was sie können, an sich selbst glauben und sich gehört und gesehen fühlen. Menschen, die nie das Staunen verlieren und denen nicht »abtrainiert« wird, nachzufragen und Neues zu lernen. Und allem voran der respektvolle Umgang mit allen anderen Menschen um einen herum, egal welchen Alters.

Der Übergang danach, von der Demokratischen Schule in die gymnasiale Oberstufe, fiel mir schwer. Plötzlich war ich wieder unterdrückt und viel von der Leichtigkeit, mit der ich durch die Infinita gegangen bin, ist verschwunden. Ich musste lernen, Lehrer\*innen zu siezen, die mich geduzt haben. Das gab mir das Gefühl, dass auf mich herabgeblickt wurde, die ungewohnte Distanz nahm mir ein Stück Freiheit. Wo an der Infinita der Raum war für offene Diskussionen, auch mit den Lernbegleiter\*innen, war an der staatlichen Oberstufe nur eine fertige Perspektive, die einem so gegeben wurde, wie sie war. Es gab wenig Raum, etwas zu hinterfragen. Das Siezen zeigt für mich sehr exemplarisch, wie diese Hierarchie an der Staatsschule künstlich erschaffen wird.

Der für mich neue Unterricht war inhaltlich keine riesige Herausforderung. Meine Angst, ich könnte nicht auf dem Stand sein, wie es in der Oberstufe erwartet wird, stellte sich als unbegründet heraus. Bis auf Mathe, wo mir einfach nach den Basics das Interesse gefehlt hat, weiter zu forschen, hatte ich in den Schulfächern genauso viel Wissen wie meine Mitschüler\*innen. In meinen Interessensgebieten, wie Philosophie oder Theater, reichte mein mitgebrachtes Wissen von der Infinita weit über das hinaus, was andere in der Mittelstufe gelernt hatten.

Das Schwierigste am Übergang in die Oberstufe war für mich das Zwischenmenschliche mit den anderen Schüler*innen. Ich kam aus einer Umgebung, in der ein gewaltfreier Umgang von den meisten ganz selbstverständlich gelebt wurde und wo alle von klein auf gelernt haben, ihre Gefühle auszudrücken und im Falle eines Konfliktes konstruktiv eine gemeinsame Lösung zu finden. Darauf wird in den meisten staatlichen Schulen kein Fokus gelegt. Dadurch war ich mit Menschen konfrontiert, die Konfliktlösung nie richtig gelernt haben und ihre Gefühle im Falle eines Streits meist mit Beleidigungen ausdrückten. Damit einen Umgang zu finden, war für mich nicht leicht, vor allem weil ich nicht bereit war, diese Art von zwischenmenschlichem Miteinander zu akzeptieren.

Es hat etwas gedauert, bis ich für mich einen Weg gefunden habe, mit der Oberstufe, wie sie war, umzugehen. So richtig habe ich mich erst mit der staatlichen Schule abgefunden, als ich durch meine Freunde ein autonomes Jugendhaus kennenlernte. Plötzlich hatte ich wieder einen Ort, den ich mitgestalten konnte, kreativ sein und selber viel planen und organisieren. Ich wurde im »Plenum« des Jugendhauses aktiv, was – anders als die Schulversammlung – mit dem Konsensprinzip arbeitete, wodurch ich viele neue Erfahrungen machte, wie man einen Raum gemeinsam gestalten kann. Das autonome Jugendhaus hat für mich den Ausgleich geschaffen, den ich brauchte, um mit dem Regelschulsystem klarzukommen.

Zwischendurch wollte ich aufgeben, aber nicht zuletzt durch das Jugendhaus habe ich durchgehalten und letztendlich auch Abi gemacht.

Rückblickend kann ich sagen, dass ich an der Demokratischen Schule all die wichtigen Dinge gelernt habe, die ich brauche. Und natürlich war da auch Lesen und Schreiben oder Englisch dabei. Aber eben nicht nur.

# Ich würde es wieder tun!

*Stine (17)*

Obwohl ich die meiste Zeit meines Lebens dort verbracht habe, ist es nicht einfach zu beschreiben, wie mein Leben in der Infinita war. In einem Wort wäre es vielleicht vielfältig. Oder frei. Oder wild. Ich war ich selbst, und das von Tag eins an. Doch dieses Ich hat sich stetig verändert. Mal jeden Tag, mal für Monate nicht. So wie der Mensch eben ist. Er verändert sich und das ist wichtig so.

Viele Momente, an die ich jetzt zurückdenke, die mich prägten und präge. Ein kurzer Blick während einer anstrengenden Schulversammlung, Mittagessen auf dem Spielplatz, während wir den Rest vergaßen, Schulfahrten, Ausflüge, das offene Atelier, Mentorenzeiten, die eigentlich nicht enden sollten, es doch immer taten, das Lachen der Menschen in allen Situationen. All diese Momente sind nur kleine, besondere Ausschnitte aus dem normalen Alltag und doch so wichtig.

Lange dachte ich, dass die Infinita der perfekteste Ort ist, den man für Kinder hätte machen können. Und das ist sie auch in vielerlei Hinsicht, doch mir ist klar geworden, dass der Ort nicht für, sondern von uns gemacht ist. Und als mir das klar wurde, war ich unglaublich stolz, weil ich bemerkte, dass ich einen Teil dazu beitrage, dass Menschen eine so unbeschwerte Kindheit haben, wie ich sie hatte. Denn so war sie: nicht immer und nicht immer gleich ausgeprägt, doch im Großen und Ganzen unbeschwert und frei.

Im Nachhinein war eines der wichtigsten Dinge für mich die Verantwortung, die ich übernehmen musste, aber vor allem – durfte. Ich habe Verantwortung übernommen. Für mich, mein Lernen und eben auch für die Gemeinschaft.

Ein Auf und Ab war es, manchmal war es kräftezehrend, manchmal ist einfach nur das Herz gesprungen, weil ich bewusst ein Teil von etwas war, was mir etwas bedeutet hat. Sei es die Schulversammlung zu leiten oder einfach zu entscheiden, dass ich aus einem Komitee aussteigen möchte, weil es mich nicht mehr glücklich gemacht hat.

Wenn mich jemand fragt, ob ich mich jetzt anders entscheiden würde. Ob ich denke, dass die Entscheidung, dass ich Teil der Infinita geworden bin, gut und richtig war, dann wird mir immer wieder bewusst, was für ein Glück ich hatte, dass ich die Infinita erleben durfte.

Denn ich würde mich nicht anders entscheiden. Die neun Jahre haben mir so viel gegeben, geben mir, denke ich, mein gesamtes Leben Werte und Erinnerungen, die ich in einem anderen System nicht gehabt hätte. Dafür bin ich dankbar.

# Quellenverzeichnis

American Psychological Association. Stress in America: are teens adopting adults' stress habits? https://www.apa.org/news/press/releases/stress/2013/stress-report.pdf, 30.12.2022

Ayers, W. (2003). On the side of the child, Teachers College, Columbia University, New York

Bade, K. J., & Zimmer, J. (1992). Bildung und Herrschaft: Zur Geschichte der Bildung und Erziehung in Deutschland. Campus

Bandura, A. (1977). Self-efficacy: Toward a unifying theory of behavioral change. Psychological Review, 84(2), 191–215

Bandura, A. (1980). Sozial-kognitive Lerntheorie. [Social Learning Theory]: Beltz Verlag

Bandura, A. (1997). Self-efficacy: The exercise of control. W. H. Freeman and Company

Bandura, A. (2010). Self-Efficacy in Changing Societies. New York: Cambridge University Press

Black, A. E. & Deci, E. L. (2000). The effects of instructors' autonomy support and students' autonomous motivation on learning organic chemistry: A self-determination theory perspective. Science education, 84(6), 740–756

Bransford, J. D., Brown, A. L. & Cocking, R. R. (2000). How People Learn: Brain, Mind, Experience, and School. Washington DC: National Academy Press

Bregman, R. (2020). Im Grunde gut: Eine neue Geschichte der Menschheit, Hamburg: Rowohlt Taschenbuch Verlag

Brynjolfsson, E., & McAfee, A. (2014). The Second Machine Age: Work, Progress, and Prosperity in a Time of Brilliant Technologies. W. W. Norton & Company

Bundeszentrale für Politische Bildung (2021). Datenreport 2021, https://www.bpb.de/kurz-knapp/zahlen-und-fakten/datenreport-2021/, 2.10.2023

Chatterjee, S. (2018). Children's coping, adaptation and resilience through play in situations of crisis. Children, Youth and Environments, 28(2), 119–140

Costello, B., Wachtel, J. & Wachtel, T. (2010). Restorative Circles in Schools: Building Community and Enhancing Learning. International Institute for Restorative Practices

Csikszentmihalyi, M. & Csikszentmihalyi, I. S. (1992). Optimal experience: Psychological studies of flow in consciousness. Cambridge University Press

Csikszentmihalyi, M. & Nakamura, J. (2009). The concept of flow. In C. R. Snyder & S. J. Lopez (Eds.), Handbook of positive psychology (2nd ed.,

89–105). Oxford University Press

Csikszentmihalyi, M. (1990). Flow: The Psychology of Optimal Experience. Harper & Row

Cushing, P. J. (1998). Competing the cycle of transformation: Lessons from the rites of passage model. Pathways: The Ontario Journal of Experiential Education. 9 (5): 7–12

Danford, K. (2018). The Sudbury Valley School: The First Fifty Years. Sudbury Valley School Press

Davidson, R. J. & Irwin, W. (1999). The functional neuroanatomy of emotion and affective style. Trends in Cognitive Sciences, 3(1), 11–21

Deci, E. L. & Ryan, R. M. (2000). The "what" and "why" of goal pursuits: Human needs and the self-determination of behavior. Psychological inquiry, 11(4), 227–268

Deci, E. L. & Ryan, R. M. (2008). A Self-Determination theory approach to psychotherapy: The motivational basis for effective change. Canadian Psychology/Psychologie Canadienne, 49(3), 186–193

Deci, E. L. & Ryan, R. M. (2017). Self-Determination theory: Basic psychological needs in motivation, development, and wellness. Guilford Press

Deci, E. L. & Ryan, R. M., 1985. Intrinsic Motivation and Self-Determination in Human Behavior. Boston, MA: Springer US

Diener, E. & Chan, M. Y. (2011). Happier people live longer: Subjective well-being contributes to health and longevity. Applied Psychology: Health and Well-Being, 3(1), 1–43

Dietrich, A. (2004). Neurocognitive mechanisms underlying the experience of flow. Consciousness and Cognition, 13(4), 746–761

Eccles, J. S., Wigfield, A. & Schiefele, U. (1998). Motivation to succeed. In W. Damon (Series Ed.) & N. Eisenberg (Vol. Ed.), Handbook of child psychology: Vol. 3. Social, emotional, and personality development (5th ed., pp. 1017–1095). New York: Wiley

*Eine Zusammenfassung einiger Ergebnisse findet sich unter:* https://www.rki. de/DE/Content/Gesundheitsmonitoring/Gesundheitsberichterstattung/ GBEDownloadsJ/Journal-of-Health-Monitoring_01_2018_KiGGS-Welle2_erste_Ergebnisse.pdf?__blob=publicationFile (21.8.2024)

Fowler, J. H. & Christakis, N. A. (2008). Dynamic Spread of Happiness in a Large Social Network: Longitudinal Analysis Over 20 Years in the Framingham Heart Study. BMJ, 337:a2338

Gatto, J. T. (2001). The Underground History of American Education: A School Teacher's Intimate Investigation Into the Problem of Modern Schooling. Oxford Village Press

Gitlin, T. (2012). Subversives: The FBI's War on Student Radicals, and Reagan's Rise to Power. Penguin Books

Glasersfeld, E. von (1997). Konstruktivismus und Pädagogik: Grundlagen und Impulse zur neuzeitlichen Bildungsarbeit (Vol. 1). Juventa Verlag

Gray, P. & Riley, G. (2018). Education in the wild: contextual and experiential learning in demographically diverse democratic schools. Journal of Adventure Education and Outdoor Learning, 18(4), 296–310

Gray, P. (2011). The Decline of Play and the Rise of Psychopathology, https://cdn2.psychologytoday.com/assets/attachments/1195/ajp-decline-play-published.pdf (1.6.2023)

Gray, P. (2011). The Sudbury Valley School Experience: Studies in the Theory of Democratic Education. Rowman & Littlefield Education.

Gray, P. (2013). The Evolution of Play. In: D. Lancy, J. Bock & S. Gaskins (Eds.), The Anthropology of Learning in Childhood (pp. 147–164). AltaMira Press

Gray, P. (2014). Why Is Narcissism Increasing Among Young Americans?, Psychology today: https://www.psychologytoday.com/us/blog/freedom-learn/201401/why-is-narcissism-increasing-among-young-americans , 20.1.2023

Gray, P. (2015). Free to Learn. Paperback Edition, New York, Basic Books

Greenberg, D. & Sadofsky, M. (2011). What Happens to Children in Democratic Education? A Prospective Study. Presented at the 9th International Conference on Education and Information Systems, Technologies and Applications

Greenberg, D. & Sadofsky, M. (2016). Graduates of democratic schools: A survey of their lives. International Journal of Educational Research, 79, 180–188.

Greenberg, D. & Sadowsky, M. (1992). Legacy of Trust – Life After the Sudbury Valley School Experience, Sudbury Valley School Press

Greenberg, D. & Sadowsky, M. (2005). The Pursuit of Happiness – The Lives of Sudbury Valley Alumni, Sudbury Valley School Press

Groos, K. (1896). Die Spiele der Tiere. Jena: Verlag von Gustav Fischer

Groos, K. (1899). Die Spiele der Menschen. Jena: Verlag von Gustav Fischer

Haimovitz, K. & Dweck, C. S. (2016). What predicts children's fixed and growth intelligence mind-sets? Not their parents' views of intelligence but their parents' views of failure. Psychological Science, 27(6), 859–869

Jensen,H. & Juul, J. (2019). Vom Gehorsam zur Verantwortung. Wie Gleichwürdigkeit in der Schule gelingt. Weinheim und Basel: Beltz

Kim, E. H. (2018). Life after a democratic school in Korea: alumni voices. Journal of Education and Work, 31(5), 452–465

KKH (Kaufmännische Krankenkasse) (2018). Endstation Depression: Wenn Schülern alles zuviel wird, http://www.kkh.de/endstation-depression, 12.3.2022

Klafki, W. (1976). Die Erfindung des Preußischen Untertanen: Ein Beitrag zur Sozialgeschichte der Bildung. Weinheim: Beltz

Lindsey, E. & Colwell, M. (2013). Pretend and physical play: links to preschoolers' affective social competence. Merrill-Palmer Quarterly, 59(3), 330–360

Lyubomirsky, S., King, L. & Diener, E. (2005). The Benefits of Frequent Positive Affect: Does Happiness Lead to Success? Psychological Bulletin, 131(6), 803–855

Marsh, H. W. & Yeung, A. S. (1997). Causal effects of academic self-concept on academic achievement: Structural equation models of longitudinal data. Journal of Educational Psychology, 89(1), 41–54

Marsland, A., Pressland, S. & Cohen, S. ( 2007). Positive Affect and Immune Function, https://www.cmu.edu/dietrich/psychology/ stress-immunity-disease-lab/publications/psychoneuroimmunology-including-common-coldcancer/pdf/marsland_etal_2006_chap.pdf, 10.10.2023

McKinsey Global Institute (2018). Skill Shift: Automation and the Future of the Workforce. https://www.mckinsey.com/featured-insights/future-of-work/skill-shift-automation-and-the-future-of-the-workforce (12.3.2023)

Mercogliano, C. (2002). Making It Up As We Go Along: The Story of the Albany Free School. Heinemann

Mercogliano, C. (2004). Teaching the Restless: One School's Remarkable No-Ritalin Approach to Helping Children Learn and Succeed, Beacon Press

Miller, R. (2002). Free schools, free people: Education and democracy after the 1960s. SUNY Press

O'Brian, A. (2021) Internal vs External Locus of Control: 7 Examples & Theories, https://positivepsychology.com/internal-external-locus-of-control/#research (10.6.2023)

OECD. (2018). The future of work: OECD employment outlook 2019. OECD Publishing. https://www.oecd.org/en/publications/oecd-employment-outlook-2019_9ee00155-en.html (14.8.2024)

Pekrun, R., Elliot, A. J. & Maier, M. A. (2009). Achievement goals and achievement emotions: Testing a model of their joint relations with academic performance. Journal of Educational Psychology, 101(1), 115–135

Randstad (2021). The Top Skills and Attributes Employers Look For. Retrieved from https://www.randstadusa.com/workforce360/workforce-insights/talent-management/the-top-skills-and-attributes-employers-look-for/ (20.2.2023)

Robert Koch-Institut, Studie zur Gesundheit von Kindern und Jugendlichen in Deutschland (2014–2017)

Rosenberg, M. (2015). Gewaltfreie Kommunikation: Eine Sprache des Lebens. Junfermann Verlag

Russ, S. & Hoffmann, J. (2012). Pretend play, creativity, and emotion regulation in children. Psychology of Aesthetics, Creativity, and the Arts, 6(2), 175–184

Sachs, J. D. & Layard, R. (2012). World Happiness Report 2012. https://www.jeffsachs.org/reports/ymnyhjab55mdanpdja2nn9gge97p9b, 23.10.2023

Sapolsky, R. M. (2004). Warum Zebras keine Migräne kriegen: Die Wissenschaft von Stress und Gesundheit. Goldmann Verlag

Spitzer, M. (2003). Lernen: Gehirnforschung und die Schule des Lebens (2. Aufl.). Spektrum Akademischer Verlag

Twenge, J. (2013). How Dare You Say Narcissism Is Increasing?, Psychology Today: https://www.psychologytoday.com/us/blog/the-narcissism-epidemic/201308/how-dare-you-say-narcissism-is-increasing, 23.2.2023

Whitebread, D., Basilio, M., Kuvalja, M. & Verma, M. (2012). The importance of play: A report on the value of children's play with a series of policy recommendations. Brussels: Toy Industries of Europe

World Economic Forum (2020). The Future of Jobs Report 2020. https://www.weforum.org/reports/the-future-of-jobs-report-2020, 11.12.2023

Wygotsky, L. S. (1933). Das Spiel und seine Bedeutung in der psychischen Entwicklung des Kindes http://th-hoffmann.eu/archiv/wygotski/wygotski.1933.pdf, 20.3.2022

Zull, J. E. (2002). The Art of Changing the Brain: Enriching Teaching by Exploring the Biology of Learning. Stylus Publishing

9 783759 774873